Free Ebrei – Documenti 15

Vincenzo Pinto

Dalla sorgente di Enoch

Richard von Coudenhove-Kalergi di fronte all'antisemitismo novecentesco

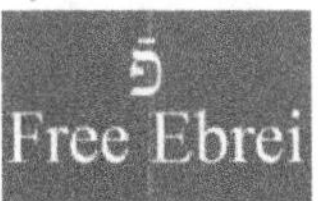

Indice

Prefazione

Presentiamo al lettore italiano questo libro scritto a quattro mani da padre e figlio. Il primo (Heinrich), un diplomatico austro-ungarico di fine ottocento, che soggiornò a lungo in estremo oriente, scrisse una tesi di dottorato sull'essenza dell'antisemitismo, dove tentò di proporre una ricetta "enochiana" (caritatevole) contro il fanatismo delle religioni monoteistiche. Il figlio (Richard), un politico e pubblicista cosmopolita del periodo interbellico, riprese lo scritto del padre e lo utilizzò per proporre la sua visione politica europeista, contrastando l'antisemitismo nazista e perorando la causa sionista.

A cent'anni dalla nascita del Movimento Pan-Europa, questo saggio ci permette di capire a fondo le ragioni profonde di un progetto politico e di contestualizzare i miti che aleggiano intorno alla figura di Richard von Coudenhove-Kalergi.

Torino, settembre 2023

Nota editoriale

Le sigle fra parentesi accanto alle note a piè di pagina vanno sciolte così:

- NdC: Nota del curatore;

- NdRCK: Nota di Richard N.E. von Coudenhove-Kalergi;

- NdCK: Nota di Heinrich J.M. von Coudenhove-Kalergi.

Parte I. *L'odio attuale per gli ebrei*

di

Richard N.E von Coudenhove-Kalergi

Premessa

Da quando il nazionalsocialismo è salito al potere, la questione ebraica è diventata il punto nevralgico degli affari mondiali. Questo perché il destino del nazionalsocialismo è il tema politico decisivo dell'Europa; e l'antisemitismo razziale è il nucleo della visione del mondo nazionalsocialista.

Da allora, l'intera opinione pubblica mondiale si è interessata della questione ebraica: con maggior passione che competenza, con maggiore immaginazione che veridicità.

Questo libro è destinato a fare luce su questo guazzabuglio di visioni contrastanti.

È opera di due scrittori, di due generazioni.

*

La prima parte, *L'odio attuale per gli ebrei*, tratta degli eventi e delle forze che hanno alimentato la nuova fiammata antisemita della nostra generazione: la Guerra Mondiale e la crisi postbellica, il bolscevismo e il sionismo, la migrazione a Occidente degli ebrei orientali, l'ascesa del nazionalsocialismo, i *Protocolli dei savi anziani di Sion*, le nuove teorie razziali e il neopaganesimo antisemita.

Molte di queste domande sull'antisemitismo sono oggi così mal poste da ricevere una trattazione sbagliata. Quindi anche per i più volenterosi è spesso impossibile imboccare la via della verità attraverso un groviglio di espressioni e teorie pseudoscientifiche.

*

La seconda parte, contente il saggio *L'essenza dell'antisemitismo*, fu scritta da mio padre, il Conte Heinrich von Coudenhove-Kalergi. Questo libro copre l'intera storia dell'odio verso gli ebrei, le sue cause e i suoi effetti, dall'epoca precristiana sino al X secolo, in Europa e in Asia, in Africa e in America.

L'opera combina una ricchezza documentaria con l'intuizione più chiara e la descrizione più obiettiva: rappresenta l'ideale supplemento scientifico e storico alla nostra discussione sull'odio attuale per gli ebrei.

Perciò ho rivisto il saggio *L'essenza dell'antisemitismo*, introducendolo con la biografia dell'autore. Perché, a quanto ne so, non c'è nessun'altra opera nell'intera letteratura specialistica migliore di questa in termini di conoscenza dei fatti e onestà intellettuale.

*

Entrambe le parti di questo confronto con l'antisemitismo di ieri e di oggi si appellano a tutti coloro che intendono separare la verità dalla menzogna sulla questione ebraica; a tutti coloro che desiderano approfondire la propria conoscenza e chiarire le proprie opinioni sul tema; a tutti coloro che sono determinati a vedere chiaramente – e ad agire di conseguenza.

Vienna, 12 novembre 1935

R. N.E. von Coudenhove-Kalergi

Capitolo 1. L'antisemitismo dopo la Guerra Mondiale

1. La nuova ondata antisemita

Il secolo XIX, dominato dalle idee dell'illuminismo e della rivoluzione francese, vide un significativo calo dell'antisemitismo rispetto al passato.

Il fanatismo religioso si affievolì. La fede nei diritti umani, nell'uguaglianza giuridica di tutte le persone, indipendentemente da credo, razza e lingua, divenne patrimonio comune degli europei istruiti. Ma persistette l'avversione antisemita verso gli ebrei della maggior parte dei non-ebrei. L'antisemitismo si espresse più socialmente che politicamente ed economicamente.

Nel nostro secolo, la Russia, non toccata dagli ideali della rivoluzione francese, resta il baluardo dell'antisemitismo.

*

Con la fine della Guerra Mondiale ci fu una nuova ondata antisemita.

Il suo centro spirituale non è più la Russia, ma la Germania. Il nuovo antisemitismo fu intellettualmente preparato dal revival del credo razziale, che, con le sue conseguenze antisemite, ebbe la sua formulazione migliore nel saggio *I fondamenti del XIX secolo* di H.S. Chamberlain[1].

Una serie di eventi politici accelerò e intensificò lo sviluppo dell'antisemitismo.

Innanzitutto, il fatto che tra i dirigenti, i sostenitori e gli amici del bolscevismo ci fossero molti ebrei. In secondo luogo,

---

[1] H.S. Chamberlain, *Die Grundlagen des XIX. Jahrhunderts*, 2 volumi, Bruckmann, Monaco 1899 (trad. it. *I fondamenti del XIX secolo*, 2 volumi, Thule, Roma 2015-17) (NdC).

il fatto che gran parte degli ebrei si riconoscesse come nazione dopo i primi successi del sionismo. In terzo luogo, il fatto che il nazionalismo e l'odio xenofobo divampassero ovunque per via della Guerra Mondiale e delle sue conseguenze. A ciò si aggiunsero il depauperamento generale che alimentò non solo l'odio verso i ricchi in generale, ma quello verso i ricchi ebrei in particolare; la migrazione in Occidente e in America degli ebrei orientali, poco o per nulla assimilati, che ampliò nuovamente il divario tra ebrei e non-ebrei; infine, il declino del liberalismo, l'indebolimento degli ideali della rivoluzione francese, della fede nei diritti umani e nell'uguaglianza più in generale.

La combinazione di tutte queste circostanze alimentò una nuova ondata antisemita dotata di forza elementare: le sue ripercussioni politiche iniziarono in Ungheria dopo il rovesciamento del dirigente comunista ebreo Béla Kun; portarono all'assassinio di centinaia di migliaia di ebrei ucraini durante la guerra russo-polacca; infine, culminarono nella politica antisemita del nazionalsocialismo tedesco al potere.

Queste circostanze hanno riportato la questione ebraica al centro dell'agenda politica europea. Tutti sono costretti a prendere posizione.

La nostra indagine sulle cause dell'odio verso gli ebrei nel XX secolo intende fare proprio questo.

2. Migrazione a Occidente degli ebrei orientali

La migrazione di massa di ebrei russi e polacchi verso l'America e l'Europa centrale riaccese l'antisemitismo negli Stati Uniti e lo rinfocolò nella Mitteleuropa del XX secolo.

La migrazione di massa verso l'America fu una conseguenza della prima rivoluzione russa e della reazione zarista successiva.

La grande migrazione degli ebrei orientali verso gli Stati Uniti, in particolare a New York, rinfocolò l'antisemitismo americano che, in precedenza, era presente a uno stadio poco più che larvale. Perché i nuovi immigrati ebrei provenivano da un ambiente molto particolare, da una civiltà molto particolare, avevano costumi e modi di vita molto particolari. La loro integrazione, la loro assimilazione nel crogiolo americano, fu incomparabilmente più difficile e più lunga rispetto all'assimilazione degli immigrati ebrei dall'Europa occidentale e centrale. L'attaccamento alla religione atavica impedì loro di fondersi con l'America cristiana e anglosassone. Queste differenze, sempre più avvertite da entrambe le parti, portarono a una separazione sociale di questi blocchi di immigrati ebrei dal resto della società americana.

Nacque così un nuovo sentimento antisemita "wasp", il cui obiettivo era la completa assimilazione di tutti gli immigrati e la lotta contro tutti gli elementi refrattari. La lotta colpì anche i tedeschi americani durante la Guerra Mondiale, i cattolici italiani e, da lì in poi, i cattolici più in generale, anch'essi percepiti quali corpi estranei. La lotta razziale condotta contro la razza rossa, nera e gialla, aveva la sua ragione "nazionale": la lotta per il carattere fondamentale nordico, protestante e anglosassone degli Stati Uniti.

Questa lotta sfociò nelle leggi sull'immigrazione che avevano l'obiettivo di frenare l'ulteriore ingresso di immigrati indesiderati dall'Europa orientale e meridionale e, quindi, di facilitare l'assimilazione dei vecchi immigrati[2]. Questa misura porterà probabilmente a una graduale riduzione dell'antisemitismo americano e alla totale americanizzazione degli ebrei orientali immigrati. L'assimilazione è facilitata dal fatto che gli ebrei occidentali americani si sono assimilati molto rapidamente e occupano posizioni di rilievo negli Stati Uniti.

*

Con la Guerra Mondiale, che trasformò la Polonia in un importante teatro bellico, prese avvio la seconda grande ondata migratoria degli ebrei orientali. A seguito del blocco degli imperi centrali, l'ondata si diresse principalmente verso la Mitteleuropa, la Germania e l'Austria. Centinaia di migliaia di

---

[2] *Emergency Quota Act* (1921) (NdC).

ebrei polacchi emigrarono a Vienna e a Berlino; figli di una civiltà straniera, con un gergo straniero, con usanze e visioni straniere. Essi erano generalmente rifugiati impoveriti, costretti a sbarcare il lunario alla ben'e meglio. Quando i metodi leciti per mantenere le loro famiglie non sortirono più alcun effetto, gli immigrati dovettero ricorrere a metodi "illeciti". Alcuni ebrei orientali riuscirono ad arricchirsi rapidamente. Questa circostanza portò comprensibilmente all'aumento dell'antisemitismo in una congiuntura di depauperamento generalizzato. Perché, mentre i pochi ebrei orientali arricchiti e benestanti ostentavano la loro ricchezza con l'ingenuità tipica dei parvenu e dei volgari, i milioni di profughi ebrei dalla Polonia e dalla Russia, che avevano perso tutto durante la guerra ed erano diventati indigenti, scomparvero dall'attenzione dell'opinione pubblica. Gran parte di loro tornò in Polonia dopo la guerra.

L'immigrazione degli ebrei orientali verso la Mitteleuropa determinò una nuova crisi assimilazionista. Mentre gli ebrei occidentali si erano ampiamente assimilati nel corso di un secolo, l'ondata ebraica orientale creò nuovamente un abisso profondo tra l'elemento straniero e i mitteleuropei. Culturalmente e spiritualmente parlando, gli ebrei occidentali erano molto più vicini ai non-ebrei rispetto agli ebrei orientali, a loro estranei. Ma l'antisemitismo ignorò la differenza: scorgeva una grande unità nell'ebraismo, una grande comunità, trascurando la differenza culturale tra ebrei occidentali e orientali, in parte per ignoranza, in parte volutamente. Ciò spinse l'intero ebraismo mitteleuropeo ad assumere una posizione difensiva comune.

La risposta all'accrescimento dell'antisemitismo fu il rafforzamento del sentimento nazionale ebraico, del sionismo: l'idea di una comunità culturale ebraica, di una comunità ebraica di destino, di una nazione ebraica, si diffuse sempre di più tra gli ebrei orientali e occidentali.

In segno di protesta contro l'antisemitismo, gli ebrei occidentali tentarono di colmare il più possibile il divario tra loro e gli ebrei orientali, ampliando così quello con i loro concittadini non-ebrei.

L'antisemitismo fu affrontato da entrambe le parti come una lotta nazionale: la piccola minoranza degli ebrei affrontò la stragrande maggioranza dei non-ebrei.

Il legame tra migrazione ebraica orientale e ascesa dell'antisemitismo è chiaro se delimitiamo geograficamente il campo di battaglia intellettuale dell'antisemitismo odierno in Europa: Germania, Austria, Polonia, Cecoslovacchia, Ungheria, Romania e Stati baltici. Queste sono le aree europee d'insediamento e migrazione degli ebrei orientali.

Nell'Europa occidentale, meridionale e settentrionale l'antisemitismo non esercita più alcun ruolo significativo.

3. Bolscevismo e antisemitismo

La vittoria del bolscevismo in Russia e il suo tentativo di conquistare l'Europa diede all'antisemitismo nuovi argomenti di grandissima forza.

Il numero degli ebrei era relativamente elevato sia tra i dirigenti del bolscevismo russo, sia tra i pionieri del comunismo europeo. Ciò vale soprattutto per i dirigenti dei governi consiliari in Ungheria e in Baviera.

Le cause di questo fenomeno sono molteplici. Inutile dire a chiunque abbia familiarità con l'oppressione e con la persecuzione degli ebrei nella Russia pre-rivoluzionaria che la maggior parte degli ebrei russi era acerrima nemica dello zarismo e che le loro teste pensanti si unirono all'opposizione più radicale al sistema di governo antisemita.

Tuttavia, né l'ideatore del bolscevismo, Lenin, né il suo successore, Stalin, erano ebrei o discendenti di ebrei. Trockij che, fra tutti gli ebrei, aveva il ruolo più importante nella rivoluzione bolscevica, fu scalzato ed esiliato da Stalin. La maggior parte dei dirigenti dell'Unione Sovietica di Stalin non è di origine ebraica. Parlare di un dominio ebraico in Unione Sovietica appare, quindi, una mistificazione dei fatti.

*

Ma esiste una relazione più profonda tra socialismo ed ebraismo.

Accuse di un ordine sociale più giusto possiamo trovarle nella conventicola mosaica e nei profeti che predicavano contro l'immoralità e l'ingiustizia delle loro classi dominanti con uno spirito analogo a quello dei migliori tra i loro discendenti socialisti di oggi.

Questo spirito religioso di rettitudine terrena che pervade la religione ebraica si trasformò nel socialismo di molti ebrei illuminati. Per loro il socialismo e il comunismo non sono movimenti politici, ma religiosi. Speranze messianiche perdute si mescolano ai sogni dello Stato socialista dell'avvenire. L'etica sociale degli antenati si trasforma nella politica sociale dei nipoti.

Animati da questo spirito religioso, molti pionieri ebrei del socialismo mostrano oggi lo stesso eroismo e lo stesso senso di sacrificio dei loro antenati al tempo della persecuzione religiosa.

Oltre a questa fonte nobilissima del socialismo ebraico, radicato nella religione, altri motivi spinsero verso sinistra la gioventù ebraica.

L'antisemitismo di molti partiti destrorsi ostacola l'adesione degli ebrei conservatori. Inoltre, l'antisemitismo delle masse elettorali di questi partiti è così radicato che le possibilità di un candidato ebreo sono molto scarse.

Ciò spinge automaticamente gli ebrei politicamente ambiziosi verso quei partiti che cercano energie e intelligenze forti senza porsi problemi di credo o di razza. Mentre non solo nelle classi dirigenti liberali, ma anche in quelle socialdemocratiche cresce il timore di avere una percentuale troppo elevata di ebrei, il comunismo non condivide tali preoccupazioni; per cui esiste un forte incentivo per gli ebrei ambiziosi a lottare per il potere politico senza alcun impedimento.

Non ha bisogno di ulteriori spiegazioni il fatto che, per gli ebrei, oltre a tutti gli altri punti programmatici di un partito, anche la sua posizione sull'antisemitismo eserciti un ruolo importante. Quindi nei paesi dove i partiti borghesi tendono più o meno all'antisemitismo, molti ebrei si vedono costretti a votare i socialisti, anche se non sono marxisti.

Pertanto l'atteggiamento socialista di numerosi ebrei non è solo una delle cause, ma anche una delle conseguenze dell'antisemitismo.

*

La storia c'insegna che gli orientamenti politici degli ebrei nei diversi paesi riflettono il trattamento che ricevono.

Mentre l'intellighenzia ebraica nella Russia zarista era decisamente rivoluzionaria, in Inghilterra rimase altrettanto conservatrice o liberale quanto l'intellighenzia non-ebraica.

Il più grande dirigente e innovatore del partito conservatore in Inghilterra fu l'ebreo Benjamin Disraeli. Ancora oggi un certo numero di eminenti ebrei sono a capo dei conservatori e dei liberali inglesi. Amano la loro patria e lavorano con i quadri dirigenziali che rifiutano l'antisemitismo e garantiscono loro la piena uguaglianza politica e sociale.

Nella Mitteleuropa l'orientamento degli ebrei si trovava da qualche parte tra gli estremi russo e britannico. Gli ebrei erano politicamente ed economicamente eguali ai non-ebrei, ma non socialmente. Non scoppiavano pogrom, ma gli ebrei erano considerati cittadini di seconda classe, erano disprezzati e ridicolizzati. Non c'è da stupirsi che tale condizione alimentò l'odio di numerosi intellettuali ebrei in Germania, Austria e Ungheria e li spinse nel campo dell'opposizione o nel fronte rivoluzionario. Tuttavia, la stragrande maggioranza degli ebrei mitteleuropei rimase patriottica; non riteneva né lo Stato, né la società responsabili della situazione poco dignitosa in cui versavano.

Non c'è dubbio che gli ebrei mitteleuropei sarebbero altrettanto conservatori o liberali della maggioranza degli ebrei inglesi se la loro condizione sociale fosse la stessa che in Inghilterra. Perciò nella Mitteleuropa l'antisemitismo non funge da barriera protettiva, semmai da terreno fertile per la rivoluzione sociale.

*

Il socialismo ebraico è radicato sia nel risentimento sociale, sia nella biblica volontà di giustizia.

La rivendicazione dell'uguaglianza dei diritti doveva esercitare sugli ebrei una maggiore attrazione in tutti quei paesi dove era teoricamente o praticamente negata. Questo vale sia per il liberalismo, sia per il socialismo e il comunismo. Il fascismo italiano, che rifiuta l'antisemitismo, suscita l'entusiasmo di molti ebrei dentro e fuori l'Italia.

Che gli ebrei socialmente oppressi diventassero alleati naturali dei proletari economicamente oppressi nella loro lotta contro l'ordine sociale esistente, non fu altro che un esito naturale, una conseguenza dell'antisemitismo.

Il marxismo, con la sua visione astratta, materialistica e meccanicistica della società, è un tipico prodotto del pensiero urbano. La proprietà ha meno valore per il cittadino rispetto al contadino. Il cittadino è meno legato al passato e allo sviluppo dalle tradizioni, meno dipendente dalla natura e dai suoi capricci, meno credente e meno superstizioso. Ecco perché la metropoli è naturalmente il terreno fertile per il marxismo.

Tuttavia, a causa del vecchio divieto di possedere beni fondiari, gli ebrei europei divennero il popolo inurbato per eccellenza, acquisirono un atteggiamento urbano verso la vita, la politica, l'economia e la società. Quindi per molti intellettuali ebrei una struttura razionalistica e meccanicistica della società che superi il più rapidamente possibile quella odierna, appare l'epitome della ragione politica e del progresso umano.

*

I legami intrinseci ed estrinseci tra ebraismo e marxismo spinsero gli antimarxisti più radicali nel campo antisemita.

L'antisemitismo divenne un'arma efficace contro il marxismo, mentre l'antimarxismo lo divenne contro l'ebraismo. Perché nulla potrebbe allontanare maggiormente dal marxismo ampi settori della forza-lavoro se non la sua "identità" con l'ebraismo. Peraltro, nulla potrebbe fomentare maggiormente l'antisemitismo negli ambienti borghesi se non l'"identità" fra ebraismo e marxismo.

Il pregiudizio antisemita e la sua manifestazione inconscia (l'istinto antisemita) erano sin troppo vivi nelle masse borghesi e proletarie per non essere risuscitati da uno slogan efficace.

Questo slogan appariva tanto più credibile in quanto Marx era ebreo. Ma il suo più stretto collaboratore, Engels, co-fondatore del marxismo, non lo era. Da allora, accanto ai capi ebrei del marxismo come Lassalle, Adler, Trockij e Luxemburg, ci fu un numero di non-ebrei altrettanto importanti e influenti come Liebknecht, Bebel, Jaurès, Ebert, Henderson, Lenin e Stalin.

Uno studio storico del movimento marxista rivela che mentre gli ebrei vi hanno esercitato un ruolo preminente, qualsiasi identificazione fra ebraismo e marxismo è una doppia falsificazione storica.

Tuttavia, lo slogan antisemita fu uno dei più efficaci contro il socialismo e il comunismo; è uno slogan che spinse milioni di lavoratori europei dal campo socialista a quello nazionalista. Allo stesso tempo, esso strumentalizzò la lotta all'ultimo sangue tra la borghesia e il comunismo dopo la Guerra Mondiale, traducendo parzialmente in antisemitismo la profonda ostilità borghese verso il comunismo.

La persecuzione degli ebrei in Ungheria e Ucraina fu un effetto collaterale della contro-rivoluzione anticomunista: gli oppositori del comunismo si vendicarono degli ebrei non-comunisti per i crimini perpetrati dal regime comunista. L'odio tedesco del Terzo Reich verso gli ebrei è anche strettamente legato al suo dogma antimarxista.

*

Perciò oggi il bolscevismo costituisce uno degli argomenti più forti dell'antisemitismo. Milioni di persone lo identificano con l'ebraismo, sebbene il bolscevismo perseguiti gli ebrei ortodossi, così come i cristiani ortodossi. Ma per i demagoghi politici e i pigri è una tentazione sin troppo forte identificare l'ebraismo non solo con il bolscevismo e il socialismo, ma anche con il liberalismo, il parlamentarismo, il capitalismo, il materialismo, l'illuminismo, il razionalismo, la massoneria, la democrazia e la disintegrazione.

Così l'antisemitismo europeo diventa una panacea politica: trova sempre eco perché è un pregiudizio profondamente radicato nelle masse.

4. L'impoverimento della Mitteleuropa

Il depauperamento della Mitteleuropa in seguito alla guerra e all'inflazione diede nuova linfa all'antisemitismo.

Perché in queste aree sovrappopolate l'invidia è un movente importante; è una delle principali fonti d'odio politico e personale. L'invidia cresce con il depauperamento generale e con l'arricchimento di pochi. Chi perde denaro mentre qualcun altro lo guadagna crede che l'altro glielo stia togliendo. Quindi l'odio delle masse si rivolse maggiormente contro chi trasse profitto dalla guerra e dall'inflazione che contro la ricchezza ereditata. Ma anche quest'ultima fu esposta all'invidia e all'odio sociale: in alcuni stati mitteleuropei, dove la nobiltà era ancora molto agiata, l'odio postbellico si diresse contro di essa perché aveva suscitato le maggiori invidie. L'esproprio dei grandi latifondisti e l'abolizione dei loro titoli nobiliari fu, in parte, l'espressione di questo stato d'animo generale.

Innanzitutto, l'invidia generale di molti poveri e impoveriti contro i pochi e nuovi ricchi creò l'ondata social-comunista post-bellica. Ma, ben presto, i dirigenti della destra, contro cui era diretta quest'ondata, si resero conto dell'opportunità di rivolgere la rabbia popolare nella direzione opposta. Così trasformarono l'odio e l'invidia generali dei ricchi in un odio e un'invidia particolari per i soli ricchi ebrei.

Pertanto l'invidia dei ricchi ebrei divenne una delle componenti più importanti dell'antisemitismo postbellico.

*

Il numero relativamente elevato dei nuovi ricchi ebrei, dei vincitori della guerra e dell'inflazione, facilitò questa manovra diversiva. Così l'antisemitismo divenne il parafulmine che avrebbe dovuto convogliare l'energia socialista dal tetto capitalista della società mitteleuropea.

Il nazionalismo e l'antisemitismo furono sistematicamente usati quali antidoti al socialismo e al bolscevismo. Con il loro ausilio, l'assalto bolscevico fu respinto.

Alcuni fatti si adattavano alla nuova agitazione antisemita. Molti ebrei si erano rapidamente arricchiti durante la guerra e l'inflazione. La secolare "ghettizzazione" nel settore monetario aveva affinato le doti finanziarie degli ebrei. Molti ne beneficiarono quando, a seguito dell'inflazione, la questione del valore monetario divenne un mistero per tutti coloro che non avevano imparato a padroneggiare gli insegnamenti della finanza. Crebbe così l'importanza delle banche che, nella Mitteleuropea, erano per lo più gestite da ebrei. La speculazione prese il sopravvento. Molti speculatori si arricchirono. Molti s'impoverirono, ma l'opinione pubblica non se ne accorse. Insieme alle banche, i grandi magazzini divennero il bersaglio dell'antisemitismo economico. Anch'essi erano spesso in mano agli ebrei. Attrassero l'odio e l'invidia di tutti i piccoli commercianti, droghieri e negozianti, che i magazzini avevano indebolito e spesso rovinato con la razionalizzazione e la riduzione del commercio al dettaglio.

La stampa nazionalista, in gran parte nelle mani dell'industria non-ebraica, diresse l'odio popolare generale dai capitalisti verso le banche e i grandi magazzini ebraici, verso le odiate cittadelle della ricchezza ebraica. Nascondono ai loro lettori che banche e grandi magazzini sono componenti necessarie di un capitalismo avanzato, che, quindi, la lotta contro di essi o è un'inutile manovra diversiva oppure conduce al bolscevismo.

*

L'odio contro i ricchi ebrei era spesso accresciuto dal loro comportamento. Molti di questi *nouveaux riches* commettono l'errore tipico dei parvenu di tutte le razze e di tutti i tempi: ostentano la loro nuova ricchezza in modo volgare. In tempi di guerra e d'inflazione, ciò ebbe un effetto doppiamente irritante di fronte alla miseria di massa e portò non solo a un'elementare recrudescenza dell'antisemitismo, ma anche a una fantasiosa sopravvalutazione della ricchezza ebraica rispetto a quella non-ebraica.

Perché, a dire il vero, la Guerra Mondiale non accrebbe la ricchezza complessiva degli ebrei, ma la ridusse notevolmente. La miseria degli ebrei orientali aumentò per via del bolscevismo, della Guerra Mondiale e della guerra russo-polacca, con i successivi pogrom. I principali profitti bellici andarono all'industria bellica e agricola, due rami economici da cui gli ebrei erano quasi assenti.

Allo stesso modo, l'inflazione arricchì solo un numero esiguo di speculatori ebrei, mentre la maggioranza degli ebrei, che non possedevano né terre, né beni materiali, fu privata delle sue residue riserve monetarie.

Le ultime statistiche sulla ricchezza degli ebrei sono un po' meno favorevoli rispetto a quelle prebelliche. La casa dei Rothschild, che aveva occupato per un secolo una posizione dominante nel mondo finanziario europeo e aveva sostanzialmente portato alla sopravvalutazione della ricchezza ebraica, perse nel dopoguerra non solo gran parte della sua fortuna, ma anche dell'influenza conseguente.

L'unica banca che oggi è una potenza mondiale (J.P. Morgan) è in mano non-ebraica. Anche le più grandi fortune americane, come i Rockefeller, i Ford, i Mellon, i Vanderbilt, gli Astor, appartengono a non-ebrei.

Con rarissime eccezioni, i principali industriali tedeschi del dopoguerra erano non-ebrei; soprattutto il loro esponente più importante: Hugo Stinnes[3]. Se Stinnes fosse stato ebreo, tutti gli antisemiti del mondo avrebbero utilizzato questa circostanza per incolpare i suoi clienti del prolungarsi della guerra e dell'inflazione. Se Ivar Kreuger fosse stato ebreo, tutti gli antisemiti avrebbero dichiarato dopo la sua caduta: "Ecco gli ebrei!" Tuttavia, poiché non era ebreo, ma svedese, nessuno pensò d'incolpare la nazione svedese per il caso Kreuger[4]. Ma se Morgan fosse ebreo, oggi esisterebbe indubbiamente un intero filone letterario che cercherebbe di dimostrare che la sua banca fu il centro della cospirazione mondiale ebraica e dei piani per il dominio mondiale.

*

Ma tutte queste circostanze non sono d'alcun giovamento. Il semplice fatto che ci siano numerosi capitalisti ebrei è altrettanto improprio per identificare ebraismo e capitalismo, così come il fatto che ci siano alcuni ebrei tra i principali comunisti non basta a identificare ebraismo e comunismo.

Così assistiamo al paradosso che l'antisemitismo è stato usato contemporaneamente quale arma contro il capitalismo e contro il comunismo. Il che contraddice ogni logica politica, ma qui non si tratta di logica, ma di politica: ogni gruppo intende colpire il proprio avversario. L'antisemitismo era un'arma che poteva essere usata alla bisogna. Perché lo stato d'animo di fondo delle masse era antisemita, un retaggio latente dell'educazione giovanile cristiana. Coloro che facevano appello a un pregiudizio così radicato erano sicuri di poterlo utilizzare, insieme all'invidia latente, quali ordigni politici ineguagliabili.

---

[3] Hugo Stinnes (1870-1924), imprenditore tedesco, noto per le sue posizioni oltranziste nel primo dopoguerra e per le capacità imprenditoriali e finanziarie durante l'epoca inflattiva (NdC).

[4] Ivar Kreuger (1880-1932), imprenditore e ingegnere tedesco, soprannominato "re dei fiammiferi", poi vittima di avventurose speculazioni finanziarie dopo la crisi del 1929 che lo portarono al suicidio (NdC).

Poco dopo la fine della guerra, un dirigente di un partito di uno stato mitteleuropeo mi presentò una bozza del suo nuovo programma. Io attirai la sua attenzione sulla contraddizione esistente tra la richiesta di eguali diritti per tutte le denominazioni e la successiva richiesta di soppressione dell'influenza ebraica. Al che mi rispose: "Non sono mica antisemita, tutt'altro! Ma se non includiamo questo paragrafo antisemita, il ... (qui fece il nome di un partito concorrente) ci soffierà i nostri elettori".

Il motivo principale dell'antisemitismo politico è quello di attrarre gli elettori con l'aiuto di uno slogan accattivante, di un pregiudizio profondamente radicato. L'elettore è lusingato, non informato. Il candidato non cerca di elevarlo al suo livello, ammesso che ne abbia uno, ma si abbassa a quello dell'elettore, piegandosi ai suoi pregiudizi e giustificandoli piuttosto che contrastandoli.

Pertanto la generale pusillanimità diventa il maggiore precursore dell'antisemitismo politico.

*

Il crollo della disoccupazione a seguito della crisi mondiale contribuì in modo significativo al successo dell'antisemitismo.

Perché il sovraffollamento di tutte le professioni, in particolare di quelle intellettuali, portò all'intensificazione e all'asprezza della lotta per l'esistenza. Finché vi erano due posti vacanti per un ariano e un ebreo inoccupati, era immaginabile una concorrenza leale per la posizione migliore. Ma non appena ci fu un solo posto vacante per i due in cerca di lavoro, ne seguì una lotta all'ultimo sangue, una lotta senza quartiere, una lotta con mezzi ingiusti. Una di queste armi fu l'antisemitismo. Il candidato ariano cercò di eliminare il suo concorrente ebreo con l'aiuto dell'antisemitismo. Se non ci riusciva, si univa a un gruppo antisemita per estromettere il suo rivale ebreo con la violenza o il boicottaggio, per poi prenderne il posto.

La dura lotta per l'esistenza causata dalla disoccupazione e dalla crisi economica portò alla sconfitta dei più deboli, alla sconfitta delle minoranze, alla sconfitta degli ebrei. Perché non si trattava più di giustizia, ma di mera sussistenza.

Come nel panico i bambini e le donne sono i primi a essere schiacciati, così nel panico economico mitteleuropeo toccò ai più deboli: agli ebrei.

Ovunque fossero in grado di reggere il confronto, gli ebrei dovevano dimostrarsi nettamente superiori ai loro concorrenti non-ebrei. Ma anche questo non riuscì a salvarli dall'antisemitismo nazionalsocialista.

La lotta antisemita per l'esistenza finirà solo con la fine della disoccupazione europea e quando i princìpi del "fair play", del via libera ai più meritevoli, trionferanno nella competizione lavorativa. Fino ad allora, tutte le minoranze sono minacciate e svantaggiate: soprattutto gli ebrei.

5. Nazionalismo e antisemitismo

L'ascesa del nazionalismo europeo prima, durante e dopo la Guerra Mondiale contribuì in modo significativo all'aggravamento dell'antisemitismo.

Con la Guerra Mondiale, il nazionalismo divenne la scuola di pensiero dominante in Europa. Per anni i dirigenti politici e intellettuali delle nazioni europee avevano proclamato la superiorità della propria nazione. La fede in una missione universale nazionale regna sovrana, oggi, fra tedeschi e francesi, inglesi e americani, russi, giapponesi e italiani. I popoli europei più piccoli si accontentano di credere nella loro superiorità sulle nazioni vicine.

Questa megalomania nazionale è sempre sostenuta dalla letteratura semiscientifica, dalla falsificazione della storia, dalle teorie biologiche e filosofiche. Poiché queste teorie lusingano la vanità nazionale, esse sono credute e sostenute acriticamente dalla maggioranza dei semicolti, tra cui molti "colti".

Chiunque si opponga a queste teorie sarà additato come nemico o traditore della nazione.

Perché la vanità nazionale è più forte della veridicità.

È chiaro che questa scuola di pensiero contribuì a rafforzare l'antisemitismo. L'odio e il disprezzo per gli stranieri erano rivolti anche agli ebrei.

Mentre, dopo la fine della Guerra Mondiale, la psicosi nazionalistica bellica agì in altri paesi contro i membri delle minoranze nazionali, in Ungheria e in Germania, dove non erano rimaste abbastanza minoranze nazionali, si rivolse verso principalmente gli ebrei. Questa fu l'occasione per vendicarsi dell'ingiustizia subita senza sfidare un paese vicino. Così gli ebrei condivisero il destino delle minoranze nazionali: ma la loro sofferenza fu più dura e amara.

*

Peggio dell'odio cui gli ebrei sono sottoposti è il disprezzo.

La maggior parte delle persone ama il disprezzo. Quanto più riesce a denigrare il proprio prossimo, tanto più si sente importante. Il disprezzo altrui è la cifra della propria autostima.

Per questo la nobiltà tende a disprezzare la borghesia, e viceversa. Questa volontà è profondamente radicata nell'animo umano. Il sistema delle caste si basa sul disprezzo. Nei paesi in cui convivono diverse razze, la volontà di disprezzo si alimenta del disprezzo razziale e nel Giappone insulare ha creato la casta paria degli *eta*[5].

In Europa la volontà di soddisfare e accrescere la propria autostima disprezzando il prossimo trova espressione nell'antisemitismo.

L'antisemitismo lusinga i non-ebrei, rendendoli consapevoli di appartenere a una razza nobile, a una casta privilegiata. Gli ebrei forniscono lo sfondo su cui dovrebbe risaltare l'immagine dell'ariano. Ai non-ebrei è offerta la possibilità, pur trovandosi in fondo alla scala sociale, di guardare dall'alto in basso un altro gruppo di persone. Per molti si tratta di una grande consolazione: una consolazione doppia in tempo di crisi.

---

[5] O *burakumin* (abitanti dei villaggi), gruppo sociale segregato dal resto della società civile (NdC).

Perché denigrare il prossimo crea sempre l'illusione di essere superiori. La mera esistenza di una casta disprezzata dà a tutti coloro che non ne fanno parte il diritto di considerarsi aristocratici. Così l'antisemitismo diventa l'orgoglio della borghesia. Per questo è molto più intenso tra la piccola borghesia che tra l'alta nobiltà, il cui orgoglio di classe è soddisfatto in altri modi.

*

Anche i successi del sionismo contribuirono a intensificare l'antisemitismo dopo la Guerra Mondiale.

Perché, nel sionismo, gran parte dell'ebraismo si riconosce come nazione a se stante. È così che il sionismo giustifica la tesi antisemita che gli ebrei non sarebbero concittadini di confessione mosaica, ma un elemento estraneo, una nazione a se stante.

Questo nuovo atteggiamento facilita l'antisemitismo nei nazionalisti e trasla la lotta programmatica contro le altre nazioni nella lotta contro l'ebraismo. Facilita loro l'eliminazione degli ebrei dalla comunità nazionale, sottoponendoli a leggi speciali, introducendo il *numerus clausus* e opprimendoli come minoranze nazionali. Perché è intrinseca nello Stato nazionale l'esigenza d'onnipotenza della nazione dominante e l'eliminazione di tutti gli elementi nazionali stranieri.

Per gli ebrei che non sono sionisti, ma si sentono cittadini del paese in cui vivono, il cambio di atteggiamento è doppiamente arduo.

Quindi il sionismo è un'arma a doppio taglio per l'ebraismo. Lavora inconsciamente per l'antisemitismo e complica la posizione dell'ebraismo. Da arma contro l'antisemitismo si è rapidamente trasformata in un'arma dell'antisemitismo contro l'ebraismo occidentale e i suoi sforzi assimilatori.

Ma il sionismo contribuì ad aumentare l'autostima degli ebrei. La gioventù sionista avverte di essere una nazione, uguale a tutte le altre nazioni del mondo. È orgogliosa delle opere e delle azioni dei suoi antenati in Palestina e nella diaspora. L'autostima nazionale prende il posto della diffusa auto-denigrazione. Gli antisemiti si combattono come oppositori nazionali su un piano egualitario.

Il sionismo fece di tutto per chiarire la questione ebraica creando un nazionalismo ebraico. Diminuì il disprezzo verso gli ebrei, ma ne aumentò l'odio. Da casta disprezzata, il sionismo sta trasformando l'ebraismo in una nazione odiata.

*

Il nazionalismo antisemita combatte gli ebrei non solo in quanto nazione, ma anche in quanto "inter-nazione", in quanto negazione dell'idea nazionale. Di conseguenza, l'odio tedesco per gli ebrei è maggiore rispetto a quello per i francesi.

Le relazioni e i legami internazionali degli ebrei li rendono un pericolo per il nazionalismo in sé, li rendono i rappresentanti dell'odiato internazionalismo, alleati delle internazionali socialiste, capitaliste e bolsceviche.

La lotta contro l'ebraismo è percepita come una lotta tra la visione del mondo nazionale e quella internazionale, come una lotta per il futuro della propria nazione.

Nemmeno il sionismo scagiona gli ebrei da questo sospetto: molti antisemiti vedono in Sion non un focolare nazionale degli ebrei, ma una nuova cittadella dell'internazionalismo.

Gli ebrei sono anche tacciati di pacifismo. Quest'atteggiamento è l'esito naturale della loro evoluzione e condizione storiche. Gli ebrei furono disarmati per quasi duemila anni. Da allora non furono più soggetti, ma solo oggetti dei conflitti. Non possono vincere una guerra, ma solo soffrirne le conseguenze. Le guerre non furono combattute per i loro ideali, ma per quelli altrui. Ma, per generazioni, gli ebrei dovettero pagare le guerre altrui con i propri soldi e, spesso, anche con il proprio sangue. L'ultimo tragico esempio fu la guerra russo-polacca che determinò il genocidio degli ebrei ucraini.

In tali circostanze, nessuno può sorprendersi che la maggior parte degli ebrei nutra scarso entusiasmo per la guerra e preferisca la pace. Perché è evidente che i popoli esclusi dal servizio militare per due millenni sono meno bellicosi di quelli che hanno predicato ininterrottamente ideali guerreschi dall'alba dei tempi.

Tuttavia, sarebbe ingiusto accusare gli ebrei di codardia. L'ebraismo può facilmente ignorare un'accusa del genere. Ha dimostrato nei secoli sulle pire e nelle camere di tortura che, quando sono in gioco i propri ideali, esso non è meno eroico di nessun altro popolo. Per amore della sua fede, l'ebraismo ha patito una guerra mondiale di duemila anni contro tutta l'Europa. Di conseguenza, ha il diritto di sentirsi al primo posto quale nazione eroica. Ogni persona onesta dovrebbe ammetterlo. Perché la guerra e il conflitto sono due cose ben diverse. E le guerre non sono le uniche pietre di paragone dell'eroismo. La maggior parte di noi troverà più semplice andare in guerra che non rinunciare alle proprie convinzioni di fronte al rogo.

È anche innegabile l'inclinazione della maggior parte degli ebrei verso l'internazionalismo. I tuoi parenti sono sparsi in tutto il mondo, come agenti di commercio conoscono paesi e popoli stranieri e, di solito, hanno un orizzonte più internazionale rispetto ai non-ebrei dello stesso livello di istruzione. Formano un legame naturale tra i popoli e sono particolarmente adatti quali mediatori delle culture nazionali. Ma è proprio questo cosmopolitismo che i nazionalisti rimproverano agli ebrei.

Fino a poco tempo fa, essere definito cosmopolita era una distinzione. Oggi la parola internazionalista, che ne ha preso il posto, non è più una nota di merito, ma di demerito. In un'epoca di nazionalismo generalizzato, l'internazionalismo è tanto spregevole quanto lo era la tolleranza all'epoca delle guerre di religione.

Oggi l'Europa è governata dall'ideologia nazionalista, come in passato lo fu dal fanatismo religioso. Quest'epoca nazionalista è ancora molto acerba. Sorse durante la rivoluzione francese e le guerre napoleoniche. Raggiunse il suo apice durante la Guerra Mondiale. Oggi è in lotta con l'ideologia socialista. Nessuno può sapere quando e con quale idea sarà sostituita.

Ma, *rebus sic stantibus*, il nazionalismo considera ereticali il cosmopolitismo e il pacifismo. L'antisemitismo che sembrava rifiutare la religione ebraica, appare oggi rifiutare la nazione ebraica o l'internazionalismo ebraico. In questo processo la biologia è chiamata a raccogliere l'eredità della teologia – e vi saranno sempre "studiosi" disposti a tradurre i desideri politici in nuove formule scientifiche. Chi ne dubita non ha che da consultare la letteratura di guerra: vi troverà i nomi delle più insigni menti europee che, con tutto l'armamentario della loro scienza, cercarono di dimostrare l'inferiorità biologica e culturale degli europei oltre trincea. E la gente ci credette, proprio come oggi crede alle tesi antisemite.

6. Cristianesimo e antisemitismo

Oltre al fragoroso antisemitismo dei nazionalisti è sopravvissuto fino ai nostri giorni il silenzioso antisemitismo dei cristiani.

Quest'antisemitismo è meno visibile al momento, perché i rappresentanti di spicco della cristianità mondiale si stanno rivoltando contro l'antisemitismo razziale pagano e appaiono, dunque, nemici dell'antisemitismo generale. In verità, la loro battaglia non è diretta contro l'antisemitismo in sé, ma contro l'antisemitismo dei neopagani, che minaccia anche la visione del mondo cristiana.

Ma ciò non significa che il cristianesimo rinunci lontanamente all'antisemitismo. Al contrario, l'ondata generale dell'antisemitismo moderno si è estesa anche al campo cristiano.

Mentre in passato i principali oggetti dell'antisemitismo cristiano erano gli ebrei, oggi l'antisemitismo cristiano è diretto meno contro gli ebrei ortodossi che contro i liberi pensatori ebrei, che professino ufficialmente il giudaismo, il cristianesimo o siano laici.

Perché i liberi pensatori rappresentano il maggior pericolo per il futuro del cristianesimo: un pericolo ben superiore rispetto all'ebraismo ortodosso.

Il bolscevismo è un prodotto del libero pensiero e sta combattendo una lotta all'ultimo sangue contro il cristianesimo nella Russia sovietica. Ma anche in Europa e in America cerca in tutti i modi di minare il potere, l'influenza e l'autorità del cristianesimo.

Il libero pensiero reclutò molti ebrei; ebrei che avevano lasciato la fede dei padri senza convertirsi interiormente al cristianesimo. Anche se battezzati esternamente, solo nei casi più rari avevano accettato la visione del mondo cristiana.

L'antisemitismo cristiano si dirige contro questi ebrei. Non si rivolta contro gli ebrei cristianizzati per convinzione; men che meno contro i discendenti di ebrei formati cristianamente e devoti alla loro fede. Ma combatte con la stessa veemenza tutti i liberi pensatori di ascendenza non-ebraica: sicché questo antisemitismo è più indiretto che diretto; più una lotta contro i non-cristiani europei che una lotta contro gli ebrei.

*

L'attuale contrasto del cristianesimo contro gli ebrei non è differente. Alligna nella questione della messianicità di Cristo. Non può esserci pace o compromesso tra due religioni, una delle quali è convinta che Cristo sia il Messia promesso, mentre l'altra combatte con tutte le sue forze questa credenza.

Questa lotta religiosa durerà finché le due religioni coesisteranno. S'indebolirà laddove si placherà il fanatismo delle due religioni, divamperà laddove esplode quel fanatismo.

Ebrei e cristiani possono riconoscersi come uomini eguali, giammai come ebrei e cristiani.

Se il cristianesimo riacquistasse il potere che aveva nel Medioevo, combatterebbe la guerra contro la religione ebraica come allora; e se gli ebrei ortodossi avessero la stessa superiorità numerica su una minoranza cristiana, non sarebbero meno intolleranti verso il cristianesimo. L'unilateralità della persecuzione degli ebrei non consiste nella maggiore tolleranza della fede ebraica, ma nel fatto che, negli ultimi secoli, gli ebrei furono una minoranza e i cristiani la maggioranza.

L'odio cristiano per gli ebrei persisterà, indipendentemente da ogni teoria razziale, perché non è diretto contro la razza semitica o ebraica, ma contro la religione ebraica.

*

L'odio cristiano per gli ebrei genera, in innumerevoli casi, l'istinto antisemita e l'antisemitismo razziale.

Il fenomeno basilare dell'antisemitismo moderno è la profonda antipatia che l'irreligioso antisemita nutre verso tutto ciò che gli sembra "ebraico". Fa risalire tale antipatia alla consapevolezza che l'ebraismo sia una razza inferiore, che giustamente teme e odia, disprezza e perseguita – e si riferisce principalmente alle teorie razziali di Chamberlain, Weininger e dei loro epigoni.

Tuttavia, l'istinto antisemita, che cerca di giustificarsi ed esprimersi per mezzo di una teoria razziale, commette un errore. Confonde la causa con l'effetto: in quasi tutti gli antisemiti l'antisemitismo emotivo precede le loro conoscenze e teorie razziali – il loro antisemitismo pratico quello teorico. L'atteggiamento antisemita non sarebbe la conseguenza della loro convinzione antisemita, ma solo la causa.

Nella quasi totalità dei casi, l'emergere dell'odio verso gli ebrei precede la critica della questione ebraica: l'antisemitismo non si basa su un giudizio, semmai su un pregiudizio; non sulla conoscenza, ma sull'istinto.

*

Gli istinti possono essere naturali o artificiali, innati o acquisiti. Alcuni antisemiti sostengono che l'antisemitismo sia un istinto razziale innato e naturale, simile all'antipatia tra cani e lupi. L'errore di quest'affermazione deriva dal fatto che nessuno può distinguere con certezza gli ebrei dai non-ebrei e che anche l'antisemita più radicale non prova alcuna antipatia razziale verso gli ebrei che non riconosce come tali; solo quando scopre la loro "ebraicità" si risveglia il suo pregiudizio antisemita. Al contrario, accade spesso che l'antisemitismo dei bambini ebrei allevati cristianamente non differisca affatto da quello dei loro compagni di origine cristiana. L'odio emotivo per gli ebrei, come quello per i francesi da parte dei tedeschi e l'odio per i francesi da parte dei tedeschi, è nato da incomprensioni, interpretazioni errate e generalizzazioni, da pregiudizi e suggestioni di massa. Un ebreo, un francese e un tedesco che, senza conoscere le proprie origini, fossero allevati insieme fin dalla più tenera età come angloamericani cristiani – non nutrirebbero alcun odio razziale o nazionale verso il prossimo.

L'antisemitismo è un istinto artificiale, non naturale; è acquisito, non innato.

La storia dell'emersione dell'istinto antisemita ci conduce ai primi anni dell'infanzia. Sin dalle scoperte di Freud, è dubbio che l'anima del bambino sia l'alambicco che distilla gran parte degli istinti e dei sentimenti successivi. Impressioni e pregiudizi infantili sepolti affondano nel subconscio e lì si trasformano in istinti.

L'istinto antisemita nasce quasi sempre da un pregiudizio infantile.

Il bambino vede un crocifisso e ne chiede il significato. La risposta è che l'uomo sulla croce è il caro salvatore (che ama e adora come "Gesù bambino"), martirizzato a morte dagli ebrei. Nel bambino si risveglia naturalmente una profonda compassione per il salvatore, unita a un altrettanto profondo disgusto per i suoi nemici e assassini: "gli ebrei". Quando poi sente o vede degli ebrei, li associa spontaneamente agli assassini di Cristo e prova nei loro riguardi una fondata antipatia. Il bambino cresce con quest'antipatia e incontra gli ebrei, con cui instaura un rapporto prevenuto, sospettoso e ostile. Certo, questi comportamenti si elidono e forniscono all'antisemitismo sempre nuova linfa.

L'antisemita cresce, perde la fede infantile e dimentica le prime influenze antiebraiche dell'infanzia. Conserva invece la sua antipatia verso gli ebrei, che gli appare un istinto innato, l'espressione di una conoscenza intuitiva, poiché ignora la storia della sua origine. Per questo l'antisemitismo emotivo, ormai sradicato, cerca nuove giustificazioni teoriche e trattati sulla teoria della razza, non per mettere alla prova il suo pregiudizio, semmai per confermarlo. L'antisemitismo razziale pseudo-scientifico gli sembra una rivelazione, che segue acriticamente perché si adatta ai suoi istinti, lusinga la sua vanità e giustifica scientificamente i suoi pregiudizi. Così, sotto il suggerimento di amici che la pensano allo stesso modo, si trasforma in un fanatico antisemita razziale, minimamente turbato da alcuna obiezione, perché il suo istinto e le sue convinzioni razziali si sostengono a vicenda.

*

Quando i bambini sono allevati in modo irreligioso, i parenti, le tate o gli educatori antisemiti suggeriscono loro i propri pregiudizi fin dalla più tenera età, senza l'intermediazione della religione, con osservazioni beffarde o odiose sugli ebrei. Qui l'antisemitismo religioso non è inoculato direttamente nel bambino, ma è piuttosto di seconda o terza mano: perché se rinveniamo le tracce dell'antisemitismo in quegli educatori antisemiti, prima o poi c'imbattiamo nella fonte religiosa sopracitata.

Direttamente o indirettamente, l'antisemitismo religioso genera quasi sempre il semitismo istintivo, così come l'antisemitismo razziale. Il pregiudizio religioso è primario – l'antipatia è secondaria – mentre il pregiudizio razziale è terziario.

Con la suggestione e l'incitamento, l'antisemitismo si è quasi trasformato in una psicosi di massa. Questa psicosi, che in molte persone assume i sintomi della patologia, della fissazione, può essere curata solo con una chiara comprensione delle sue cause e riconoscendone l'eziologia. Perché riconoscere un pregiudizio è il primo passo verso la liberazione dal suo potere. Quando gli antisemiti istruiti si renderanno conto che l'antisemitismo individuale, così come l'antisemitismo storico, si basa sul fanatismo religioso e che le loro convinzioni scientifiche si basano sui pregiudizi religiosi delle loro balie, potranno finalmente liberarsi dalla loro follia. Come per la terapia psicoanalitica, anche qui si tratta di rievocare un'esperienza infantile sepolta per liberarsi da un pregiudizio divenuto troppo istintuale.

7. L'antisemitismo neopagano

L'antisemitismo cristiano esige l'assimilazione: la conversione graduale di tutti gli ebrei al cristianesimo.

L'antisemitismo razziale rifiuta l'assimilazione: perché non vuole offuscare la separazione tra ebrei e non-ebrei, semmai rafforzarla. Per questo critica la possibilità del battesimo e cerca di respingere gli ebrei battezzati e i loro discendenti nella comunità ebraica. Ed è per questo che la religione ebraica è un gradito muro divisorio tra ebrei e non-ebrei.

Quest'atteggiamento spiega la relativa tolleranza del nazionalsocialismo nei confronti della religione ebraica: infatti, l'antisemitismo razziale moderno è diretto più contro i grandi magazzini ebraici che contro i negozi ebraici; più contro i giornalisti ebrei che contro i rabbini; più contro il liberalismo ebraico che contro l'ortodossia ebraica; più contro gli assimilatori che contro i sionisti. In una parola, contro gli ebrei quale comunità di sangue, non quale comunità religiosa.

La stragrande maggioranza degli antisemiti razziali sostiene che il loro antisemitismo non abbia nulla a che fare con la religione e che, quindi, non interferirebbe nel dibattito religioso tra ebrei e cristiani.

Tuttavia, le conseguenze dell'antisemitismo razziale ingenerano problemi religiosi: certamente in un senso del tutto diverso rispetto all'antisemitismo cristiano. Perché mentre quest'ultimo è in costante opposizione alla religione ebraica, l'antisemitismo razziale entra inevitabilmente in conflitto con il cristianesimo, mentre non si occupa della fede ebraica.

*

Il conflitto insorge quando l'antisemitismo razziale intravvede come unico obiettivo la liberazione dell'umanità ariana dall'influenza ebraica. Perché, a suo giudizio, lo spirito ariano e quello ebraico sono antitetici: quando entrambi s'incontrano, lo spirito ebraico decompone lo spirito ariano. Ecco perché il futuro della civiltà germanica può essere garantito solo eliminandone tutte le influenze ebraiche di natura spirituale, culturale e morale.

L'antisemitismo razziale conduce una lotta accanita contro lo spirito ebraico e i suoi portatori, contro scrittori ebrei passati e presenti, contro artisti e studiosi, giornalisti ed editori ebrei: con l'unico obiettivo dell'autarchia intellettuale della razza ario-germanica.

*

In questa lotta contro lo spirito ebraico era impossibile eliminare la religione. D'altra parte, gli antisemiti non potevano trascurare il fatto che il libro sacro della stragrande maggioranza di tutti i tedeschi è un prodotto nazionale dello spirito ebraico: la Bibbia. Perché entrambi i Testamenti furono scritti interamente da ebrei: da scrittori e storici ebrei, da poeti e filosofi, re e legislatori, profeti e santi ebrei. Una parte di quest'opera contiene la storia nazionale degli ebrei, un'altra parte il diritto nazionale ebraico; i salmi rappresentano il fiore più bello della poesia ebraica, mentre altri scritti biblici incarnano l'apice più elevato dell'etica ebraica.

Questo magnifico documento dello spirito ebraico ha avuto un'influenza incomparabilmente più profonda sull'intera struttura mentale dei tedeschi e degli altri europei rispetto a tutte le altre opere di autori ebrei messe insieme. Quest'influenza continua tutt'ora. Mentre gli scolari tedeschi ascoltano le gesta dei grandi imperatori tedeschi nella lezione di storia, imparano la storia biblica di Israele nella lezione di religione, accanto alle grandi gesta di Mosè e Davide, all'eroismo di Sansone e alla saggezza di Salomone. Ogni domenica milioni di uomini, donne e bambini tedeschi si riuniscono nelle loro chiese per ascoltare le parole di sacerdoti o evangelisti ebrei e per udire i canti di poeti ebrei. Con la Bibbia, innumerevoli frammenti di vecchie idee ebraiche sono divenute patrimonio comune dell'intera nazione tedesca, mentre i dieci comandamenti proclamati da Mosè sono riconosciuti anche dalla maggior parte degli europei non-ebrei come il più elevato codice morale. L'intera arte europea è fecondata dalla Bibbia: nelle chiese e nelle cappelle, sui ponti e nelle piazze dei mercati in Germania e nel resto d'Europa ci sono milioni di statue e immagini raffiguranti patriarchi e profeti ebrei, apostoli ebrei, evangelisti, santi e martiri.

*

Un movimento che mirasse a eliminare tutte le influenze ebraiche dalla civiltà tedesca non poteva ignorare il fatto che l'odierna religione dei tedeschi emerse dalla religione ebraica ed è principalmente radicata nelle idee ebraiche. Che, secondo gli insegnamenti di questa religione, la razza ebraica fu il popolo eletto di Dio per migliaia di anni, l'unico portatore della vera rivelazione e della vera fede in Dio. Che il redentore del mondo fu il prodotto di questa stirpe, scelse dall'ebraismo la sua santa Madre, i suoi amici, i suoi discepoli e i suoi successori. Che la redenzione del mondo giunse dall'ebraismo e dalla tribù reale ebraica di Davide.

Finché questa religione sarà insegnata in tutte le scuole e predicata in tutte le chiese, sarà difficile per l'antisemitismo razziale elevare a dogma nazionale inattaccabile la dottrina dell'inferiorità intellettuale, biologica e morale della razza ebraica. I suoi teorici sono quindi costretti a fare i conti con il cristianesimo: per eliminare le influenze ebraiche anche dalla vita religiosa in Germania.

*

Poiché il programma del partito nazionalsocialista si professa fondamentalmente per il "cristianesimo positivo"[6], i

---

[6] Punto 24 del programma del Partito nazionalsocialista dei lavoratori tedeschi (1921) (NdC).

suoi teorici cercarono inizialmente di separare il cristianesimo dalle idee ebraiche per "nordizzarlo", spostandone gli accenti.

Il tentativo fu compiuto principalmente in tre direzioni: in primo luogo, denigrando l'Antico Testamento a favore del Nuovo. In secondo luogo, interpretando "antisemiticamente" i vangeli. In terzo luogo, con la tesi dell'origine ariana di Cristo.

Tutti e tre i tentativi fallirono. Era impossibile rimuovere l'Antico Testamento dalla Bibbia: perché le profezie dell'Antico Testamento sono la migliore conferma del Nuovo, inframmezzato da vecchie citazioni e legami biblici. Inoltre, anche se l'Antico Testamento fosse soppresso, nulla potrebbe cambiare il fatto che anche il Nuovo Testamento fu scritto esclusivamente da autori di sangue ebraico.

Allo stesso modo, il tentativo di valutare il contrasto tra la religione ebraica e quella cristiana nel senso dell'antisemitismo razziale era destinato a fallire. Perché i vangeli non contengono nulla che sia diretto contro la razza ebraica da cui emersero Cristo e gli evangelisti. Per i primi cristiani il cristianesimo non era antigiudaismo, ma giudaismo riformato. Perciò qualsiasi antisemitismo razziale sarebbe apparso loro privo di senso.

Ma il fatto più ironico e incomprensibile per gli antisemiti razziali cristiani consisteva nell'origine ebraica di Cristo. Questo è il motivo per cui furono condotti i tentativi più avventurosi per dimostrare che il fondatore del cristianesimo avesse una discendenza ariana. Alcuni di questi tentativi sono assurdi, altri blasfemi. Tuttavia, la ragione è ovvia, poiché l'origine ebraica di Cristo per tutti i cristiani pensanti confuta nel modo più assoluto tutte le teorie sulla naturale inferiorità del sangue ebraico rispetto all'ariano.

La credenza nella discendenza ebraica di Cristo da Abramo, Isacco, Giacobbe e Davide è inequivocabile nei vangeli. Chi ne dubita abbandona il campo del cristianesimo senza entrare sul campo della ricerca storica, che non offre alcun indizio circa l'origine non-ebraica di Cristo.

Ma, a parte la questione della persona di Cristo, né i teologi, né gli storici possono negare che i primi cristiani appartenevano alla nazione ebraica e che il cristianesimo emerse dal giudaismo. Solo così naufraga ogni tentativo di ridurre il cristianesimo e l'antisemitismo razziale a un denominatore comune.

Dopo il fallimento di tutti questi tentativi, teologicamente irrealistici fin dall'inizio, l'antisemitismo razziale si trovò di fronte a una scelta: o capitolare agli elementi ebraici del cristianesimo – oppure rompere con il cristianesimo e cercare una visione del mondo pagana sostitutiva.

*

Mentre l'antisemitismo razziale cristiano è incoerente, l'antisemitismo razziale pagano lo è eccome.

Perché solo il neopaganesimo trae la logica conclusione dall'antisemitismo razziale: come rifiuta la filosofia di Spinoza, la poesia di Heine, la musica di Mahler e la fisica di Einstein – così fa con la Bibbia, Mosè e gli evangelisti.

Certo, anche questi antisemiti radicali si guardano bene dalle conseguenze ultime della loro ideologia: altrimenti dovrebbero rifiutarsi di ascoltare la radio perché le onde radio furono inventate dal mezzo ebreo Hertz[7] – o di guidare un'auto perché la inventò l'ebreo Marcus[8].

Tuttavia, la richiesta neopagana di sostituire la visione del mondo cristiana con una visione del mondo germanica e, quindi, di soffocare lo spirito ebraico-biblico fuori della Germania è incomparabilmente più chiara e più logica che i tentativi infantili da parte degli antisemiti razziali cristiani di liberare il cristianesimo dalle influenze ebraiche. Perché ogni tentativo del genere è altrettanto disperato come se i giapponesi provassero a eliminare tutte le influenze indiane dalla loro civiltà e volessero rimanere comunque buddisti.

I neopagani tedeschi sostengono che la giudaizzazione della Germania iniziò con la sua conversione al cristianesimo e può

---

[7] Heinrich Rudolf Herzt (1857-1894), fisico tedesco (NdC).
[8] Siegfried Marcus (1831-1898), ingegnere e inventore tedesco naturalizzato austriaco (NdC).

avere un esito radicale solo con l'eliminazione del cristianesimo. Per questo sostengono una nuova religione germanica in cui Wotan prenda il posto di Jahvè, l'Edda il posto della Bibbia, Nietzsche il posto di Mosè. Rivendicano la lotta contro il cristianesimo per costruire una visione del mondo germanica libera da influenze ebraiche.

Pur mostrando una vergognosa pochezza intellettuale il cristiano credente che insudicia le radici della sua religione con il suo impegno per l'antisemitismo razziale, la sua conseguenza neopagana è logicamente inattaccabile.

*

Proprio come il nazionalsocialismo è la forma politica del coerente antisemitismo razziale, così il neopaganesimo ne è la forma religiosa.

L'ascesa del neopaganesimo nella Germania nazionalsocialista è solo la logica conseguenza della propaganda antisemita e dell'ideologia di Alfred Rosenberg[9]. L'antisemitismo razziale e il cristianesimo entrarono in un'opposizione sempre più accesa, in lotte sempre più acerrime. È sempre più evidente il fatto che l'antisemitismo razziale e il cristianesimo siano visioni del mondo incompatibili; che la loro distanza possa essere colmata solo temporaneamente, per poi scoppiare nuovamente con ancora maggiore virulenza.

Pertanto l'antisemitismo torna sul campo di battaglia religioso da cui è sorto. Solo che, nel frattempo, il suo fronte si è spostato: non si rivolta più contro la religione ebraica fintantoché resta chiusa in se stessa, non esercita alcuna influenza sul mondo culturale germanico e non cerca di fare proseliti tra gli ariani.

La nuova lotta religiosa dell'antisemitismo razziale si dirige esclusivamente contro la religione cristiana per via della sua ascendenza ebraica.

---

[9] Principale ideologo novecentesco del nazionalsocialismo, autore di *Il mito del XX secolo* (1930) (NdC).

Se l'antisemitismo razziale trionferà, sarà la fine del cristianesimo tedesco e la sua sostituzione con nuove forme religiose. Se il cristianesimo trionferà, sarà la fine dell'antisemitismo razziale.

*

La conseguente svolta dell'antisemitismo razziale contro la visione del mondo cristiana ha un tale successo che oggi solo i cristiani più lungimiranti ne sono pienamente consapevoli e riconoscono il pericolo mortale che l'espansione dell'antisemitismo razziale rappresenta per il cristianesimo tedesco.

La maggior parte dei cristiani confonde ancora la lotta bimillenaria contro la fede ebraica con la nuova lotta tedesca contro il sangue ebraico. Molti cristiani vedono ancora nell'antisemitismo razziale un gradito alleato contro l'ebraismo.

Ma si sta facendo largo la consapevolezza che l'antisemitismo razziale sia per il cristianesimo un nemico molto più temibile e pericoloso di quanto non lo sia mai stato l'ebraismo. Che i fronti si siano spostati e che l'attuale lotta per la visione del mondo riguardi meno cristianesimo ed ebraismo che cristianesimo e neopaganesimo.

Così oggi l'antisemitismo, dopo essere stato alimentato per secoli dal cristianesimo, si sta rivoltando contro la religione cristiana: come un boomerang che ricade su chi un tempo lo scagliava contro l'ebraismo.

Pertanto l'antisemitismo razziale, emerso dall'antisemitismo cristiano, conduce con una logica spietata all'anticristianesimo neopagano.

Capitolo 2. Nuove accuse

1. Il mito della razza

Con la vittoria del nazionalsocialismo, un certo numero di tesi antisemite, finora sostenute solo da pochi teorici razzisti, ha raggiunto le masse.

La tesi di fondo del mito razziale è che la bionda razza nordeuropea sia biologicamente, moralmente, spiritualmente e culturalmente creativa e che sia l'unica dotata di genio. Dovunque nel mondo siano state realizzate grandi opere, ciò si dovrebbe al flusso sanguigno ariano. Le civiltà in cui il sangue ariano si mescolasse ad altro sangue, decadrebbero e perirebbero[1].

Biologia, preistoria e storia della civiltà si sono mobilitate a sostegno della tesi ariana. Che rimane però una teoria non scientifica, ma religiosa. Resta un dogma, un mito.

Il mito ariano è l'espressione dell'autostima della razza nordica che ha sottomesso più della metà del globo negli ultimi quattro secoli e che, allo stesso tempo, sostiene il peso maggiore nell'incomparabile sviluppo tecnico della modernità.

Questo mito si basa sul fatto che i grandi popoli civilizzati dell'antichità, dagli indiani ai romani, avrebbero avuto elementi di sangue nordico e che il flusso sanguigno germanico delle invasioni barbariche avrebbe dato vita alle grandi nazioni europee.

Ma il mito ariano è scientificamente insostenibile. Perché ci sono grandi civiltà, come quella cinese e quella giapponese, che non sono state né create, né sostenute dagli ariani e che, tuttavia, hanno prodotto geni, eroi e santi di alto livello.

---

[1] Cfr. A. Hitler, *Mein Kampf*, a cura di V. Pinto, volume 2: *Il movimento nazionalsocialista*, capitolo 2: *Lo Stato*, Mimesis, Milano 2017 (NdC).

Nella stessa Europa il tipo della maggior parte dei geni non era nordico, mentre le aree generatrici degli uomini più grandi erano zone miste di razze nordiche e mediterranee.

Non c'è alcuna prova circa la superiorità degli europei nordici sui mediterranei, degli europei biondi sui bruni. Proprio dall'ibridazione delle due grandi correnti sanguigne sono emerse la razza e la civiltà europee.

*

L'antisemitismo non scaturisce direttamente dal mito ariano. Perché ci sono molti ebrei biondi di tipo nordico, così come molti non-ebrei tedeschi che non hanno alcun tratto nordico.

Il mito ariano deve sostenere la tesi che l'Europa settentrionale incarni un tipo umano superiore a quello dell'Europa meridionale. Ma, con questa gerarchia razziale conferì all'ebreo un valore non diverso, né inferiore all'italiano, allo spagnolo e al greco.

Tuttavia, a completamento del mito ariano si sviluppò un mito ebraico che rende l'ebreo l'avversario e l'antitesi dell'ariano sotto ogni aspetto.

Il confronto bipolare ariano-ebreo sembrava necessario per delineare più nettamente la vaghezza del concetto di ariano; per conferire alle definizioni eterogenee dell'ariano (ariani=indo-tedeschi, ariani=paesi nordici, ariani=tedeschi) una definizione pratica: ariani=non-ebrei.

Come l'immagine dell'ariano si trasfigurava nobilitandola, così l'immagine dell'ebreo appariva distorta nell'epitome dozzinale.

Il simbolo dell'ariano era Sigfrido, l'eroe bello, forte, generoso e fanciullesco. Ma il tipo ebreo più elevato non era simboleggiato dall'ebreo, da Cristo e da Spinoza; non da Abramo, Mosè o Davide, ma da Giuda, l'avido traditore.

L'archetipo dell'ariano era carico di valori estetici ed eroici, mentre l'archetipo distorto dell'ebreo era saturo d'inferiorità fisica, intellettuale e spirituale.

Gli ariani che avevano avuto poco a che fare con gli ebrei conobbero solo la caricatura antisemita dell'ebreo. Se incontravano ebrei di valore, li consideravano lodevoli eccezioni alla regola. Se incontravano ebrei inferiori, vedevano confermata la loro tesi antisemita. Pochi non-ebrei hanno avuto l'opportunità di conoscere abbastanza bene ebrei da verificare dal vivo il loro pregiudizio.

*

Due aspetti confermavano l'istinto antisemita: la discendenza degli ebrei da un popolo oppresso da secoli – e il fatto di rappresentare il tipo dell'europeo bruno.

Mille anni di persecuzione e d'oppressione degli ebrei hanno lasciato il segno. Essi hanno aguzzato la mente e rafforzato la volontà. Ma, allo stesso tempo, li hanno privati dell'atteggiamento e del comportamento tipici delle nazioni dominanti. Alcuni tratti furono deformati dalla pressione costante, altri furono prodotti dal loro equilibrio naturale, altri ancora furono respinti dalla naturalezza e dall'ingenuità dei popoli più felici. A tutto ciò si aggiunga il secolare esilio in città, nel ghetto, con le sue influenze fisiche e mentali.

Tutto questo cambierà quando muteranno le condizioni: ma il fatto che gli ebrei siano spesso lontani dalla natura è una delle fonti dell'antisemitismo. E quanto più l'ideale del guerriero incarna l'ideale supremo europeo, tanto meno riesce a incarnarlo l'ebreo, allontanato dal servizio militare da quasi due millenni. Il fatto che gli ebrei siano stati un popolo martire, senza eguali e che abbiano combattuto e trionfato nelle prime file dello spirito europeo, non ha alcun'importanza nel mito antisemita: perché l'ideale europeo odierno non è l'eroe passivo, non è il martire – bensì l'eroe attivo, il guerriero; non è il guerriero della penna, ma il guerriero della spada.

Un pugile ebreo che si avvicini all'ideale nordico scuoterà più facilmente il pregiudizio antisemita che un saggio, un artista o un santo ebrei.

*

Il mito razziale si radica in un altro istinto dei popoli nordici: la visione dualistica delle cose (giorno e notte, luce e tenebra, bianco e nero, chiaro e scuro).

Quest'atteggiamento primitivo, tradotto in ambito umano, porta a dipingere gli angeli nel modo più chiaro possibile, i diavoli nel modo più scuro possibile; ritrae Siegfried biondo, – Hagen scuro; percepisce i capelli biondi quali simbolo del sole, i capelli neri quali simbolo della notte; denigra il livello culturale dei negri in base al nesso causale con la loro pelle scura – l'elevato livello culturale dei tedeschi con la loro pelle chiara.

Quest'atteggiamento supporta la credenza razziale più di qualsiasi altro argomento pseudo-scientifico. Perché tutti i tentativi di dimostrare una superiorità spirituale, morale o biologica dei biondi rispetto ai mori sono sempre falliti. Hanno invece condotto alla scoperta che la grande maggioranza dei geni europei aveva i capelli scuri, – mentre eroi e santi, artisti e statisti hanno tutte le sfumature, dal biondo più chiaro al moro più scuro.

Tuttavia, per il credente razziale, la scala dei colori è la scala dei valori umani. Il vero antipodo dell'ariano non è l'ebreo, ma il negro: la persona più scura è la contro-immagine di quella più chiara.

Il fatto che non ci siano negri nel Nord Europa ha rivolto l'odio razziale verso gli ebrei. L'ebreo sostituisce il negro. Il fatto che una piccola percentuale degli ebrei mostri tratti negroidi facilita l'associazione: l'ebreo negroide diventa un ponte tra il negro e l'ebreo per il credente razziale.

Con quest'associazione di idee, l'ebreo diventa un "negro bianco" agli occhi dell'antisemita razziale e si separa dalla grande comunità della razza bianca. Così facendo, il lato grottesco della razza tocca il suo culmine: perché nessun etnologo serio può negare il fatto che gli ebrei europei formino una variante della razza bianca, più vicina ai non-ebrei europei rispetto ai tutti i cinesi o giapponesi, per non parlare dei negri. Ecco perché la questione ebraica non rientra nel complesso della grande questione razziale che grava sul futuro dell'umanità.

*

È caratteristico che il centro mondiale dell'antisemitismo sia proprio la grande potenza che, fra tutte le grandi nazioni bianche, non ha rapporti diretti con i popoli di colore. La Germania non ospita negri o indiani o malesi né nella madrepatria, né nelle colonie; né confina con nazioni mongole.

Anche questa è una fonte del suo antisemitismo: i suoi istinti razziali non trovavano un oggetto naturale; quindi fu necessario crearne uno artificiale. Così gli ebrei furono dichiarati una razza umana e fu predicata la guerra razziale contro di loro. Così la Germania mono-razziale fu artificialmente trasformata in uno Stato bi-razziale: con gli ariani quale razza dominante e gli ebrei quale razza paria.

Solo così la teoria razziale poté acquisire importanza pratica e forza politica per i tedeschi.

*

In verità, non esiste una razza ebraica nel senso delle grandi e piccole razze umane.

Le persone di fede ebraica appartengono a razze molto diverse. Non c'è alcuna comunanza razziale tra gli ebrei cinesi, indiani, abissini ed europei.

Gli stessi ebrei europei si dividono in due tipi diversi: i sefarditi ispano-portoghesi e gli aschkenaziti tedesco-polacchi.

Nel complesso, gli ebrei europei formano una varietà particolare di popoli mediterranei. Non sappiamo da quali popoli siano emersi gli antichi ebrei di Palestina. Gli studiosi credono a un forte impatto ittita e a uno più debole emorreo. Dato che, anche secondo le teorie ariane, gli emorrei, come i filistei, erano un popolo biondo e ariano, è probabile che siano imparentati con i nordeuropei.

Ma gli ebrei attuali discendono solo in parte dagli antichi abitanti della Palestina. Perché, al tempo di Cristo, il giudaismo era una religione mondiale che reclutava proseliti in tutte le parti dell'impero romano. Il centro del mondo ebraico antico era la metropoli ellenistica di Alessandria.

Durante le due guerre d'annientamento romane contro gli abitanti della Palestina sotto Tito e Traiano, perì la maggior parte del popolo ebraico. Una nuova comunità nazionale sorse lentamente dalle rovine dell'antico giudaismo scacciato dalla Palestina e dai discendenti di greci e romani, spagnoli ed egiziani, germani e galli, che si convertirono al giudaismo. L'ebraismo ricevette l'ultimo grande afflusso di sangue straniero con la conversione del popolo guerriero mongolo dei cazari nella Russia meridionale dell'VIII secolo d.C. Quanto più crebbe la tensione tra cristiani ed ebrei, tanto più gli ebrei si unirono per formare una comunità nazionale su base religiosa.

*

A causa dell'isolamento religioso, il legame di sangue dell'ebraismo con gli altri europei è più distante rispetto a quello tra gli altri popoli che mescolavano costantemente il proprio sangue. Peraltro, tutti gli ebrei europei sono più strettamente imparentati tra loro che con i non-ebrei tra cui vivono. Mentre i legami culturali di un ebreo francese con la Francia, di un ebreo tedesco con la Germania, sono incomparabilmente più forti del legame culturale che unisce un ebreo tedesco e uno francese.

Se definiamo la nazione quale comunità culturale, gli ebrei francesi appartengono alla nazione francese e gli ebrei tedeschi alla nazione tedesca.

Se definiamo la nazione quale comunità di sangue, gli ebrei d'Europa formano un'unica nazione. In tal caso, però, anche l'alta nobiltà europea è una nazione a se stante, perché è consanguinea e ha praticato l'endogamia matrimoniale in funzione antiborghese.

Per l'ebraismo occidentale e l'alta nobiltà, la definizione di "casta europea" è, quindi, più appropriata che il termine di nazione.

Non è comunque possibile considerare scientificamente l'ebraismo come razza umana; così come non lo è parlare di una razza ariana che racchiuda tutti i popoli di lingua indogermanica: tedeschi e indiani, romani e persiani, slavi e armeni.

Ci sono grandi problemi razziali nel mondo, la cui indagine è cruciale per il futuro dell'umanità: ma la questione ebraica non lo è di certo.

L'antisemitismo è legato alla biologia razziale del futuro in modo simile a come la pseudo-chimica medievale (l'alchimia) lo era alla scienza chimica dei tempi moderni.

2. *I Protocolli dei savi anziani di Sion*

La calunnia ha sempre esercitato un ruolo importante nella storia dell'antisemitismo.

Negli ultimi secoli si sono succedute tre principali calunnie:

1. La profanazione e la martoriazione delle ostie;

2. L'uccisione di piccoli bambini cristiani per scopi rituali;

3. La cospirazione contro l'umanità per instaurare una dittatura mondiale ebraica.

Nel Medioevo non poteva esserci crimine peggiore che la profanazione delle ostie. Con l'avvento dell'illuminismo, quest'accusa scomparve dal repertorio antisemita.

La calunnia dell'omicidio rituale è sopravvissuta fino a oggi. Perché niente può eccitare maggiormente le madri e le persone che l'idea di uccidere dei bambini innocenti. Ecco perché quest'accusa è comparsa spesso in passato: anche i primi cristiani furono accusati di aver ucciso i bambini per scopi rituali; lo stesso vale per i missionari cristiani in Cina nel nostro secolo: l'accusa intende suscitare l'ira popolare contro di loro.

Oggi va scemando anche l'accusa di omicidio rituale. Sta diventando sempre più rara nella letteratura antisemita. È anche meno in linea con lo spirito del moderno antisemitismo razziale, perché tale accusa è diretta contro la religione ebraica, non contro la razza ebraica.

Inoltre, gli ultimi grandi processi per omicidio rituale all'inizio del nostro secolo indebolirono così tanto tale calunnia che l'antisemitismo postbellico preferisce basarsi su altre accuse.

Con la Guerra Mondiale abbiamo qualcosa che milioni di persone considerano più sacro della religione, più sacro della famiglia: la nazione e la sua indipendenza. Il nazionalismo ha avuto un successo senza precedenti. Niente eccita maggiormente le passioni dell'idea che un altro gruppo umano voglia privare il proprio della sua autonomia.

L'accusa è ora sollevata contro l'ebraismo. Gli antisemiti affermano che esisterebbe una cospirazione mondiale ebraica con l'obiettivo d'instaurare una dittatura mondiale ebraica.

Nessuna calunnia può colpire maggiormente l'ebraismo. Perché essa crea la finzione di uno stato di guerra permanente tra ebrei e non-ebrei, incita i secondi a combattere contro gli ebrei, a combattere con tutte le armi, con tutti i mezzi a sua disposizione. Così la lotta contro gli ebrei diventa una guerra nazionale di libertà, la guerra più santa dell'umanità.

*

L'accusa di lottare per il dominio mondiale è grottesca per un popolo che comprende meno dell'1% dell'umanità: quindicimilioni contro duemila milioni!

La semplice assunzione di questa possibilità indica un'enorme sopravvalutazione degli ebrei e il maggior insulto ai non-ebrei.

L'idea diventa ancora più grottesca in considerazione del fatto che questo piccolo gruppo umano non ha nemmeno un proprio stato quale base per i propri piani di conquista planetaria, ma che è sparso per il pianeta quale piccola minoranza.

Finché gli ebrei erano rinchiusi nei ghetti, l'accusa non era mossa, perché avrebbe solo screditato la calunnia.

È solo nel nostro secolo che l'accusa è diventata il principale motore dell'antisemitismo. La ragione del cambiamento risiede, da un lato, nella mutata condizione dell'ebraismo, dall'altro, nella questione sempre più attuale del dominio mondiale.

È un dato di fatto che in moltissimi paesi gli ebrei hanno raggiunto posizioni apicali e influenti ben al di là della loro quota relativa della popolazione: nella finanza, nella stampa, nella politica, nella scienza e nelle arti; naturalmente, la maggior parte di loro ha abbandonato la fede ebraica e, quindi, l'appartenenza ufficiale all'ebraismo. Questo fatto dovrebbe bastare a provare l'impossibilità della "cospirazione mondiale". Perché la maggior parte degli ebrei battezzati non intende avere più nulla a che fare con l'ebraismo, ma desidera assimilarsi il più rapidamente e completamente possibile.

E la maggior parte degli ebrei non battezzati considera quelli battezzati come apostati che non inizierebbero in alcun modo ai "misteri" ebraici.

La grande maggioranza degli ebrei influenti a livello internazionale sono battezzati o imparentati per via matrimoniale con i cristiani; quantomeno non sono ortodossi: in nessun caso sono ritenuti affidabili da loro.

Ma se la "cospirazione mondiale" va limitata agli ebrei ortodossi, la teoria perde di ogni significato: perché gli ortodossi rappresentano solo una minoranza povera, ininfluente e impotente nei propri stati nell'Europa orientale e nell'Unione Sovietica.

Per quegli antisemiti ignari della frammentazione interna dell'ebraismo e che vedono negli ebrei una grande comunità chiusa, è ovvia la tesi che gli ebrei rappresentino un fattore di potere unico per via della loro connessione interstatale e intercontinentale. Da qui sorge facilmente la fantasia di un'organizzazione mondiale ebraica con orientamenti politici comuni e con una dirigenza internazionale comune.

*

Chiunque veda le cose come sono e non come vorrebbe che fossero, senza pregiudizi, deve ammettere che non esiste una comunità ebraica mondiale. La guerra dimostrò che gli ebrei inglesi combatterono per la potenza mondiale inglese tanto quanto gli ebrei tedeschi per la Germania e gli ebrei americani per l'America. Non importa che gli antisemiti dell'Intesa accusassero gli ebrei di essere filo-tedeschi, gli antisemiti tedeschi di essere filo-Intesa. I numeri degli ebrei caduti su entrambi i fronti dimostrano il contrario.

Quando la lotta tra bolscevismo e capitalismo divampò, gli ebrei si trovarono in entrambi i campi nemici. I comunisti ebrei combatterono i capitalisti ebrei con odio sfrenato, proprio come i capitalisti ebrei fecero col comunismo e con i suoi rappresentanti ebrei.

Nemmeno il sionismo potrebbe creare un fronte mondiale ebraico. La lotta tra sionisti e antisionisti è vivace tanto quanto la lotta all'interno degli stessi gruppi sionisti.

Esiste un solo fronte unico ebraico: il fronte comune di difesa contro l'antisemitismo. Ma questa singola comunità ebraica è una creazione dell'antisemitismo, che diventa tanto più forte quanto più aumentano gli attacchi antisemiti. Se l'antisemitismo scomparisse, la manifestazione di solidarietà ebraica scomparirebbe con esso. Ma anche questa solidarietà è fragile: anche nelle file degli ebrei vi sono degli antisemiti[2].

*

Nonostante l'evidente frammentazione politica e sociale dell'ebraismo mondiale, l'idea di piani ebraici per il dominio mondiale poteva aver credito perché la propaganda politica del tempo di guerra aveva nutrito l'immaginazione popolare con piani di dominio mondiale.

Tutta la Germania pensava che la guerra fosse l'esito di una cospirazione mondiale contro la Germania ordita dal re Edoardo VII per accerchiare ed eliminare il concorrente più pericoloso e aprire così la strada al dominio mondiale inglese. Allo stesso tempo, il Kaiser Guglielmo II apparve agli inglesi come l'uomo il cui obiettivo era il dominio mondiale tedesco.

---

[2] Cfr. T. Lessing, *Der jüdische Selbsthass*, Zionistischer Bücherbund, Berlino 1930 (trad. it. *L'odio di sé ebraico*, Mimesis, Milano 1995) (NdC).

Per inciso, la Cina sollevò la stessa accusa di piani di dominio mondiale contro il Giappone.

L'Unione Sovietica intraprese un tentativo pratico di raggiungere il dominio mondiale grazie alla cospirazione mondiale e alla rivoluzione mondiale dal 1917 al 1927.

Con questa cospirazione mondiale, i cervelli europei maturarono la credenza in una cospirazione mondiale ebraica con l'obiettivo del dominio mondiale ebraico.

Senza questa preparazione psicologica, *I Protocolli dei savi anziani di Sion* non avrebbero mai potuto raggiungere l'importanza mondiale che effettivamente riscuotono.

I Protocolli dei savi anziani di Sion apparvero per la prima volta nel 1905 in appendice a un libro di un certo Sergej Nilus, intitolato *Il grande nel piccolo e l'Anticristo come imminente possibilità politica*[3].

Non c'è accordo fra i testimoni chiave sull'autenticità del testo: né sulla lingua originale, né sull'epoca, né sul rinvenimento. Le informazioni divergono anche sulla questione se si tratti di sessioni a porte chiuse del Congresso sionista di Basilea del 1897 o di sessioni parallele di una loggia massonica in Francia.

*

I Protocolli dei savi anziani di Sion contengono un elaborato piano bellico per la conquista del dominio mondiale da parte delle logge massoniche ebraiche. Il dominio mondiale culmina in una monarchia ereditaria assolutista della casa di Davide.

Il principio supremo di questa cospirazione mondiale è la tesi che il fine giustifichi i mezzi; che la massa dei non-ebrei sia debole, codarda e stupida; che tutte le idee liberali indeboliscano, minino e fuorvino le nazioni; che il terrore e la

---

[3] S. Nilus, *Velikoe v malom i antichrist, kak blizkaja političeskaja vozmožnost'. Zapiski pravoslavnogo*, Znamya, San Pietroburgo 1903 (trad. it. *Protocolli dei "Savi Anziani" di Sion: l'internazionale ebraica*, La Vita Italiana, Roma 1921) (NdC).

corruzione siano i metodi più efficaci per influenzare e dominare i popoli.

I *Protocolli* mostrano come il dominio mondiale debba essere stabilito con violenza spietata, asprezza, crudeltà, bugie, tradimento, demagogia; con guerra, assassinio, rivoluzione, epidemie e bombe. Ma mostrano anche quali doti di saggezza e forza debba possedere il governante mondiale per affermare il suo dominio.

I *Protocolli* criticano spietatamente gli ideali della rivoluzione francese: libertà, uguaglianza, fraternità, parlamentarismo e democrazia. Sono un'apologia del governo monocratico, del dispotismo estremo.

*

Quando lo scritto apparve nel 1905, passò del tutto inosservato; il che è curioso. Perché l'opinione pubblica mondiale, almeno quella antisemita, si sarebbe senz'altro impossessata di questo documento sionista se qualche personalità seria ne avesse confermato l'autenticità.

Ancora più incredibile è la tesi del professor Nilus, secondo cui i *Protocolli* erano noti da anni senza che le autorità russe si fossero occupate della pubblicazione e dell'esame di tali documenti sconvolgenti.

Questo scritto irrilevante divenne improvvisamente attuale quando il bolscevismo salì al potere in Russia e cercò di conquistare il mondo intero.

Perché i metodi dei dirigenti bolscevichi sono simili a quelli raccomandati nei *Protocolli* per la conquista del dominio mondiale: terrore, dittatura, cospirazione, rivoluzione, ferrea disciplina, audace demagogia. A ciò si aggiungeva il fatto che alcuni dei più stretti collaboratori di Lenin fossero ebrei: Trockij, Zinovev, Kamenev, Litvinov, Radek. Lenin, che era "ebreo" tanto quanto il fondatore della Ceka Tscherschinskij, come Stalin, Kalinin, Lunacharskij, Tschitscherin, Krasin e molti altri dirigenti bolscevichi, furono semplicemente "ebraicizzati" dagli antisemiti. Ciò dava l'impressione che la cospirazione mondiale ebraico-bolscevica e la rivoluzione mondiale fossero identiche; e che il bolscevismo, come la Guerra Mondiale, fosse messo in scena dai "savi anziani di Sion" per distruggere il mondo non-ebreo e stabilire il dominio mondiale ebraico.

Per provare l'interpretazione antisemita della storia contemporanea, i *Protocolli* perduti furono improvvisamente portati all'attenzione dell'opinione pubblica dagli antisemiti tedeschi. La prova della loro autenticità, originariamente mancante, fu fornita a posteriori dagli eventi politici e dalla loro falsificazione.

Tuttavia, i dubbi circa l'autenticità dei *Protocolli* non furono messi a tacere: infatti, nei quindici anni trascorsi dalla loro prima pubblicazione non fu possibile identificare uno solo di questi "savi anziani di Sion". Tutte le torture della polizia zarista e dei pogromisti non erano riuscite a sollevare nemmeno un lembo del velo che copriva questa cospirazione mondiale ebraica. Nessun membro della cospirazione fu individuato, nessun piano trovato, nessun ordine segreto rinvenuto. O coloro che sapevano e nascondevano il segreto dovevano essere sovrumani in termini di coraggio morale e discrezione, oppure l'intera cospirazione era inesistente.

Anche la persecuzione degli ebrei da parte dei dirigenti bolscevichi e il loro spiccato antisionismo dovettero sollevare non pochi dubbi sul legame tra ebraismo e bolscevismo. Tutti i massoni sapevano da tempo che si trattava di un falso perché non vi era alcun legame tra le logge e l'ebraismo; anzi, alcune delle logge massoniche erano decisamente antisemite.

Altrettanto grottesca per tutti i marxisti era la tesi che l'obiettivo della rivoluzione comunista fosse la restaurazione della monarchia ereditaria assoluta.

Anche la candidatura di un re della casa di Davide appariva poco plausibile, perché oggi nessuno può più vantare tale discendenza. La propaganda a favore di una casa regnante da lungo tempo estinta doveva apparire insensata agli ebrei.

*

Intanto gli antisemiti si aggrapparono all'autenticità dei *Protocolli*. Il testo fu tradotto in tutte le lingue e andò a ruba. Perché tutti i semi-colti e gli ignoranti volevano individuare un piano unitario nella confusione della politica mondiale e vedere legami segreti di cui la politica ufficiale sembrava non avere idea.

Inoltre, i *Protocolli* crearono un legame naturale tra l'antisemitismo e l'antibolscevismo: un legame da cui emerse il nazionalsocialismo.

Sia l'antibolscevismo sia l'antisemitismo beneficiarono di questo miscuglio: per gli antisemiti ogni ebreo era un bolscevico nascosto; per gli antibolscevichi ogni comunista era un ebreo sotto mentite spoglie.

Tuttavia, i *Protocolli* non avrebbero raggiunto la loro importanza planetaria se un uomo di straordinario successo nel suo campo non avesse perorato la loro autenticità: il re dell'automobile Henry Ford.

Con la propaganda mondiale di Henry Ford e il suo libro *L'ebreo internazionale*[4], la discussione sull'autenticità dei *Protocolli* raggiunse il suo apice. Molte persone oneste e ragionevoli, che non sapevano più come districarsi nel groviglio di questa propaganda e delle opinioni contraddittorie, furono inclini a riconoscere l'autenticità dei *Protocolli* e, quindi, l'esistenza della cospirazione mondiale ebraica. In quel momento critico (agosto 1921) fu fornita la prova inconfutabile che *I Protocolli dei savi anziani di Sion* non sono altro che un rozzo plagio.

*

Il corrispondente del "Times" londinese da Costantinopoli, Philip Graves, s'imbatté per caso in un libro da tempo fuori commercio, apparso a Bruxelles nel 1865 e scritto dall'avvocato e scrittore parigino Maurice Joly. Il testo s'intitolava *Dialogo agli inferi tra Machiavelli e Montesquieu ovvero la politica di Machiavelli nel XIX secolo*. Il saggio contiene un dialogo infernale molto

---

[4] H. Ford, *The International Jew*, M.C.P., Londra 1927 (trad. it. *L'ebreo internazionale: un problema del mondo*, Sonzogno, Milano 1938) (NdC).

divertente tra i due grandi rappresentanti dell'idea di potenza e di giustizia[5].

Dietro le discussioni teoriche di questo dialogo si nascondeva una polemica contro il machiavellismo di Napoleone III e i suoi presunti piani di dominio mondiale. Anche la polizia di Napoleone III notò l'intenzione: Joly fu arrestato e imprigionato per quindici mesi per via del suo scritto.

Quando Graves lesse questo libro, riconobbe con suo grande stupore non l'idea principale dei *Protocolli*, ma il testo di suoi interi paragrafi!

Confrontò i due scritti e fornì la prova inconfutabile che i *Protocolli* erano un goffo e superficiale plagio dei dialoghi di Joly.

Il risultato di questo confronto letterario fu pubblicato dal "Times" di Londra il 16, 17 e 18 agosto 1921.

Graves fornì la prova inconfutabile che le parti principali dei *Protocolli*, risalenti presumibilmente al 1897, l'anno del primo Congresso sionista, furono già stampate nel 1865.

Il falsario dei *Protocolli* aveva curato l'opuscolo originale che trattava dei piani di Napoleone III per il dominio mondiale, in modo da sostituire il machiavellico imperatore francese con gli ebrei, – sebbene l'originale *Dialogo agli inferi* non c'entrasse nulla con la questione ebraica e gli ebrei.

Le dichiarazioni di Graves furono verificate e confermate da tutti coloro che confrontarono i due testi[6]. Anche gli antisemiti più fanatici non poterono più negare il fatto del plagio.

*

---

[5] M. Joly, *Dialogue aux Enfers entre Machiavel et Montesquieu ou la politique au XIXe siècle*, Mertens, Bruxelles 1865 (trad. it. *Dialogo agli inferi tra Machiavelli e Montesquieu*, a cura di R. Repetti, ECG, Genova 1995) (NdC).

[6] Il confronto dei due testi si trova nelle pagine dell'opuscolo *I Protocolli dei savi anziani di Sion* di B. Segel, Philo-Verlag, Berlino 1924, e nella rivista "Paix et Droit", Parigi, settembre 1921 (NdCK).

Per tutte le persone oneste, il caso dei "savi anziani di Sion" si chiuse con questa rivelazione.

Non esistevano protocolli, cospirazioni, conquiste mondiali: vi erano solo plagi evidenti e maldestre falsificazioni.

Henry Ford risolse la questione da gentiluomo. Ne scrisse alcuni anni dopo a Louis Marshall, un dirigente degli ebrei americani:

Confesso di vergognarmi profondamente che questo giornale [il suo "Dearborn Independent"] favorì la diffusione di menzogne sui cosiddetti *Savi anziani di Sion*, grossolani plagi… È mio dovere di uomo d'onore, per riparare il torto fatto agli ebrei, miei simili e fratelli, denunciare con tutte le mie forze le menzogne che commisi con queste pubblicazioni[7].

Inoltre, Ford vietò l'ampia distribuzione del libro *L'ebreo internazionale*, apparso a suo nome in forma di saggi sul "Dearborn Independent".

La prova ininterrotta che i *Protocolli* rappresentassero un plagio del *Dialogo agli inferi* di Joly sancì definitivamente dinnanzi al mondo la mendacità della tesi antisemita che si trattassero dei verbali delle riunioni ebraiche dell'anno 1897.

*

Ma gli antisemiti non rinunciarono alla loro lotta per i *Protocolli*. Una seconda bugia sostituì la prima: la tesi che i *Protocolli* fossero il prodotto dell'ebreo Maurice Joly, circonciso col nome di Moses Joël.

Lo stesso testo dei *Dialogo agli inferi* sarebbe un prodotto dello spirito ebraico e della volontà di potenza ebraica. I *Protocolli* erano, dunque, una creazione ebraica nonostante il plagio.

Quest'apologia dei *Protocolli* è del tutto illogica: perché anche se un ebreo fosse stato l'autore di quei dialoghi diretti contro

---

[7] H. Ford, L. Marshall, *Statement by Henry Ford Regardind Charges Against Jews, Made in His Publication*, American Jewish Committee, New York 1927 (NdC).

Napoleone III, ciò non avrebbe nulla a che fare con la questione della cospirazione mondiale ebraica e i "protocolli" rimarrebbero un plagio e un falso.

Ma anche quest'ultimo trucco degli antisemiti, cioè la tesi dell'ebraicità di Maurice Joly, si basa su una vera e propria falsificazione.

Oggi è chiaro al di là di ogni ragionevole dubbio che Maurice Joly era cattolico; fu educato cattolicamente; e discendeva da una famiglia cattolica.

Maurice Joly nacque il 22 settembre 1829 a Lons-le-Saulnier e fu battezzato il 17 dicembre 1829 nella locale chiesa parrocchiale di Saint-Desiré. Quest'atto battesimale è iscritto nel registro battesimale del 1829 al numero 59[8].

Questa scoperta mostra che l'affermazione antisemita secondo cui l'archetipo dei *Protocolli* fosse il prodotto dall'ebreo Moses Joel-Joly, è altrettanto insostenibile quanto la tesi dell'autenticità dei *Protocolli*.

Così crolla anche il secondo falso, il cui obiettivo era quello di puntellare le fondamenta del primo. Quindi i sostenitori dell'autenticità dei *Protocolli* non hanno altra scelta che tacere sullo smascheramento dei documenti da parte del "Times" e ricorrere deliberatamente alla calunnia, anziché alla mistificazione.

Infine, la tesi circa l'autenticità dei *Protocolli* è confutata dallo smascheramento del plagio.

La tesi dell'origine ebraica dei *Protocolli* è definitivamente confutata dall'origine non-ebraica di Joly.

*

La favola secondo cui i *Protocolli* conterrebbero l'essenza dell'antico pensiero ebraico è risolta con questa doppia constatazione.

---

[8] Dati su Joly si trovano sulla rivista "Paix et Droit", Parigi, novembre 1924; qui si possono trovare anche le prove documentali degli antenati cristiani e dell'educazione cristiana di Maurice Joly (NdCK).

L'albero genealogico dei *Protocolli* non ha niente a che fare con gli ebrei o con l'ebraismo.

Il suo contenuto basilare risale al filosofo politico italiano Niccolò Machiavelli. Anche nell'annacquamento di terza mano, il suo genio traspare dai *Protocolli* e li eleva psicologicamente al di sopra di altri opuscoli.

Le idee del geniale Machiavelli furono riformulate nel suo *Dialogo agli inferi* dal geniale francese Joly; il consiglio dei despoti rinascimentali divenne una satira del dittatore francese Napoleone III. Le idee eterne di Machiavelli furono adattate alla politica europea del XIX secolo.

Non conosciamo il nome del terzo curatore che, in realtà, era solo un goffo plagiario. Di certo era un antisemita russo; con ogni probabilità si trattava di un membro dell'Ochrana, la polizia segreta dello zar, con cui Nilus e i suoi informatori erano strettamente collegati. Nemmeno questo terzo curatore può essere ritenuto ebreo.

Come la versione Joly dei princìpi di Machiavelli intendeva mostrare la spregiudicatezza e l'ambizione di Napoleone, così la versione Ochrana, fissata nei *Protocolli*, perseguiva un duplice scopo: antisemita, in primo luogo, e antiliberale, in secondo luogo.

Descrivendo la "cospirazione mondiale ebraico-massonica", lo zar, la sua cerchia e l'opinione pubblica russa avrebbero potuto intensificare le loro politiche antisemite. Gli ebrei erano ritenuti responsabili delle catastrofi che colpirono la Russia nel 1904-05. Allo stesso tempo, le persone sospettate d'associazione massonica andavano allontanate dalla corte e dal governo.

*

Tuttavia, questo non spiega l'orientamento dei *Protocolli*. Perché altrimenti non si spiegherebbe come un opuscolo che intende presentare la cospirazione mondiale ebraica sia così dettagliato e così positivo sul ruolo futuro dell'autocrate ebreo e sui vantaggi dell'autocrazia rispetto a tutti gli altri regimi politici. La spiegazione di quest'orientamento è facilmente individuabile sin dal momento della stesura dei verbali. A quel tempo lo zar oscillava tra l'assolutismo e il parlamentarismo, tra la più dura repressione della Prima rivoluzione russa e l'accoglimento parziale delle sue richieste.

Oltre alle tendenze antisemite, i *Protocolli* avevano lo scopo di rafforzare la posizione dello zar contro la rivoluzione, il liberalismo e il parlamentarismo. Dall'arsenale intellettuale di Machiavelli emerge la figura dell'autocrate saggio, volitivo e spregiudicato. Le sue linee-guida dovevano servire allo zar quali indicatori per una politica vincente, per una spietata repressione della rivoluzione.

Per via di questa tendenza assolutistica, combinata con il grossolano machiavellismo, i *Protocolli* sono un abbecedario dei despoti al di là della loro coloritura antisemita.

Il Principe era rivolto ai dittatori rinascimentali italiani: il *Dialogo agli inferi* descrive i piani del dittatore francese; i *Protocolli* contengono gli insegnamenti machiavellici per il dittatore imperiale della Russia.

In tutta questa genealogia documentaria non vi è un solo ebreo: ma un genio italiano, un arguto francese e un anonimo russo.

La seconda tendenza dispotica dei *Protocolli* spiega il nesso tra i princìpi politici dell'opuscolo e quelli del bolscevismo. Perché Lenin fu politicamente un allievo del machiavellismo. Il rapporto intellettuale tra i princìpi dei *Protocolli* e il bolscevismo non consente di trarre la benché minima conclusione su un loro legame. Perché i tiranni e i dittatori di tutti i tempi hanno agito con più o meno abilità secondo i princìpi descritti dai *Protocolli*: dai despoti asiatici a Luigi XI di Francia, a Riccardo III d'Inghilterra, a Ivan il Terribile di Russia, fino ai nostri giorni. Il minimo comune denominatore del dittatore, la violenza e la spregiudicatezza, è quello descritto da Machiavelli, nonno dei *Protocolli*.

*

L'ultimo atto dell'annosa disputa circa l'autenticità dei *Protocolli* è il famoso processo *ad hoc* svoltosi nel 1935 davanti alla corte di giustizia di Berna.

Tutto il materiale disponibile fu raccolto da entrambe le parti, al fine di provare l'autenticità o la falsità dei *Protocolli.*

Nel corso del processo fu stabilito che il falsificatore anonimo dei *Protocolli* fu l'agente russo dell'Ochrana a Parigi, Ratschkowskij, oppure un suo diretto agente e dipendente. Quindi sicuramente un non-ebreo.

Il tribunale di Berna, che condusse il processo con esemplare obiettività e integrità e offrì agli antisemiti l'opportunità di sottoporre tutte le loro accuse e di fornire le prove documentali, pronunciò la sentenza definitiva sui *Protocolli* il 14 maggio 1935. Il verdetto, annunciato dal presidente del tribunale Meyer, afferma che il tentativo di provare l'autenticità dei *Protocolli* è miseramente fallito. E prosegue:

Si dimostra unicamente che i verbali del *Dialogo agli inferi* sono stati in gran parte copiati. Sono un plagio, già noto nel 1921.

È molto probabile che il plagiario fosse Ratschkowskij. Gli editori lo sapevano. Fino alla quindicesima edizione dei *Protocolli,* Joly fu messo a tacere; le cose sarebbero proseguite così se non fosse intervenuto il processo di Berna. Ora i sostenitori dell'autenticità devono ammettere anche la mano di Joly. L'affermazione che i *Protocolli* sarebbero stati votati al congresso dei Bne-Brith di Basilea non ha avuto alcun seguito.

Ribadisco quindi che non è stata fornita alcuna prova circa l'autenticità dei *Protocolli.* Rientrano, come gli scritti denunciati, nella definizione dell'articolo 14 della legge bernese sulla letteratura scolastica perché hanno un effetto brutalizzante e immorale e possono incitare alla delinquenza. I *Protocolli* sono sia falsi, sia plagi. Sono convinto che siano letteratura dozzinale e, oltretutto, sciocchezze[9].

---

[9] Cfr. M. Hagemeister, *Die "Protokolle der Weisen von Zion" vor Gericht. Der Berner Prozess 1933-1937 und die "antisemitische Internationale"*, Chronos, Zurigo 2017 (NdC).

Dopo la sentenza bernese, la difesa *bona fide* circa l'autenticità dei *Protocolli* non è più possibile. Chi ci prova si espone al rango di calunniatore.

*

Quale risultato del dibattito sui *Protocolli dei savi anziani di Sion* possiamo affermare con apodittica certezza che si tratta di un falso antisemita dalla A alla Z, senza alcun nesso con personalità, gruppi, organizzazioni o conventicole ebraici. Inoltre, non è in alcun modo, direttamente o indirettamente, il prodotto dello spirito, della tradizione o della posizione degli ebrei.

Nella generale mistificazione dell'umanità suscitata da questi *Protocolli*, gli ebrei sono innocenti, mentre i colpevoli sono gli antisemiti.

A causa di questo falso, migliaia di ebrei furono assassinati, vessati, derubati e imprigionati: in Ucraina e in Germania. Allo stesso tempo, molti milioni di non-ebrei furono ingannati e indotti a fare e a dire cose di cui si pentirebbero profondamente se conoscessero la storia della falsificazione.

Nessun libro o evento ha avuto un ruolo così importante nella storia dell'antisemitismo moderno come questo plagio, al centro dell'antisemitismo postbellico.

È dovere di tutte le persone oneste, non-ebrei o ebrei, antisemiti o filo-semiti, fare ogni sforzo per garantire che questa vergognosa menzogna, falsificazione e calunnia scompaia dalla faccia della terra. Affinché tutte le persone che conoscono questi *Protocolli* si rendano conto che sono un plagio di fatale rilevanza planetaria.

Quest'opera educativa non è solo un dovere verso gli ebrei calunniati, ma anche verso la verità più in generale.

Perché non è esagerato affermare che i *Protocolli dei savi anziani di Sion* sono una delle calunnie più sfacciate e più vili della storia universale.

Capitolo 3. La questione ebraica

1. Gli ebrei come minoranza

Indipendentemente da qualsiasi valutazione etica e scientifica, l'antisemitismo resta un fatto politico e psicologico di massa del nostro tempo.

Questo fatto non può essere derubricato con la formula: "Non esiste una questione ebraica!" Perché una questione ebraica esiste eccome ed è una questione duplice per gli ebrei e i non-ebrei e la sua soluzione è d'importanza generale per il destino dell'umanità.

La questione ebraica deve partire dal fatto che oggi la stragrande maggioranza degli europei non-ebrei è più o meno antisemita.

La maggior parte di questi antisemiti non è mai entrata a stretto contatto con gli ebrei. Conoscono solo la caricatura dell'ebreo, non l'ebreo in carne e ossa: hanno imparato da bambini che gli ebrei hanno tradito e crocifisso il Cristo; e, successivamente, hanno sentito l'eco scritta e orale della propaganda antisemita.

È chiaro che la maggior parte della gente prova antipatia nei confronti di un individuo di cui non ha sentito altro che brutte cose fin dall'infanzia, anche se costui non ha fatto nulla loro personalmente. Ripetono la calunnia sconsideratamente finché non ci credono loro stessi. Così si diffonde l'antisemitismo; così si mantiene in vita.

Se un antisemita medio, diciamo un contadino, entra in contatto personale con un ebreo, per esempio il droghiere del villaggio, e ha buone esperienze con lui, di solito giunge alla conclusione che l'antisemitismo è troppo generico e che ci sono anche degli ebrei buoni, rare eccezioni che confermano la regola. Se è un antisemita incallito, non trarrà nemmeno questa conclusione, interpretando l'onestà e la cordialità dell'ebreo come astuzia e inganno.

Ma se un non-ebreo ha una brutta esperienza con un ebreo, ecco la conferma del proprio istinto antisemita: generalizza il caso particolare a tutto l'ebraismo e diventa un convinto sostenitore dell'antisemitismo.

Per molti non-ebrei quest'esperienza personale non è affatto richiesta: è sufficiente che la loro immaginazione si occupi di qualche ebreo ricco o influente su cui concentrare il loro odio, la loro invidia o l'opposizione politica. Questo ebreo, di cui ha costantemente in mente un'immagine distorta, si espande nella sua immaginazione nell'ebreo in sé, nel rappresentante di tutto l'ebraismo.

Una revisione dell'antisemitismo basata sull'esperienza personale è molto rara. Presuppone un'insolita indipendenza di pensiero e la possibilità pratica di confrontare un numero sufficiente di ebrei con i loro concittadini non-ebrei dotati della stessa educazione e status.

*

Il pregiudizio antisemita è troppo radicato nelle masse europee per essere dissipato con argomenti logici. Non si discute di simpatia e antipatia, anche se sono il prodotto di nozioni preconcette.

Peraltro, ciò che può e va fatto nello spirito della veridicità è dissipare la calunnia antisemita. Come oggi è scomparsa la credenza nell'avvelenamento dei pozzi, un tempo l'arma principale dell'arsenale antisemita, e la fede nel rituale del sangue sta scemando, così la critica obiettiva, leale e scientifica può e deve sradicare altre calunnie antisemite e bugie: la "cospirazione mondiale dei savi anziani di Sion"; l'identificazione fra ebraismo e bolscevismo, ebraismo e capitalismo, ebraismo e corruzione; la menzogna sulla codardia ebraica; il materialismo ebraico, l'inferiorità biologica e spirituale degli ebrei e la teoria razziale pseudo-scientifica degli antisemiti.

Naturalmente, anche dopo che queste menzogne saranno dissipate, resterà un residuo di antisemitismo; ma questo resto non sarà più forte del pregiudizio dei cattolici più devoti verso i protestanti, e viceversa; o del pregiudizio della maggior parte delle nazioni contro le loro minoranze; del pregiudizio della maggior parte dei non-tedeschi contro i tedeschi o degli americani contro i giapponesi.

L'antisemitismo scomparirà tra le persone istruite; tra i semi-colti e gli ignoranti perderà la sua tossicità finché altri temi non prenderanno il suo posto.

*

La questione ebraica è fondamentalmente una questione di minoranza. Indipendentemente dal fatto che gli ebrei siano visti come comunità religiosa o nazione, come razza o casta, essi sono una minoranza ovunque nel mondo; e quasi ovunque nel mondo, le minoranze di ogni genere sono oppresse dalle maggioranze.

Anticamente gli ebrei erano odiati e perseguitati perché erano la minoranza monoteista contro la maggioranza politeista; perché era l'unica minoranza che si rifiutava di adorare gli dèi e gli imperatori romani.

Dopo l'insorgenza del cristianesimo, la minoranza cristiana condivise la stessa persecuzione. Solo quando i cristiani erano diventati la maggioranza, la loro persecuzione ebbe fine. Ma la persecuzione degli ebrei prosegue fino a oggi perché gli ebrei sono rimasti una minoranza.

Se la religione ebraica avesse conquistato l'impero romano e se la religione cristiana fosse rimasta in minoranza, i cristiani sarebbero diventati vittime di persecuzioni e pogrom nei secoli successivi.

Per tutto il Medioevo, gli ebrei non furono solo una minoranza, ma furono la minoranza per eccellenza. Erano la prova vivente che potevi essere umano senza essere cristiano. Perché, a quel tempo, tutta l'Europa formava un'unica nazione cattolica romana guidata dal Papa. Solo gli ebrei rifiutarono di essere assorbiti nella grande comunità cristiana. Furono perseguitati perché erano una minoranza.

*

Queste persecuzioni non sono una conseguenza del carattere ebraico, ma del destino degli ebrei. Perché la stessa sorte toccò ai cristiani del Vicino Oriente di fronte alla maggioranza maomettana. Il genocidio degli armeni e l'espulsione dei cristiani greci dall'Asia minore fanno da contraltare alla persecuzione degli ebrei e al destino delle minoranze cristiane.

Quando il cristianesimo si divise nell'Europa occidentale, emersero nuove minoranze religiose: gli eretici. Proprio come gli ebrei, essi furono perseguitati, torturati e arsi. Solo quando divennero la maggioranza in diversi stati, gli eretici cominciarono a trattare le loro minoranze cattoliche nello stesso modo in cui i cattolici avevano fatto con le loro minoranze protestanti.

La maggioranza cristiana della Spagna non solo perseguitò ed espulse i discendenti della minoranza ebraica, ma anche quella musulmana (i *moriscos*).

Quando l'idea nazionale ereditò l'idea religiosa, iniziò l'oppressione delle minoranze nazionali: non perché fossero inferiori, ma perché erano minoranze e ostacolavano il conformismo nazionale. Alcune di queste minoranze includono gli ebrei; e, quindi, condividono il destino delle altre minoranze oppresse in Europa.

Negli Stati Uniti, la cui origine, storia e conformazione non ammettevano una questione di minoranza religiosa o nazionale, sorse una nuova questione di minoranza: la questione di razza. La maggioranza bianca si rivoltò contro le minoranze colorate. La questione dei negri è un problema particolare per il suo legame con la questione degli schiavi: ma l'ostilità nei confronti di giapponesi e cinesi in California non è altro che un aspetto nuovo della questione di minoranza. I giapponesi non sono oppressi in quanto inferiori, ma in quanto minoranza. Prima d'immigrare in California, i giapponesi erano popolari in

America; ma furono oppressi quando divennero una minoranza.

La questione razziale influenzò anche la questione ebraica. Perché l'antisemitismo non solo bollò gli ebrei come minoranza nazionale, ma anche come minoranza razziale.

Dopotutto, gli ebrei rimangono una minoranza anche se sono considerati una casta, discendenti dei vecchi residenti del ghetto. Inoltre condividono il destino di altre minoranze oppresse, come i paria in India, gli *eta* in Giappone, i figli della borghesia nell'Unione Sovietica.

*

La persecuzione della minoranza da parte della maggioranza non è solo un fenomeno politico, ma è universalmente umano. E non solo umano, ma anche animale. È un caso speciale della legge della lotta per l'esistenza e della sopravvivenza del più forte.

Se un contadino di un villaggio europeo dovesse indossare una treccia, sarebbe presto oggetto di scherno generale e persecuzione da parte di tutti gli altri villani. Stessa sorte toccherebbe a un contadino cinese che, prima della rivoluzione, si fosse tagliato i capelli a coda di cavallo: la persecuzione non è diretta contro l'acconciatura, ma solo contro la diversità, contro la minoranza.

Se dieci contadini di quel villaggio si lasciassero crescere il codino, l'odio per questa minoranza aumenterebbe. La maggioranza dai capelli corti si avventerebbe sulla minoranza dai capelli lunghi a ogni occasione. La minoranza va denigrata e calunniata: solo perché è minoranza.

I romani pensavano che fosse provocatorio il fatto che solo gli ebrei si rifiutassero di pregare i loro dèi e di mangiare carne di maiale insieme a loro.

I cristiani del Medioevo ritenevano provocatorio il fatto che solo gli ebrei negassero la messianicità di Cristo e santificassero il Sabato invece della domenica.

Il solo fatto che gli ebrei incarnino spesso un tipo esotico è percepito come una provocazione da molti non-ebrei. Perché ogni diversità è una critica silenziosa alla conformità.

Questa legge psicologica basilare impone al gentiluomo di vestirsi e di comportarsi nel modo più discreto possibile: perché chiunque attiri l'attenzione è percepito da chi lo circonda come una provocazione, come una critica a chiunque non attiri l'attenzione.

L'essenza della minoranza, però, è che non s'inserisce nella maggioranza, ma che si distingue per la sua differenza: per questo è perseguitata e oppressa, indipendentemente dal fatto che sia migliore o peggiore della maggioranza.

*

La condizione minoritaria degli ebrei è di quattro tipi: quale comunità religiosa, nazione, razza e casta.

È innegabile che gli ebrei, nella misura in cui sono rimasti fedeli alla loro fede, formino una minoranza religiosa.

È anche innegabile che gli ebrei dell'Europa orientale, con la loro lingua e letteratura yiddish, i loro costumi e le loro tradizioni, formino una minoranza nazionale. La questione è più complessa nell'Europa occidentale: qui la maggioranza degli ebrei non sente di essere una nazione vera e propria, ma sente di appartenere alle nazioni in mezzo a cui vive, di cui parla la lingua e di cui condivide il patriottismo. Tuttavia, gli antisemiti di questi paesi sono dell'opinione che gli ebrei non siano loro connazionali, ma che formino una nazione a se stante: che siano anche una minoranza nazionale nell'Europa occidentale.

La definizione degli ebrei come minoranza razziale si basa su una nuova visione del concetto di razza, anch'essa di colore antisemita. Perché, fino a qualche decennio fa, non c'era dubbio che gli ebrei e i non-ebrei europei appartenessero alla stessa razza: quella bianca, caucasica. In seguito, si costruì la contrapposizione tra razza ariana e razza semita e fu abbandonata la definizione originaria di razza umana.

In verità, gli ebrei europei non formano una vera e propria razza, ma partecipano alla razza bianca in generale, alla razza mediterranea in particolare. Questa varietà si sviluppò negli ultimi due millenni attraverso l'isolamento religioso. L'influenza mediorientale dell'ebraismo è più forte, mentre l'influenza nordica più debole rispetto alle altre varietà della razza europea. Quindi, se la razza designa uno dei grandi rami dell'umanità, gli ebrei non formano una razza, di certo non una minoranza razziale in Europa. Se la razza è intesa come un ramo affine dell'umanità, gli ebrei costituiscono una minoranza rispetto agli altri europei, che, grazie alla loro comunità religiosa, si amalgamano costantemente tra loro da un millennio e mezzo.

Anche la visione dell'ebraismo quale prodotto di una casta è legittima. Perché, fino a pochi decenni fa, l'ebraismo europeo viveva come una casta particolare e chiusa. Come gruppo orizzontale, non verticale nel senso delle nazioni. Dalla fondazione del Terzo Reich, gli ebrei tedeschi hanno nuovamente ricevuto lo status di casta oppressa: di minoranza sociale.

*

È un fatto innegabile che gli ebrei europei siano minoranza per i non-ebrei europei e siano considerati minoranza da un punto di vista o dall'altro.

Ma è anche innegabile che questa minoranza costituisca non un ramo inferiore, ma uno dei più eminenti dell'intera umanità. Grazie a duemila anni di martirio, gli ebrei hanno raggiunto la dimensione attuale. Esclusi dalla maggior parte delle professioni, in condizioni di vita spesso precarie, essi dovettero aguzzare le loro menti dieci volte per salvare la loro nuda esistenza durante tutto il Medioevo. Chiunque era pigro o privo di talento non poté resistere a questa dura lotta per l'esistenza e scomparve. Solo i più adatti poterono sopravvivere e riprodursi. I deboli e codardi si lasciarono battezzare di fronte al rogo e agli strumenti di tortura e lasciarono la comunità ebraica: solo i più coraggiosi e volitivi resistettero al miracolo di questa lotta millenaria. Perciò scorrono fiumi di sangue martoriato in ogni ebreo moderno – che preferirebbe farsi ardere piuttosto che rinunciare al suo dio, alla sua fede, al suo ideale.

Chi crede nell'ereditarietà deve quindi considerare gli ebrei un ramo particolarmente prezioso dell'umanità. Un ramo dell'umanità temprato dalla sofferenza e nobilitato dal pensiero. Perché mentre la maggior parte degli europei è emersa dall'analfabetismo solo poche generazioni fa, gli antenati degli ebrei hanno letto, scritto e affrontato problemi intellettuali per migliaia di anni.

Chiunque consideri questi fatti invece di ascoltare gli slogan otterrà un'immagine ben diversa dell'ebraismo rispetto all'immagine distorta creata dall'antisemitismo. Se la grandezza di un popolo si misura col numero relativo dei suoi figli eccezionali e importanti, oggi l'ebraismo non ha eguali. Un esempio è il numero relativamente elevato di vincitori del premio Nobel d'origine ebraica.

L'eccezionale talento intellettuale dell'ebraismo, cui il mondo deve non solo una serie di grandi invenzioni, ma anche ingegnose creazioni artistiche e filosofiche, non si sviluppò a scapito della forza fisica: i grandi successi sportivi delle squadre e dei campioni ebrei in Europa e America si dimostrano più eloquenti di tutte le opposte tesi antisemite.

Qualsiasi critica imparziale dell'ebraismo, basata sui suoi successi, deve ammettere che non si può affatto parlare di un'inferiorità spirituale, mentale o fisica della minoranza ebraica.

*

Ma sarebbe assurdo affermare che il destino unico dell'ebraismo abbia sortito solo buoni effetti sulla sua evoluzione.

È certo che migliaia di anni di persecuzione e oppressione produssero una serie di effetti nocivi. I nervi e l'equilibrio mentale degli ebrei patirono sotto questa pressione e tensione costanti.

Le persone e i gruppi oppressi hanno sempre atteggiamenti diversi nei confronti dell'ambiente rispetto agli individui liberi e dominanti. Invece di decidere da soli il proprio destino, essi sono oggetto della volontà e dell'arbitrio altrui. Il che rafforza il loro atteggiamento oppositivo e critico rispetto a quello positivo e costruttivo. Incoraggia il risentimento e l'ipersensibilità, nonché un'oscillazione tra autostima e senso d'inferiorità. L'atteggiamento e il comportamento nei confronti delle persone e delle cose assume facilmente un tratto innaturale e artificioso. L'originalità, la semplicità e l'ingenuità ne soffrono spesso.

Tutte le qualità prodotte dall'oppressione e poi evolutesi in complessi d'inferiorità scompariranno non appena le condizioni di vita dell'ebraismo torneranno alla normalità. Molte sono già scomparse. Riappariranno quando trionferà la nuova ondata di antisemitismo: scompariranno per sempre quando l'emancipazione dell'ebraismo avrà finalmente successo.

La particolare tragedia del destino della minoranza ebraica risiede nel fatto che l'ebraismo è una minoranza senza sostegno. Quasi tutte le minoranze nazionali hanno concittadini da qualche parte nel mondo, che hanno il proprio stato pronto ad aiutarli in caso di necessità. Quasi tutte le minoranze religiose sanno che ci sono dei paesi oltre i confini in cui sono la maggioranza e dove possono porre fine alla persecuzione religiosa contro di loro.

Agli ebrei manca questo sostegno nazionale o religioso, sanno che non possono dare ordini da nessuna parte. Sanno che da nessuna parte detengono il potere statale nelle loro mani; che dipendono ovunque dalla buona volontà e dalla lealtà della maggioranza delle persone. Perché non sono solo una minoranza nel proprio stato: sono una minoranza nel mondo intero.

Questo fatto conferisce al destino ebraico la sua particolare tragedia: ma, nello stesso tempo, indica la via alla soluzione della questione ebraica.

2. Il sionismo

Quando un corpo estraneo invade un organismo, viene espulso o assimilato.

Aprendo i cancelli del ghetto, il corpo estraneo ebraico entrò nell'organismo europeo. La crisi risultante durerà fino a quando gli ebrei non abbandoneranno l'Europa o si assimileranno agli altri europei. O finché una parte degli ebrei sceglierà una via o l'altra. Fino a quando gli ebrei non smetteranno di essere una minoranza.

Le due vie radicali in tal senso sono il sionismo e l'assimilazione.

Il sionismo intende creare un focolare nazionale per gli ebrei attraverso la colonizzazione di un territorio, dove un giorno non saranno più una minoranza, ma una maggioranza.

L'assimilazione intende sfumare le differenze e i contrasti tra ebrei e non-ebrei, affinché gli ebrei non siano più percepiti come minoranza, ma come compagni nazionali alla pari.

Il sionismo intende conservare e rinnovare la nazione ebraica: l'assimilazione intende abbandonarla.

Il sionismo intende trasformare l'ebraismo in una nazione uguale: l'assimilazione gli ebrei in cittadini uguali.

Il successo della risposta sionista dipende principalmente dagli ebrei stessi: se lo vorranno, potranno diventare maggioranza in qualsiasi parte del mondo e sconvolgere il destino millenario di minoranza.

Il successo dell'assimilazione dipende in primo luogo dai non-ebrei: questa soluzione non è conseguita dagli ebrei che si sentono membri di altre nazioni, – ma solo se queste nazioni non percepiscono più i loro concittadini ebrei come minoranza, ma come loro concittadini.

La problematicità di tale soluzione fornì la spinta principale al sionismo.

*

Il sionismo è la risposta più coerente all'antisemitismo.

Accetta l'antisemitismo come dato di fatto e intende rendere il destino degli ebrei indipendente dalla buona volontà dei non-ebrei. Intende prendere in mano il proprio destino e dargli forma attraverso un atto di portata storica.

Invece di predicare ai non-ebrei la moralità, la ragione e l'umanità, il sionismo preferì irrigare i deserti e prosciugare le paludi. Intende fondare il proprio stato per diventare una potenza. Intende assicurare una propria casa e un proprio territorio agli ebrei di tutti i paesi che non vogliano più piegarsi all'oppressione, all'umiliazione e alla persecuzione degli antisemiti.

Il sionismo perseguì sempre quest'obiettivo con ammirevole perseveranza e franchezza. Ottenne già un grande successo storico mondiale: la dichiarazione Balfour e la creazione del focolare ebraico in Palestina.

Ciò che il sionismo ha fatto in termini di opera di ricostruzione della Palestina merita l'ammirazione del mondo intero. A parte il significato politico del sionismo, questo lavoro morale e tecnico ha accresciuto il rispetto del mondo per l'energia e il sacrificio degli ebrei.

Allo stesso tempo, in Palestina sta emergendo una nuova generazione di ebrei che si dichiarano orgogliosamente tali; che si sono liberati dall'umiliazione di essere tollerati. Che sono combattuti, – ma non più disprezzati. Essi si legano alla grande tradizione nazionale, spezzata due millenni fa da una terribile catastrofe.

Nonostante l'ammirevole risultato, attribuito al grande profeta del sionismo Theodor Herzl, al suo successore Weizmann e ai tanti anonimi pionieri della nuova terra ebraica, il futuro di questa creazione resta incerto.

*

L'idea del sionismo è giusta e coerente: ma la scelta della Palestina come nuova patria fu dettata più dal romanticismo che dalla ragione.

C'è il pericolo che la marcia ebraica verso Sion condivida un giorno il destino dei suoi predecessori cristiani: le Crociate. Che sul suolo siriano la potenza del mondo arabo si dimostri più forte di tutti i piani occidentali.

Perché la Palestina è strategicamente difficile da difendere da un attacco via terra. L'ideale panarabo sta crescendo; non rinuncerà volontariamente a questo lembo di costa e a Gerusalemme, città santa per i maomettani. Uno scontro tra idee sioniste e panarabe è imminente. Nove milioni di arabi circondano questo paese, la stragrande maggioranza dei quali sono arabi.

Il secondo problema circa la scelta della Palestina è che è troppo esigua per accogliere gli ebrei immigrati in caso di disastro nell'Europa orientale. Se, per esempio, un regime nazional-antisemita si sostituisse a quello comunista nell'Unione Sovietica, la questione dell'emigrazione diventerebbe cruciale per due milioni e mezzo di ebrei. Se l'antisemitismo trionfa in Polonia, sarà in gioco l'esistenza di altri tre milioni di ebrei.

Per quanto i sionisti sperino che queste catastrofi non si verifichino, devono essere preparati sulla base delle loro vecchie e nuove esperienze. Il problema dei seimilioni di ebrei orientali non assimilati è quello più grave dell'ebraismo. Il colpo inferto agli ebrei tedeschi è solo un monito. Perché nessuno sa se sia un apice o un preludio.

*

Ancora oggi la Palestina non è in grado di accogliere tutti i profughi ebrei dalla Germania. Perché anche in questo territorio gli ebrei non sono la maggioranza, non hanno il potere. Sono rimasti una minoranza anche nella loro nuova patria nazionale.

Ecco perché gli ebrei, preoccupati per il futuro dell'ebraismo, cercano un secondo paese che possa soddisfare meglio le esigenze nazionali di Sion. Un paese che offra spazio a milioni di ebrei e possa facilmente garantire agli ebrei la maggioranza della popolazione.

I singoli altipiani dell'Africa centrale sembrano soddisfare questi requisiti. Ecco perché i piani più recenti per insediamenti ebraici su larga scala sono rivolti principalmente a questo continente.

Che la scelta ricada su una parte dell'Africa, dell'America o dell'Australia, l'idea di una patria ebraica è nata grazie al sionismo e non si fermerà sino al raggiungimento del grande obiettivo.

3. L'assimilazione

Il sionismo in qualche forma rimane la più probabile soluzione alla questione ebraica per i settemilioni di ebrei dell'Europa orientale che si aggrappano alla loro nazione e alle loro rigide leggi religiose.

Mentre per l'Europa occidentale e settentrionale la soluzione della questione ebraica è l'assimilazione.

Nei paesi europei a ovest, nord e sud della Germania e dell'Austria (comprese la Gran Bretagna e l'Italia) vivono circa trequarti di milione di ebrei su una popolazione totale di circa duecentomilioni di non-ebrei. Ciò significa meno di mezzo punto percentuale.

La maggior parte di questi ebrei è in gran parte assimilata. Hanno la stessa madrelingua dei loro compatrioti non-ebrei, gli stessi costumi, la stessa educazione, le stesse opinioni morali e sociali.

Si sentono patrioti francesi in Francia, inglesi in Inghilterra, italiani in Italia, olandesi in Olanda. Sentono legami molto più stretti con i loro compatrioti non-ebrei che con gli ebrei nazionali in Polonia o Palestina.

Nonostante il pregiudizio antisemita da cui nessuna nazione europea è del tutto esente, essi sono visti e trattati quali compatrioti dalla stragrande maggioranza dei loro concittadini. C'è un residuo di pregiudizio nei loro confronti; ma ogni individuo può bandire questo pregiudizio contro se stesso attraverso le sue caratteristiche e azioni personali. Il numero di fanatici antisemiti è relativamente esiguo.

Questi ebrei non hanno motivo di lasciare la loro patria per l'ideale sionista. Inoltre, non hanno alcuna voglia di professare la nazione ebraica. Perché si sentono francesi, o inglesi o italiani di fede ebraica. Non hanno una doppia nazione, ma solo una. Si sentono francesi in Francia tanto quanto si sentono tedeschi oggi gli ugonotti francesi immigrati in Prussia.

La maggior parte di questi ebrei vede il sionismo con sospetto. Perché l'enfasi costante sul nazionalismo ebraico rende più facile per gli antisemiti identificare i membri della religione ebraica con la nazione ebraica, considerandoli e trattandoli da stranieri.

Ma quest'atteggiamento nei confronti del sionismo è ingiusto: perché è nell'interesse di tutto l'ebraismo che il problema degli ebrei orientali trovi una soluzione adeguata. Se il sionismo ci riesce, l'assimilazione degli ebrei occidentali non sarà resa più difficile, ma anzi più semplice.

*

La volontà assimilazionista non basta agli ebrei: occorre anche un ambiente di tolleranza religiosa e di rispetto naturale dei diritti umani.

Questi prerequisiti sono soddisfatti nell'Europa occidentale e settentrionale. Anche se il pieno riconoscimento della cittadinanza agli ebrei subì una battuta d'arresto per via della propaganda nazionalsocialista, la tendenza resta costante in tutti questi paesi. E non appena gli altri europei smetteranno di vedere gli ebrei come una minoranza, la questione ebraica sarà risolta in questa parte del mondo. Il resto del pregiudizio che grava ancora oggi sugli ebrei in Francia si estinguerà, così come si è estinto il pregiudizio contro gli ugonotti, che un tempo portò alla notte di San Bartolomeo.

Solo la calunnia può ravvivare l'antisemitismo in questi paesi. È dovere di tutte le persone oneste stroncare questo pericolo sul nascere.

La legislazione di tutti i paesi civilizzati dovrebbe garantire che la calunnia o gli insulti corporativi contro gruppi di persone siano puniti severamente almeno quanto le calunnie e gli insulti contro gli individui. Così i *Protocolli dei savi anziani di Sion* non potrebbero essere diffusi un giorno di più in uno stato civile.

*

Mentre l'Europa occidentale cerca di risolvere la questione ebraica con l'assimilazione e la strada del sionismo comincia ad aprirsi per l'Europa orientale, la Germania ha imboccato una terza via: il ritorno all'età pre-emancipatoria, la via del ghetto.

Il Terzo Reich rifiuta il sionismo così come l'assimilazione. Abolisce il concetto di uguaglianza costituzionale tra ebrei e non-ebrei e considera gli ebrei estranei alla nazione tedesca. Nella migliore delle ipotesi, essi sono tollerati come una casta inferiore all'interno dei confini statali. Ma la loro sicurezza è minacciata, la loro esistenza economica è bloccata, così come l'istruzione superiore dei loro figli.

Queste misure giuridiche sono integrate da un'intensa propaganda diffamatoria: gli ebrei sono accusati di appartenere a una razza inferiore, di aver organizzato la cospirazione mondiale bolscevica, di aver causato la guerra e la sconfitta della Germania. Per questo sono insultati, maltrattati, boicottati e umiliati in ogni modo.

Non solo i seguaci della religione ebraica sono annoverati tra gli ebrei, ma anche tutti gli ebrei convertiti, i mezzi ebrei e i quarti ebrei. Così si moltiplica il numero di seicentomila ebrei tedeschi.

Questa persecuzione degli ebrei non è un effetto collaterale della rivoluzione tedesca, ma il suo nucleo essenziale. La propaganda nazionalsocialista ha mobilitato l'antisemitismo aperto e latente della maggioranza per mezzo di un'agitazione senza scrupoli contro la minoranza ebraica e con questa manovra ha preso il potere statale.

Dopo questo successo straordinario, il nazismo sperava di mobilitare l'antisemitismo nel mondo e guidare così un grande movimento planetario. All'inizio quest'agitazione portò a un rafforzamento dell'antisemitismo oltre i confini tedeschi: oscuri capi antisemiti speravano di emulare la carriera di Hitler con l'aiuto tedesco.

La Germania divenne l'alleata dell'antisemitismo mondiale: ma fu proprio quest'alleanza a compromettere l'antisemitismo mondiale.

*

Proprio come molti ebrei non si accorgono dell'antisemitismo che li circonda, così il Terzo Reich non si accorse che l'odio mondiale per il nazionalsocialismo era più forte dell'odio mondiale verso gli ebrei. Il sentimento universale di protesta contro il Terzo Reich ha portato agli ebrei più amici nella loro lotta per l'esistenza di quanto non abbia fatto alla propaganda mondiale antisemita.

Nella lotta tra il Terzo Reich e l'ebraismo, la stragrande maggioranza dell'opinione pubblica mondiale è dalla parte dell'ebraismo: non per simpatia verso gli ebrei, ma per protesta contro l'antisemitismo tedesco. In questo modo, l'attacco pianificato contro l'ebraismo mondiale può infliggere un colpo decisivo all'antisemitismo mondiale, ai suoi tormentoni e ai suoi metodi.

Le sfortunate vittime di questa lotta tra la propaganda tedesca e l'opinione mondiale sono gli ebrei tedeschi: uno dei rami più preziosi, più colti e più dotati dell'ebraismo.

Questi ebrei erano, con poche eccezioni, fedeli patrioti e nazionalisti tedeschi. Non hanno mai dubitato della loro germanicità e oggi, quindi, si trovano di fronte a un crudele conflitto di coscienza.

Ma questo conflitto non può durare, perché scemerà il tentativo tedesco di risolvere la questione ebraica con la forza. Anche qui le possibilità restano due: sionismo o assimilazione.

O gli ebrei tedeschi lasceranno la Germania se le umiliazioni e le persecuzioni continueranno; oppure la Germania rivedrà la sua politica ebraica e seguirà la via dell'Europa occidentale. Forse allora la retromarcia dell'antisemitismo estremo di oggi aprirà la via a una riconciliazione finale tra ebrei tedeschi e non-ebrei – proprio come gli orrori della guerra di religione trentennale portò alla riconciliazione religiosa in Germania.

*

L'esplosione dell'antisemitismo nel Terzo Reich ha aperto gli occhi al mondo su quanto la questione ebraica sia intrecciata con la questione complessiva del progresso umano e della civiltà occidentale.

Il trattamento delle minoranze in generale e degli ebrei in particolare è un barometro del livello civile di un'epoca, di una nazione, di uno stato.

Perché ogni minoranza e, soprattutto, una minoranza indifesa è un vivo appello alla giustizia, alla cavalleria e alla lealtà della maggioranza: la risposta a quest'appello è una condanna – non per la minoranza, ma per la maggioranza.

La questione ebraica è una questione di umanità: ogni passo in avanti ha migliorato la vita degli ebrei, ogni passo indietro l'ha peggiorata.

Perché la questione ebraica è strettamente legata alla grande questione della tolleranza, dei diritti umani, dell'individualismo: il rispetto della personalità e delle sue conquiste; il via libera ai più capaci e talentuosi – senza distinzione di credo e razza.

Dal punto di vista nazionale, la questione ebraica troverà una soluzione quanto prima maturerà la consapevolezza che la nazione è un regno dello spirito e non del sangue; che i popoli d'Europa sono così meticci che non si può parlare di una razza pura. Ecco perché le nazioni, grandi scuole sotto grandi insegnamenti, hanno unito i popoli in comunità spirituali: e chiunque prenda parte a questa misteriosa comunione dello spirito è un membro a pieno titolo della nazione.

Man mano che questi pensieri maturano, l'antisemitismo si estinguerà. I discendenti degli ebrei saranno orgogliosi del grande e romantico passato dei loro antenati, come lo sono oggi i discendenti della nobiltà. Ma proprio come oggi si sono integrati nella grande corrente dei popoli, così anche gli ebrei saranno assorbiti nella grande corrente delle nazioni cui si sono uniti.

*

Allora la questione ebraica diverrà una questione per gli storici, ma non per i politici.

L'antisemitismo perderà, perché la verità trionferà.

Parte II. *L'essenza dell'antisemitismo*

di

Henrich J.M. von Coudenhove-Kalergi

"Justitia praecipit parcere omnibus, consulere generi hominum, suum cuique reddere, sacra, publica, aliena non tangere".

Cicerone, *De re publica* III, 8

Introduzione

Mio padre, Heinrich, conte imperiale von Coudenhove, l'autore di questo libro, nacque a Vienna il 12 ottobre 1859 e morì nel castello di Ronsperg in Boemia il 14 maggio 1806.

Da parte paterna era originario della nobiltà del Brabante settentrionale. La famiglia Coudenhove era emigrata in Germania dal Belgio alla fine del XVIII secolo. Il padre di Heinrich Coudenhove, figlio di un ufficiale austriaco e di una baronessa baltica, era un diplomatico austriaco, ciambellano, membro del senato e grande possidente in Austria, Boemia e Ungheria. Sua nonna, nata contessa Hazfeld, è menzionata più volte in *L'assedio di Magonza* di Goethe (1793).

Da parte materna, Heinrich Coudenhove era originario della famiglia greca dei Kalergis, la principale famiglia di Creta nel Medioevo e a capo della lotta isolana per la libertà contro Venezia. La memoria del ramo veneziano di questa famiglia è conservata nel palazzo Vendramin-Calergi, dove morì Richard Wagner.

Marie Kalergis (in seconde nozze Frau von Mouchanoff), nonna di Heinrich Coudenhove, fu una delle donne più celebrate nella società europea del XIX secolo per la sua bellezza, il suo spirito e il suo carattere. Nata contessa Nesselrode, era russo-tedesca da parte paterna, mentre da parte materna era originaria della nobiltà polacca. Cresciuta nella casa di suo zio, il cancelliere di stato russo Nesselrode, Marie visse fin dall'infanzia nel cuore della politica europea. Amica intima di Chopin, Liszt e Richard Wagner, che le dedicò *L'ebraismo nella musica* (1850), frequentò spesso Napoleone III e Guglielmo I, Bismarck e Thiers. Heinrich Heine la descrive nella sua poesia *L'elefante bianco*, Theophil Gautier in *Sinfonia in bianco maggiore*[1]. Il suo primo marito, Johann Kalergis, discendeva da un generale russo da parte paterna e da un norvegese da parte materna. Divenne cittadina inglese e anglicizzò il suo nome (Kalergi). Heinrich Coudenhove combinò questo nome con il proprio per devozione materna.

*

Heinrich Coudenhove studiò al collegio gesuitico di Kalksburg, nei pressi di Vienna. Dopo aver conseguito il dottorato in giurisprudenza, si dedicò alla carriera diplomatica. Come diplomatico austro-ungarico visse prima ad Atene, poi a Rio de Janeiro, Costantinopoli, Buenos Aires e, infine, a Tokyo. Durante gli incarichi diplomatici intraprese lunghi viaggi all'interno del Sud America, nel Vicino Oriente e nel Nord Africa, in Russia e nel Caucaso, in India, Cina, Corea e nella maggior parte dei paesi europei. Come segretario e incaricato d'affari della legazione austro-ungarica sposò a Tokyo una donna giapponese, Mitsuko Ayoama.

Quando suo padre morì e lui, come figlio maggiore, rilevò la sua tenuta, abbandonò la carriera diplomatica all'età di trentasei anni e si trasferì da Tokyo al Castello di Ronsperg con la moglie, che amava appassionatamente, e i suoi due figli maggiori. Qui si dedicò in completa autonomia ai suoi interessi spirituali.

Pubblicò per la prima volta con un opuscolo nel 1897, quando Léon Taxil, deridendo la Chiesa cattolica, lanciò oltraggiose calunnie contro i massoni, che trovavano ampio sostegno negli ambienti cattolici. L'opuscolo di Coudenhove, intitolato *Memoria indirizzata ai membri di un congresso antimassonico a Trento*, tratta della denuncia di questa truffa rivolta contro i massoni e la Chiesa cattolica allo stesso tempo.

---

[1] La sua biografia francese di Constantin Photiadès è stata recentemente pubblicata con questo titolo (Librairie Plon, Parigi). Le sue lettere alla figlia sono state pubblicate da La Mara: *Marie von Muochanoff-Kalergis geboren Gräfin Nesselrode in Briefen an ihre Tochter. Ein Lebens- und Charakterbild*, Breitkopf & Härtel, Lipsia 1907 (NdRCK).

Nel 1900 Coudenhove-Kalergi pubblicò uno *Studio politico sull'Austria-Ungheria* all'insegna del motto: *In necessariis unitas – in dubiis libertas – in omnibus caritas*. Qui mostra come prevenire il paventato crollo della monarchia asburgica: attraverso l'uguaglianza e la tolleranza nazionali. Ritiene che l'Austria abbia la missione di diventare un ponte tra i mondi culturali germanico e slavo e di sostenere la ripresa economica e culturale di tutte le sue nazioni.

Il saggio *L'essenza dell'antisemitismo* fu pubblicato nel 1901. Poco dopo, Heinrich Coudenhove, all'età di quarantadue anni, superò con lode l'esame di dottorato in filosofia all'Università di Praga. Le sue materie erano filosofia pura e filologia semitica, mentre la sua dissertazione era il suo lavoro sull'antisemitismo.

Nel 1903 scrisse un opuscolo intitolato *I Minotauri dell'onore: studio sul movimento anti-duello e sulle menzogne del duello*, dove esaminava i punti di vista etici, religiosi e giuridici dei concetti d'onore dei suoi pari e condannava il duello. Per poter condurre questa lotta senza inibizioni rinunciò ai suoi gradi militari (era capitano dei dragoni) e si unì ai capi del movimento antiduello.

Da quel momento in poi, il suo lavoro fu dedicato a un'opera su larga scala che avrebbe dovuto essere il lavoro della sua vita. Il suo titolo sarebbe stato *Il regno della negazione*. Si sarebbe basata sulla visione del mondo di Schopenhauer, avrebbe rappresentato la teoria e la pratica della nolontà in tutti i sistemi religiosi presenti e passati. Ci sarebbero voluti anni per completare questo lavoro.

Nel 1906 Coudenhove fece pubblicare una sezione del suo lavoro quale opuscolo separato, dal titolo *Sulle caratteristiche del Movimento Via-da-Roma*. Il libretto tratta del carattere fondamentalmente pessimistico del cristianesimo e dei contrasti derivanti dalla negazione cattolica della vita e dall'affermazione protestante della vita. Qui l'autore ammette tutti i vantaggi pratici del protestantesimo e tuttavia, per via della sua visione pessimistica del mondo, propende per l'idea cattolica.

Pochi giorni dopo la pubblicazione di quest'opuscolo, Heinrich Coudenhove morì d'infarto. Morì apparentemente in salute, all'età di quarantasette anni, nel pieno della sua vita e del suo lavoro.

*

Descrivere una personalità è sempre difficile perché l'impressione e l'aura non sono esprimibili a parole. È doppiamente difficile per un figlio descrivere la personalità paterna, perché la sua visione appare necessariamente soggettiva.

Tuttavia, non voglio sottrarmi a questo compito: perché la personalità dell'autore è importante per comprendere la sua opera. E proprio come le opere sono la chiave della personalità dei loro creatori, così la personalità diventa spesso la chiave del suo lavoro.

Heinrich Coudenhove[2] fu un uomo grande e solitario. Mentre molti suoi contemporanei meschini e insignificanti soddisfacevano la loro vanità con successi esteriori e raggiunsero la fama con l'ambizione, lui fu troppo orgoglioso per cedere alla vanità, troppo saggio per cedere all'ambizione.

Non lottava né per il potere, né per la fama, né per la ricchezza: ma per il perfezionamento della sua persona spirituale e morale, per la conoscenza e la comprensione del mondo. Così indirizzò la sua natura più all'interno che all'esterno; vivendo senza riconoscimenti, ma nella grandezza.

La sua produzione intellettuale è frammentaria. Come la morte del padre aveva interrotto prematuramente le sue attività diplomatiche, così anche la morte di Heinrich interruppe prematuramente la sua opera filosofica. La sua carriera politica

---

[2] Sigmund Münz fornisce anche una descrizione di Heinrich Coudenhove in *Österreichische Profiles und Reminiszenzen*, Deutschösterreichischer Verlag, Vienna-Lipsia 1913, pp. 269-302 (NdRCK).

fu frammentaria, la sua opera filosofica altrettanto, né qui né là il suo ricco talento influì positivamente.

A testimonianza della sua lungimiranza politica, nel 1894, durante la guerra sino-giapponese, il conte previde da Tokyo in modo chiaro e netto al ministero degli affari esteri austriaco la vittoria giapponese sulla Cina, l'alleanza anglo-giapponese, l'attacco del Giappone contro la Russia prima del completamento della ferrovia siberiana e la vittoria del Giappone sulla Russia. Fu lieto di leggere questi rapporti negli archivi viennesi dopo un decennio e di vedere che le sue previsioni si erano avverate punto per punto, sebbene nessuno allora le ritenesse possibili.

L'influenza maggiore e più duratura sulla formazione di Heinrich Coudenhove fu il suo soggiorno in Oriente. A Costantinopoli assorbì la cultura dell'islam e a Tokyo quella del buddismo. Parlava sedici lingue, tra cui giapponese e indostano, turco, arabo ed ebraico. Il mondo del Medio ed Estremo Oriente gli divenne familiare quanto la sua patria europea.

La vita che conduceva al castello di Ronsperg era pervasa da un'attività intellettuale irrequieta che iniziava alle cinque del mattino. Studiava filosofia, politica, teologia; perfezionò costantemente le sue conoscenze linguistiche; istruì personalmente i suoi figli in russo e ungherese; gestiva i suoi beni, curava un'ampia corrispondenza scientifica con studiosi orientali e occidentali, che amava anche ospitare; e lavorò instancabilmente e coscienziosamente alla preparazione e alla redazione dei suoi testi.

Politicamente era apartitico: da amico dell'ordine e della tradizione pensava in modo conservatore; da paladino della tolleranza era liberale; da amico dell'ingiustizia era socialista. Partecipò attivamente al movimento pacifista e fu così pacifista da proibire ai suoi figli di giocare con i soldatini di piombo, per non impiantare nei loro cuori i semi del militarismo.

Politica e filosofia furono i due poli della sua vita intellettuale; ma la filosofia fu sempre più al centro del suo interesse. La sua trasformazione da politico a filosofo fu seguita dalla sua trasformazione da pensatore a uomo religioso. Negli ultimi anni della sua vita si occupò molto della *vita sanctorum* di tutte le religioni e divenne, infine, terziario dell'ordine trappista.

Sempre e ovunque si schierò con la religione nella sua lotta contro l'irreligione. Frequentò felicemente e amichevolmente dotti gesuiti e rabbini, devoti cristiani ed ebrei, musulmani e buddisti[3]. Peraltro, odiava il fanatismo, l'intolleranza e il clericalismo.

Sebbene fosse intellettualmente quasi un libero pensatore, rimase un convinto cattolico in cuor suo. Trovò la natura ascetico-mistica del suo cristianesimo confermata da Buddha e Schopenhauer. Sotto l'influenza buddista, rinunciò alla caccia, una delle sue più grandi passioni: come cacciatore di giaguari, una volta aveva stabilito il record mondiale nelle giungle del Brasile.

Heinrich Coudenhove rimase sempre consapevole della grande responsabilità che lo spirito, la nobiltà e la ricchezza impongono ai suoi portatori. Nello spirito di Tolstoj, si sentiva obbligato nella sua indipendenza a combattere disinteressatamente e coraggiosamente contro il pregiudizio e l'ingiustizia. Quindi era un aristocratico nel senso migliore del termine: non solo nell'aspetto e nella forma, ma anche nello spirito e nell'atteggiamento.

*

In che modo quest'aristocratico cattolico giunse a difendere gli ebrei contro la loro persecuzione? Sentiamo cosa dice lui stesso al riguardo:

Confesso che anch'io ero un antisemita teorico. Quando ero più giovane ero anche un antisemita pratico, e per ottime ragioni, poiché ho avuto le esperienze personali più spiacevoli che si possano

---

[3] Così si attribuisce nella prefazione alla sua ultima opera con un uomo "che, per un quarto di secolo, ha diligentemente perseguito e osservato la questione religiosa in quattro continenti, sotto la guida di maestri cristiani, ebrei, maomettani e buddisti" (NdCK).

immaginare con usurai ebrei, ecc. Se, quando qualche anno fa decisi di studiare e scrivere di ebrei, mi fossi chiesto se l'opera si sarebbe rivelata antisemita, probabilmente avrei risposto di sì. Uno studio serio e, credo, approfondito della questione mi ha insegnato il contrario[4].

E, subito prima di morire, scrisse (*Sulle caratteristiche del Movimento Via-da-Roma*, p. 134):

Per quanto oggi io sia un vecchio ragazzo non molto lontano dalla cinquantina, in realtà resto lo studente di un tempo. Quattro anni fa mi sedetti sul banco degli esami per la trentaquattresima volta, insegnai personalmente ai miei figli e amministrai personalmente una tenuta Boemia e una in Ungheria. Ma ho sempre studiato e continuerò a farlo finché avrò vita. Essendo indipendente e dotato di mezzi terreni, fortunato praticamente in tutto, posso permettermi il lusso di scrivere al servizio solo della verità. [...] Mi considero un servitore di coloro che cercano la verità senza pregiudizi e senza presupposti.

Quindi ciò che indusse Heinrich Coudenhove a prendere posizione contro l'antisemitismo fu la sua volontà di veridicità e giustizia imparziali, basata sulla competenza più dettagliata[5]. Perché non aveva né una simpatia particolare per gli ebrei, né vi erano ebrei tra i suoi amici più intimi. Ma i suoi viaggi e studi gli avevano dato l'opportunità di studiare la questione ebraica in ogni angolo del mondo e di uscire dagli orizzonti angusti del suo paese e dagli slogan dei demagoghi semi-colti.

*

Se Heinrich Coudenhove fosse ancora vivo oggi, userebbe tutte le sue forze nella lotta contro le menzogne razziali e la contaminazione razziale dei nostri giorni.

---

[4] Vedi *infra*, *Conclusione*.
[5] La sua biblioteca del castello di Ronsperg conteneva quasi tutta la letteratura universale sull'ebraismo e l'antisemitismo (NdCK).

La nuova edizione è al servizio di questo spirito di lotta contro la menzogna e l'ingiustizia[6] della sua opera e del suo supplemento[7]. Come l'esordio del *Discorso della montagna*: "Beati coloro che hanno sete di giustizia", così dedico questo libro a tutti coloro che, nello spirito del suo autore, cercano la verità attraverso la giustizia e la giustizia attraverso la verità.

R.N.E. von Coudenhove-Kalergi

---

[6] Sono state apportate le seguenti modifiche al testo originale: soppressione del poema introduttivo *Enoch* e dei due capitoli *L'accusa del sangue* e *Accuse contro il Talmud*, poiché essi non corrispondono più al carattere dell'antisemitismo razziale. Inoltre, numerose citazioni e passaggi obsoleti sono state omessi per via delle mutate condizioni. Le cifre sono state adeguate alle statistiche attuali. Inoltre, abbiamo prodotto una nuova suddivisione dei capitoli con le loro intestazioni, nonché le singole note a piè di pagina, espressamente indicate come tali "note del curatore" (NdCK).

[7] *L'odio attuale verso gli ebrei* di R.N. Coudenhove-Kalergi (NdCK).

Premessa

"Beati coloro che hanno sete di giustizia", dice il Salvatore nel *Discorso della montagna*, la legge suprema di tutti i tempi, di tutti i popoli, di tutti gli uomini. Ho seguito questa legge nella mia opera. Il mio scopo è esclusivamente quello di contribuire, con la giustizia, alla rappacificazione con Israele – altro comandamento del *Discorso della montagna* – secondo le mie deboli forze. So bene quanto sia difficile un simile tentativo contro la denigrazione di ebrei e massoni. Ne sono ben consapevole. Non c'è la benché minima traccia di sangue ebraico nel mio albero genealogico. Ma se così fosse, non solo non lo nasconderei, ma lo ammetterei anche serenamente perché sarei orgoglioso di essere imparentato con gli uomini e le donne più santi che abbiano mai camminato su questa terra. Inoltre, non sono mai stato un massone; per via del mio giuramento non avrei mai potuto diventare un ufficiale e un diplomatico; né mi sarebbe mai venuto in mente di giurare a scatola chiusa. Sono un membro attivo della Chiesa cattolica, che considero la migliore di tutte le società religiose che esistano e siano mai esistite.

Il venerabile lettore può scusarmi se mi sono sentito in dovere di parlare di me. Ma chiunque conosca il pubblico filisteo capirà che quest'osservazione era assolutamente necessaria alla causa.

Aggiungo anche che l'utilizzo di citazioni di scrittori illuminati non significa affatto che la mia opinione non autorevole sia identica alla loro. Questo va da sé, ma non fa mai male sottolinearlo esplicitamente. *Sapienti sat.*

Castello di Ronsperg in Boemia, febbraio 1901

Conte Heinrich J.A. von Coundenhove-Kalergi

Capitolo 1. Semitismo e razza ebraica

1. Ariani e semiti

Fuori gli ebrei! – no, picchiateli a morte! no, battezzateli e convertiteli! no, urgono leggi eccezionali! Così il monito antisemita si ripete da secoli nella quadruplice sfumatura in tutti i regni e stati, repubbliche incluse. Conosciamo la motivazione: gli ebrei sono deicidi, sono ostinatamente miopi, non capiscono la Bibbia ebraica, sono perfidi, mutilano il testo delle Sacre Scritture, ne deformano il chiaro significato, sono usurai e ruffiani; il loro *Talmud* permette loro di uccidere i non-ebrei, di ingannarli, di dissanguarli e di prevaricarli, di spergiurare a scapito di un cristiano quando è fatto a vantaggio di un ebreo; solo loro si considerano umani, mentre i cristiani sarebbero bestie e idolatri. Crocifiggono e massacrano i bambini, usando il loro sangue per fare il pane azzimo e per altri scopi; nei loro scritti Cristo, la madre di Dio, la Chiesa, sono insultati, profanano e infilzano ostie consacrate che poi tendono a sanguinare; sono colpevoli dell'immoralità del nostro tempo, rovinano il costume cristiano con i loro giornali e altri prodotti a stampa, rovinano con l'usura i buoni contadini, gli ufficiali, la classe mercantile e industriale e gli onesti artigiani, deprimono i prezzi dei prodotti e i salari, corrompono re, imperatori, ministri, parlamentari e giudici, seducono ragazze e mogli caste, hanno irretito tutti i governi con astute operazioni finanziarie le loro reti, influenzano tutti i gabinetti di governo, sono i capi dei massoni e della socialdemocrazia, hanno avvelenato i pozzi, hanno causato pestilenze devastanti con la magia, hanno adorato una testa d'asino dorata, hanno ingrassato e massacrato un greco, ogni anno uccidono e avvelenano i profeti, sono rapaci beduini per cultura, sono spregiudicati, crudeli, lussuriosi, assetati di sangue, odiano il mondo intero e non credono a una parola di ciò che insegna la Chiesa; considerano anche l'increato Santo *Corano* un'opera d'arte, Cristo un mago e Maometto un truffatore!

Un elenco veramente lungo!

Confesso che, dopo aver sentito ripetutamente gran parte di queste accuse, ho creduto alla maggior parte di esse ed ero quasi giunto a pregare con gli antisemiti: "O Signore, rimandaci Mosè, affinché possa riportare a casa i suoi compagni di tribù nella terra promessa. Anche il mare si fenda nuovamente e le due colonne d'acqua siano salde come una rupe. E quando tutto il popolo ebraico si troverà fra questo burrone d'acqua, allora, Signore Dio, richiudilo, così noi poveri cristiani avremo finalmente pace!"

E, in effetti, chiunque legga quest'elenco si sentirà rizzare i capelli in testa.

*

Ma chi vede raggruppate e assommate tutte queste accuse, senza tener conto del loro tempo e della loro origine, misurandone qualità e quantità, potrebbe forse sospettare insieme a me che vi sia un piccolo intoppo da qualche parte. "I popoli ariani sono di natura sedentaria, coltivano la scienza, sono coraggiosi e valorosi; i tratti fondamentali della loro natura sono la rettitudine, l'onestà, la lealtà e la devozione"[1], lessi una volta nel *Catechismo antisemita*.

Fui felice ed estremamente lusingato di leggere parole così venerande su una razza cui ho l'onore di appartenere, e ora immagino che la rettitudine e l'onestà ariane, in ossequio all'ingiunzione dell'apostolo ("Esaminate ogni cosa, tenete ciò che è buono")[2], mi spingano a verificare l'esattezza delle accuse di cui sopra, prima di accettarle come vere, e l'amore per la verità e il coraggio "ariani" m'impongano di annunciare

---

[1] T. Fritsch, *Antisemiten Katechismus. Eine Zusammenstellung des wichtigsten Materials zum Verständnis der Judenfrage*, Beyer, Lipsia 1893, p. 13 (NdC).
[2] Paolo, *Prima Lettera ai Tessalonicesi* V,21 (NdC).

francamente ciò che ho riconosciuto senza la benché minima considerazione per ariani e semiti, cristiani, ebrei e musulmani. Ho studiato per diversi anni la "questione ebraica" e mi permetto ora di presentare al pubblico gli esiti del mio lavoro. Sarò particolarmente grato a tutti coloro che, a titolo di gentile informazione, vorranno indicarmi le imprecisioni presenti nella mia opera.

*

Il catechismo antisemita fu pubblicato a Lipsia nel 1893 da Hermann Beyer. Il suo autore è Theodor Fritsch (Thomas Frey). In questo libello sono raccolte, in modo sintetico e sistematico, tutte le accuse mosse agli ebrei dagli antisemiti, a eccezione di quelle di carattere confessionale; poiché, a detta del curatore, non è esatto dire che l'antisemitismo abbia basi religiose; dovrebbe essere una questione razziale, non certo religiosa!

Diamo la parola all'autore del *Catechismo*:

Nessuno pensi di combattere gli ebrei per via della loro religione, nessuno cerchi di disturbare il loro culto: essa gode della più sincera protezione da parte di tutti, compresi gli antisemiti.

Attribuire l'antisemitismo all'odio religioso è un grossolano errore. Gli antisemiti più determinati si trovano proprio fra gli spiriti liberi (Giordano Bruno, Voltaire, Schopenhauer, Feuerbach, Johannes Scherr, Dühring, ecc.).

Come suggerisce il nome stesso, l'antisemitismo è diretto contro i "semiti", cioè contro una razza, non contro una religione. Se gli antisemiti combattessero la religione degli ebrei, dovrebbero chiamarsi "anti-israeliti". Ma tradirebbe scarsa comprensione della lingua chi associa l'antisemitismo alla "religione".

Del resto, questa falsificazione terminologica è deliberatamente coltivata da certi ambienti per ingannare il popolo sull'autentica natura della questione ebraica[3].

---

[3] Fritsch, *op. cit.*, cit., pp. 3-4 (NdC).

Innanzitutto bisogna dire che il *Catechismo* sbaglia quando dice: "Se gli antisemiti combattessero la religione degli ebrei, dovrebbero chiamarsi 'anti-israeliti'"[4]. Questo è falso. Dovrebbero chiamarsi "anti-mosaisti", perché il termine di Israele si riferisce a un popolo, cioè alla totalità delle dodici tribù, di cui dieci scomparvero senza lasciar traccia alcuna nell'anno 722 a.C., dopo la conquista assira della Samaria. Da quel momento in poi, non esistette più alcun regno di Israele. Peraltro, il termine "antimosaismo" corrisponde assai meglio al concetto che il *Catechismo* intende esprimere.

Mi permetto di ritornare spesso su questo punto. Partiamo dalla definizione. Il *Catechismo* di Fritsch definisce l'antisemitismo così:

Cos'è l'antisemitismo? "Anti" significa contro e semitismo denota la natura della razza semitica. Antisemitismo significa, quindi, combattere contro il semitismo. Poiché la razza semitica in Europa è quasi esclusivamente rappresentata dagli ebrei, intendiamo per semiti in senso stretto gli ebrei, nel nostro caso antisemita significa essere "antiebrei"[5].

*

Le questioni 13 e 14 del *Catechismo* lo spiegano più dettagliatamente:

13) In che cosa dovrebbe consistere la differenza razziale?

I popoli europei appartengono quasi tutti alla razza ariana o indoeuropea, mentre gli ebrei alla razza semitica. I popoli ariani sono maggiormente d'indole sedentaria; coltivano l'agricoltura, il commercio, l'arte e la scienza; sono fondatori di stati, sono coraggiosi e valorosi; i tratti distintivi del loro carattere sono la rettitudine, l'onestà, la lealtà e la devozione.

I veri semiti, invece, sono nomadi per natura; non hanno vere residenze permanenti, nessun'autentica patria. Vanno dove la

---

[4] *Ibidem* (NdC).
[5] *Ibidem* (NdC).

migliore preda li chiama. Non costruiscono o dissodano nulla da soli; cercano i siti civilizzati creati dalla diligenza altrui, sfruttano le condizioni favorevoli che esistono, "pascolano" sui pascoli e li lasciano depredati e desolati. L'agricoltura, la tecnologia e l'arte sono loro estranee, come ogni lavoro autenticamente creativo. Sembra che disprezzino il lavoro, ma in realtà mancano delle capacità di compierlo.

Oggi i nomadi semitici del "deserto" (i beduini) continuano a saccheggiare e a depredare nel modo più franco e primitivo. Ma l'ebreo è il "beduino civilizzato"; gestisce la stessa attività in una certa forma civilizzata. Il suo dominio è il "commercio" che, ovviamente, copre uno spettro molto ampio perché, in lingua ebraica, la parola "impasto" indica sia una transazione commerciale, sia un furto.

I tratti predatori dei beduini civilizzati si manifestano sotto forma di commercio ambulante, accampamenti itineranti, banchi dei pegni, vendita a rate, bazar da 50 pfennig, usura, bancarotta fraudolenta, speculazione borsistica, ecc. Alcuni di questi "rami" sono rappresentati esclusivamente dagli ebrei. Ma il beduino civilizzato compie incursioni assai lucrose nelle tasche dei suoi "concittadini anche da "medico" delle malattie veneree, da leguleio, da agitatore socialdemocratico, ecc..

14) Ma gli ebrei non furono costretti a occupazioni disoneste, una volta esclusi dai commerci onesti?

Questo sotterfugio, a volte, fu utilizzato, ma non lo è più da molto tempo. Inoltre, resta ancora inevasa la domanda: perché il commercio onesto fu precluso loro in passato? Apparentemente solo perché vi introdussero abusi di ogni genere, lo sfruttarono e ne frantumarono le solide basi.

Inoltre gli ebrei non hanno mai desiderato praticare l'artigianato onesto. La contrattazione e l'usura non era solo un ripiego, ma, come abbiamo già visto, ha sempre costituito il tratto distintivo della natura semitica. Per decenni tutte le professioni sono state aperte agli ebrei, ma non li vediamo diventare muratori, carpentieri, conciatetti, carpentieri, fabbri, ingegneri meccanici, orologiai, tipografi, ecc. E se oggi si mettessero tutti i giovani apprendisti ebrei nelle officine con insegnamento e vitto gratuiti, scapperebbero alla prima occasione pur di mercanteggiare. I semiti non vogliono, né possono lavorare e creare, ma solo saccheggiare e depredare.

L'astuzia, l'inganno, l'ipocrisia e la menzogna sono le caratteristiche principali del carattere semitico, insieme all'invadenza, all'arroganza sfacciata, all'egoismo sconfinato, alla crudeltà implacabile e all'eccessiva lussuria. I nostri concetti germanici di lealtà, modestia, devozione, sacrificio per una causa sono incomprensibili per l'ebreo e provocano il suo dileggio. Trovano virtuoso solo ciò che da cui traggono vantaggio personale o piacere[6].

Vediamo di esaminare questa descrizione. Partiamo dai concetti di "semitico", di "razza semitica" e dal loro nesso con gli ebrei.

2. Sem

La parola "semita" contiene un nome proprio, il nome di Sem, primogenito di Noè. Secondo l'insegnamento della Bibbia, tutti i semiti discendono da Sem. Perciò le Scritture dicono (*Genesi* IX,18-19): "I figli di Noè che uscirono dall'arca erano Sem, Cam e Iafet, ma Cam è il padre di Canaan. Questi sono i tre figli di Noè; da loro fu popolata tutta la terra". Il nome di Sem ricorre quindici volte nell'Antico Testamento, come si può vedere dalle *Concordanze* di Mandelkern[7]; dodici volte nella *Genesi* e tre volte nel *Libro delle Cronache*, dove sono nuovamente enumerate le genealogie della *Genesi*. Nel Nuovo Testamento solo l'autore del *Vangelo secondo Luca* menziona Sem nel terzo capitolo della nota genealogia di Cristo. Tutto ciò che sappiamo di Sem proviene dunque dalla *Genesi*. Di Sem si parla molto anche nella letteratura rabbinica, e persino il *Corano* lo menziona nell'undicesima *Sura*, intitolata *Hud*. Secondo il testo ebraico della *Genesi*, e trascurando il *Codex*

---

[6] Ivi, pp. 20-21 (NdC).

[7] S. Mandelkern, *Veteris Testamenti Concordantiae Hebraicae atque Chaldaicae*, 2 volumi, De Gruyter, Berlino 1896, (NdC).

Samaritanus[8] o la *Settanta*[9], Sem nacque nell'anno 1558 dopo la creazione del mondo, circa duemilaquattrocento anni prima di Cristo. Visse fino a 600 anni, aveva 100 anni quando generò Arpacsciad, appena due anni dopo il diluvio. Visse poi cinquecento anni e generò figli e figlie.

I teologi ebrei hanno cercato di riconoscere Sem in Melchisedech, quell'uomo santo e orfano menzionato con Abele in ogni canone della Santa Messa.

Quindi Sem è una personalità storica per cristiani, ebrei e musulmani. La scellerata e libera scienza osa pensarla diversamente! Gli studiosi si sono sempre interrogati sull'origine del nome di Sem che, secondo alcuni, deriverebbe dal nome ebraico di *Scem*, che significa semplicemente nome, oppure da *Sciama*, essere elevato, cioè uomo delle montagne. Altri pensavano a un dio celeste dal termine di *Sciamaim*, i cieli (al plurale, perché si dice che ce ne siano molti)[10]. I nobili sono anche chiamati "Arya" (ariani) in sanscrito, il che indica una grande somiglianza tra semiti e ariani in termini di megalomania. Ma questo è solo accidentale. Erano così strettamente imparentati che le somiglianze di famiglia non dovrebbero sorprenderci. Ora, l'unica cosa che la *Torah* ci dice di Sem è che lui e suo fratello, il progenitore dei nobili ariani, furono benedetti da loro padre Noè, perché entrambi, rivolti all'indietro, lo coprirono con un mantello mentre giaceva

---

[8] J.M. Lobstein, *Codex Samaritanus Parisinus Sanctae Genovesae*, Eichenberg, Francoforte sul Meno 1781 (NdC).

[9] *Septuaginta*, versione dell'Antico Testamento in lingua greca, tradotta direttamente dall'ebraico da 72 saggi ad Alessandria d'Egitto nel III secolo a.C. (secondo la versione tramandata della *Lettera di Aristea*) (NdC).

[10] Nella sua *Seconda Lettera ai Corinzi* (XII,4) San Paolo riferisce che fu rapito fino al terzo cielo. Ma non poteva dire se fosse nel corpo o fuori dal corpo. I maomettani credono che ci siano sette cieli, così come il giudaismo posteriore; così il profeta Maometto fu rapito al settimo cielo durante la sua ascensione, il famoso Miraj (NdHCK).

ubriaco e ignudo nella sua tenda. Poiché suo fratello Cam non aveva pensato a quest'idea in tempo, non fu lui, ma suo figlio Canaan a essere maledetto da Noè. È ben nota la ragione di tutto ciò[11].

*

Spero che gli antisemiti mi perdoneranno se sono entrato troppo nei dettagli del nome proprio con cui è chiamato il loro partito. Temo che i liberi pensatori fra loro l'avranno trovato del tutto superfluo, dal momento che potrebbero obiettare di non aver mai creduto nella storicità della persona indicata dalla *Genesi*, di non aver mai creduto a un solo gruppo di persone, a una razza semitica, men che meno ai discendenti del patriarca Sem. L'antisemitismo, ci assicurano, non ha niente, proprio niente a che fare con la religione. Ma è sempre curioso che si riferiscano a una personalità, alla cui esistenza non possano credere senza il forte sostegno sovrannaturale della religione rivelata. Ma gli antisemiti possono obiettare che il nome può ben derivare dalla Bibbia, ma, nella loro mente libera, indica la razza, senza riferimento alla personalità del buon Sem. Sta bene, ma allora chiediamoci perché mai lor signori non si chiamino iafetiti, come il fratello di Sem e il figlio di Noè, il che sarebbe del tutto innocuo dal punto di vista religioso e, pur mantenendo la libertà di pensiero, potrebbero riferirsi solo alla razza e non ai discendenti dell'onorevole Iafet. Perché la nomea di iafetiti è così riprovevole?

Ebbene, secondo me, la ragione è la seguente. Gli antisemiti evitano la designazione di iafetiti, l'unica corretta contrapposizione al termine di semiti, per via del dogma biblico secondo cui tutte le persone della terra discendono da Sem, Cam e Iafet, vale a dire i semiti da Sem, i negri da Cam e gli

---

[11] Canaan, figlio minore di Cam (secondogenito di Noè), che sarebbe stato "servo dei servi" dei suoi fratelli (*Genesi* IX,25), fu maledetto al posto del padre perché costui aveva già ricevuto in passato la benedizione divina (Genesi *IX*,1). (NdC).

altri popoli, cioè gli ariani e la razza mongola, da Iafet. Quindi gli iafetiti includerebbero anche i cinesi, i mongoli, i turchi, i tartari, ecc., e gli antisemiti indoeuropei, in quanto nobili ariani, non vogliono a nessun costo averci a che fare, il che non è certo un complimento per i magiari turanici e i grandi russi. Quindi gli antisemiti prendono solo una parte degli iafetiti, cioè gli ariani, e si annoverano con entusiasmo tra di loro. Ma in che cosa consisterebbe il loro "libero" pensiero? Perché da liberi pensatori dovrebbero sapere che, nella tavola delle nazioni della *Genesi*, non si fa menzione di alcun popolo che possa riferirsi anche lontanamente ai negri o ai mongoli (Reuss)[12]. Iafet e i suoi figli sono ariani su tutta la linea. Pertanto la designazione di iafetiti sarebbe stata del tutto innocua; ma fu evitata perché, come nel caso della parola semiti, la concezione religiosa, cioè la visione biblica, esercita un ruolo importante.

Sostengo quindi che sia il nome antisemitismo, sia l'elusione del termine per la sua controparte semitica, – vale a dire il termine di iafetiti – derivino dalle nozioni della "religione rivelata" e, quindi, è discutibile l'affermazione che l'antisemitismo non abbia nulla a che fare con la religione.

3. Semiti

Lasciamo Sem e passiamo alle nozioni di semitico e di razza semitica. Gli antisemiti considerano i semiti un gruppo di popoli imparentati per sangue, non solo un gruppo di popoli che parlano lingue imparentate, cioè le "lingue semitiche", ma essi sarebbero imparentati per razza, discendenza e sangue. Credono quindi che attitudini e tratti caratteriali comuni sarebbero concepibili e possibili. Chi sarebbero questi popoli

---

[12] E. Reuss (cur.), *Das Alte Testament*, vol. 3: *Die heilige Geschichte und das Gesetzt (Der Pentateuch und Josua)*, Schwetschke, Braunschweig 1893, p. 228 (NdC).

semitici, di cui gli ebrei rappresentano un loro ramo? Oggi le persone che vivono e parlano lingue semitiche sono solo gli arabi, gli abissini e i resti dei caldei. Il termine di lingue semitiche fu introdotto per la prima volta dal professor Eichhorn nell'anno 1787, nella sua introduzione all'Antico Testamento[13]. Fritz Hommel osserva che, prima di Eichhorn, le lingue ebraica, araba e aramaica erano brevemente chiamate "lingue orientali"[14]. Erano le uniche lingue di questo gruppo conosciute alla fine del secolo passato. Nella tavola delle nazioni della *Genesi* sono chiamati figli di Sem: Elam, Asciur, Arpacsciad, Lud e Aram. Aram è l'antenato degli aramei (siri), Arpacsciad l'antenato degli arabi e degli ebrei; a quel tempo non si sapeva nulla delle lingue dei discendenti di Elam, Asciur e Lyd. Pertanto si dice che Hommel scelse il termine di lingue semitiche per indicare le lingue dell'intero gruppo. La consueta divisione fra popoli e lingue semitiche, fra popoli morti e lingue vive, è, secondo Hommel, la seguente:

a) A Sud:

1. Gli abissini, che migrarono relativamente tardi dall'Arabia meridionale al paese africano alpino di Habesc e si convertirono al cristianesimo nel III secolo d.C.;

2. Gli arabi del sud o sabei, detti anche himyariti;

3. Gli arabi centrali e settentrionali, solitamente chiamati semplicemente arabi.

b) A Nord e Nord-Est:

1. Gli ebrei e i fenici (questi ultimi con le loro colonie a Cartagine, Spagna, Massilia, Creta, ecc.) e

2. I babilonesi e gli assiri.

---

[13] J.G. Eichhorn, *Einleitung in das Alte Testament*, volume 1, Weidmanns Erben und Reich, Lipsia 1787, p. 45: "La lingua parlata dagli ebrei [..] era un dialetto delle lingue semitiche ampiamente diffuse" (NdC).

[14] F. Hommel, *Die semitischen Völker und Sprachen als erster Versuch einer Encyclopädie der semitischen Sprach- und Altherthums-Wissenschaft*, Schulze, Lipsia 1883, volume 1, p. 8 (NdC).

Se, infine, compiamo un'enumerazione delle lingue semitiche secondo l'ordine cronologico delle opere letterarie a noi pervenute, otteniamo il seguente elenco:

1. Antico babilonese (le più antiche iscrizioni reali semitiche babilonesi, le cosiddette leggende di Izdubar o Dubar ecc.) dal 2000 al 1500 circa a.C.

2. Ebraico (i vecchi canti popolari nei libri storici, per esempio le saghe di Giacobbe e il canto di Debora; il *Decalogo*; il libro di storia iavetico di *Genesi* II,4 ecc.; i *Salmi* più antichi, ecc.) dal 1500 a.C. circa in poi (tuttavia, solo una piccola parte è documentata).

3. Assiro intorno al 200-600 a.C. (le iscrizioni reali storiche più lunghe).

4. Neobabilonese (le iscrizioni di Nabucodonosor e dei suoi successori, poi traduzione assira delle iscrizioni trilingui achemenidi).

5. Fenicio (le iscrizioni più antiche secondo alcuni risalgono al VII secolo, ma la maggior parte ai secoli successivi).

6. Aramaico dal 300 a.C. circa, poiché le "cosiddette caldee" (occidentali o aramaiche bibliche) dell'Antico Testamento non vanno impostate successivamente; ma la parte principale della letteratura aramaica a noi pervenuta inizia con il siriaco, i cui brani più antichi risalgono al II secolo d.C.

7. Iscrizioni sudarabiche nelle iscrizioni sabee (himyarite), alcune delle quali databili già ai primi secoli d.C.

8. Etiope; la letteratura sopravvissuta inizia con la traduzione etiope della Bibbia nel IV secolo d.C.; alcune iscrizioni etiopiche sono appena un secolo più vecchie.

9. Arabo del VI secolo d.C., cui appartengono i canti preislamici che ci sono pervenuti; poi, dal VII secolo in poi, abbiamo l'ampia letteratura arabo-maomettana, il cui monumento più antico è il *Corano*, ma la cui massima fioritura non raggiunse l'inizio del dominio abbaside[15].

---

[15] Ivi, pp. 10-17 (NdC).

4. Lingua e razza

Secondo la teoria antisemita, i popoli di lingua semitica sono ancestrali perché parlano lingue ancestrali e anche gli indoeuropei appartengono alla stessa razza, perché parlano anch'essi lingue ancestrali. Ma questo è un errore grossolano. La parentela etnica non prova l'ascendenza dei popoli che parlano la stessa lingua. I tedeschi della Prussia orientale sono slavi germanizzati; i bulgari sono turanici slavi, così come i grandi russi; molti italiani in Lombardia sono tedeschi romanizzati; lo stesso vale per molti abitanti della Francia, e questi esempi potrebbero essere moltiplicati *ad libitum*.

Anatole Leroy-Beaulieu dice:

Per quanto riguarda i popoli europei e americani, quale nazionalità si fonderebbe sull'unità razziale? L'Inghilterra, con la sua fusione di bretoni, sassoni, danesi, norvegesi? La Francia, con i suoi cimri, galli, iberi, germani, latini? La Germania, dove i teutoni a ovest hanno sperimentato un incrocio così celtico e a est così slavo che, in molte parti della Germania, gli occhi azzurri e i capelli biondi dei tedeschi non compaiono più nella maggior parte dei tedeschi? La Russia, la vecchia Russia moscovita con il suo conglomerato di sciti e sarmati, slavi, tartari, finlandesi che ancora oggi sono poco russificati? Forse gli Stati Uniti d'America che, da cento anni, assorbono coloni da ogni paese d'Europa, o le repubbliche ispano-americane, che hanno inventato una formale scala maestra di toni interi e mezzi toni per denotare le varie sfumature di bastardi nati dall'incrocio dell'europeo con l'indiano e il negro? Tutte le nazioni del nostro tempo sono un miscuglio di razze e di popoli più o meno fusi. Tutti noi – francesi, russi, tedeschi, inglesi, italiani, spagnoli, ungheresi, greci, rumeni, bulgari – siamo meticci. Grandi o piccoli, occidentali od orientali, possono definirsi tedeschi, anglosassoni, latini, non vedo purosangue tra i popoli moderni. Cosa rimarrebbe della Francia se dovessimo testare il nostro sangue gallico e i bretoni dovessero lanciare lo slogan: la Francia ai celti?[16]

Quindi è sbagliato considerare imparentati i popoli semplicemente per l'uso di lingue imparentate. Indubbiamente è una conquista assodata della scienza che, all'interno delle "lingue semitiche" e delle "lingue indoeuropee", ogni lingua di questi gruppi sia imparentata. Ma sorge la domanda se le lingue semitiche abbiano una relazione dimostrabile con quei popoli che discendono da Sem, stando alla "tavola delle nazioni" della *Genesi*. In altre parole, esiste un nesso tra le "lingue semitiche" e i "popoli semitici"?

*

La "tavola delle nazioni" in *Genesi* X non chiarisce questi dubbi. Canaan è figlio di Cam, non di Sem, eppure sappiamo che i cananei erano linguisticamente semiti, e non camiti. Anche Mizraim, l'antenato degli egiziani, e Kush, l'antenato degli etiopi, sono figli di Cam. Kush è il padre di Nimrod, il costruttore di Ninive (!). Reuss chiama questa "tavola *delle* nazioni" il più autentico ed esaustivo mito etnografico[17]. Secondo Maspero, i kushiti (cioè un ramo dei camiti) parlerebbero una lingua molto simile all'ebraico, all'arabo e agli altri dialetti semitici. La spiegazione più semplice di questo fenomeno è quella che vedrebbe nei kushiti e nei semiti non razze fondamentalmente diverse, ma due parti di una stessa razza che si era sviluppata in epoche diverse. Maspero definisce apoditticamente i kushiti un "antico ramo della famiglia dei popoli semitici" e possiamo fidarci della sua autorità[18]. Dunque, non c'è antisemitismo senza antikushitismo.

---

[16] A. Leroy-Beaulieu, *Les Juifs et l'antisémitisme. Israël chez les nations*, C. Lévy, Parigi 1894, pp. 100-101 (NdC).
[17] Cfr. Reuss, *op. cit.*, p. 227 (NdC).
[18] Cfr. G. Maspero, *Histoire ancienne des peuples de l'Orient*, terza edizione, Hachette, Parigi 1878, p. 147 (NdC).

Il venerabile lettore mi consenta di dire che, nei termini di popoli semitici e lingue semitiche, in quanto riferiti a popoli presumibilmente discendenti da Sem, regna una confusione che non lascia affatto a desiderare. Ma se questo è pacifico, mi chiedo se sia giusto e nobile che individui che dovrebbero appartenere a un gruppo di popoli la cui concezione è volubile come un palo di equilibrio che oscilla sul naso di un acrobata, vadano considerati politicamente e socialmente esseri inferiori o peggiori!

*

Gli antisemiti obietteranno certamente che ciò che abbiamo detto sulla lingua è loro noto da tempo, ma ciò non conta, tanto meno il patriarca originario Sem e i suoi figli, nipoti e pronipoti. Non si tratta affatto della lingua, men che meno del mitico antenato! Tanto meglio, aggiungiamo! Proseguiamo e chiediamoci: come differiscono i semiti dagli ariani se non per la lingua? Sono forse antropologicamente una razza differente? Anche qui la differenza è difficile da stabilire, perché la scienza è tutt'altro che unanime nella divisione e nel fondamento della divisione delle varie razze umane. Qui la confusione diventa grottesca, è molto più divertente rispetto alla costruzione della torre babilonese! Linneo individua quattro razze umane, divise secondo i continenti[19]. Blumenbach ne individua cinque, divise secondo il colore[20]. Topinard tre – ragione della classificazione è il colore[21]. Huxley quattro – ragione della classificazione è il fisico – per un totale di undici sottodivisioni[22]. Friedrich Müller due – ragione della classificazione sono i capelli – con due

---

[19] C. Linnaeus, *Systema naturae*, decima edizione, Laurentii Salvii, Holmiae 1758 (NdC).

[20] J.F. Blumembach, De *generis humani varietate nativa liber*, dissertazione, Università di Gottinga 1775 (NdC).

[21] P. Topinard, *Eléments d'anthropologie générale*, Delahaye et Lecrosnier, Parigi 1885 (NdC).

[22] T. Huxley, *The Aryan Question and Pre-Historica Man*, in "Nineteenth Century", 28, 750-777, Kegan, Londra 1890.

sottodivisioni ciascuna[23]. A. Retzius divide gli uomini in quattro tipi craniologici[24]. H. Welcker e Broca in cinque[25]. J. Kollmann in sei – la classificazione mostra anche la forma del teschio[26]. Prichard individua sette razze[27]. Bory de St. Vincent quindici[28]. Morton ventidue[29]! Come possiamo classificare i vari semiti secondo queste divisioni e quali sono le loro ragioni? Gli abissini neri, gli ebrei neri e bianchi, il naso adunco e camuso, i capelli chiari e neri, gli ebrei spagnoli ben sviluppati e alti e i polacchi deboli, gli arabi magri e gli ebrei marocchini obesi. Osservo che una divisione e separazione dei semiti né sulla base della forma del cranio, né del colore, né della crescita dei capelli, né dell'insediamento geografico, può essere effettuata in modo rigorosamente scientifico e preciso. Che non solo i semiti, ma anche gli ebrei non possano essere considerati una razza o sottorazza uniforme, cercherò di dimostrarlo in seguito.

---

[23] F. Müller, *Grundiss der Sprachwissenschaft*, 4 volumi, Hölder, Vienna 1876-1888 (NdC).

[24] A. Retzius, *Ethnologische Schriften*, Norstedt, Stoccolma 1864 (NdC).

[25] H. Welcker, *Untersuchungen über Wachstum und Bau des menschlichen Schädels*, W. Engelmann, Lipsia 1862; P. Broca, *On the Phenomenon of Hybridity in the Genus Homo*, Logman, Londra 1864 (NdC).

[26] J. Kollmann, *Les races de l'Europe et la composition des peuples*, Associazione francese per l'avanzamento delle scienze, Parigi 1882 (NdC).

[27] J.M. Prichard, *The Natural History of Man. Comprising Inquiries Into the Modifying Influence of Physical and Moral Agencies on the Different Tribes of the Human Family*, 2 volumi, Baillière, Londra 1843 (NdC).

[28] J.-B.-G.-M. Bory de Saint-Vincent, *L'homme: essai zoologique sur le genre humain*, 2 volumi, Rey et Gravier, Parigi 1827 (NdC).

[29] S.G. Morton, *On the Size of the Brain in the Various Races of Man*, "Proceedings", Philadelphia Academy of Natural Sciences, 5, 1850 (NdC).

5. Semiti – nomadi

Quindi con la lingua non ne veniamo a capo, né con il corpo, con le sue forme e le misure parziali! Cosa resta, dunque?

L'anima, il carattere, l'interiorità: gli indoeuropei rispondono con orgoglio! Bene, esaminiamo rigorosamente le "differenze". Il noto Renan tentò di fissare le differenze tra semiti e ariani nella sua opera *Storia generale e sistema comparato delle lingue semitiche*, che pubblicò a Parigi nell'anno 1855 (la data è importante); opera apprezzata dall'Istituto di Francia, ma indicizzata dalla Curia romana[30]. Ora, nel primo capitolo della sua *Storia*, Renan delinea un audace quadro generale del carattere semitico e dei tratti psicologici. A suo giudizio, le lingue semitiche coincidono con un certo gruppo di persone. Renan cita i seguenti tratti caratteristici della razza semitica: non ha il senso della scienza e della filosofia, ma ha un senso della religione che le è tipico; presenta un grande sviluppo della soggettività, nessuna razza ha passioni più egoistiche, tipiche di una razza inferiore nella società umana; è per natura incline al monoteismo; non ha mai avuto una propria mitologia. La conseguenza del suo monoteismo è la grande intolleranza: solo la razza semitica ha profeti e ha inventato il concetto di rivelazione. Al semita manca il senso analitico e la comprensione della molteplicità dell'universo; manca di curiosità, perché la sua idea dell'onnipotenza divina è tale che non si sorprende più di nulla. Manca di qualsiasi varietà, di qualsiasi senso della sfumatura; delle pene conosce solo quella di morte per gravi ragioni; ha il dono dell'ironia, non conosce arti plastiche, né l'epica. Non ha alcuna comprensione della civiltà come la intendiamo noi; il tipo semita si trova nei deserti arabi, è nomade per natura, quindi la totale anarchia è un suo

---

[30] E. Renan, *Histoire générale et systèmes comparés des langues sémitiques*, Imprimerie Impériale, Parigi 1855 (NdC).

tratto tipico. Inabilità militare, riottosità verso qualsiasi disciplina e sottomissione, nessun spirito di sacrificio personale; il semita conosce solo doveri verso se stesso; i semiti sono nature semplici, incapaci d'astrazione, metafisica, mentre le loro lingue sono imprecise. Per quanto ne so, ecco Renan.

In questo famoso capitolo lo studioso francese gettò le basi dell'antisemitismo razionalista, distaccato dalla religione, che prende in considerazione solo le peculiarità razziali. Tutti gli antisemiti razziali hanno attinto dal suo resoconto sulla razza ebraica e lo hanno sfruttato per i loro scopi, sebbene lo studioso francese, a seguito dei progressi dell'assiriologia, lo ritenesse antiquato, cosa che fece fedele al suo motto *veritatem dilexi*, e con gran piacere.

*

In effetti, Renan prese un abbaglio, il che si spiega col fatto che, quando scrisse il suo resoconto, le grandi scoperte nel campo dell'assiriologia non erano ancora state effettuate. E, difatti, le lingue assira e babilonese sono assenti dal suo registro; il che è importante. Renan sembra aver avvertito questa mancanza già allora, perché scrisse nella prefazione:

Tutti i tratti caratteriali distintivi che ho attribuito alla razza semitica e agli idiomi parlati sono del tutto adatti solo per i semiti puri, i terachiti, gli arabi e gli aramei in senso stretto, mentre non lo sono per la Fenicia, Babilonia, lo Yemen e l'Etiopia. Ma è chiaro che, discutendo dei semiti in generale, devo considerare soprattutto quei rami imparentati meno toccati dal contatto con l'esterno e che meglio hanno preservato le caratteristiche generali della loro famiglia. Non posso difendermi dall'accusa di essermi lasciato dominare dall'osservazione dei puri semiti nomadi e monoteisti e di non aver tenuto abbastanza in considerazione i semiti pagani, industriosi e trafficanti, se ammettiamo che solo i primi ci hanno lasciato monumenti scritti e che questi soli illustrano lo spirito semitico nella storia delle lingue[31].

---

[31] Ivi, p. XVI (NdC).

Già, *tempora mutantur*. Ma nel 1849 F. de Saulcy aveva tentato di dimostrare che la lingua assira è una lingua semitica[32]. A quanto pare, Renan lo ignorava nel 1855, oppure era ancora incerto e non osava esprimersi al riguardo. Il professor J. G. Müller assicura, nel suo lavoro *I semiti nel loro rapporto con i camiti e gli iafetiti*, che a quel tempo, cioè nel 1872, Renan, insieme a Gesenius, Lorsbach, Winer, Tuch, Runik, Hitzig, Jablonsky, Lassen, Bertheau e Roth, consideravano indoeuropea la lingua assira[33]. Quindi è in buona compagnia; ma la sua descrizione dei semiti era quantomeno prematura. È ormai accertato che gli imperi assiro-babilonesi furono semitici. Lo stesso vale per i fenici e gli himyariti, ma così la teoria renaniana sull'essenza dei semiti crolla come un castello di carte. Ma se è così, anche la teoria antisemita scientifica e razionalista è insostenibile e l'antisemitismo dovrà tornare da dove è giunto: alla teologia. Perciò è chiaro che i popoli semitici più colti e più antichi erano politeisti dotati di una ricca mitologia; avevano un'epopea, cioè quella di Nimrod; ci lasciarono in eredità i monumenti più antichi della letteratura; furono capaci di fondare con disciplina e sottomissione grandi imperi militarmente forti e secolari; furono dediti alla scienza. Mentre gli scavi in Mesopotamia forniscono la prova che qui vi sbocciò l'arte.

---

[32] F. de Saulcy, *Recherches sur la chronologie des empires de Ninive, de Babylone et d'Ecbatane*, Bureau des "Annales de philosophie chrétienne", Parigi 1849 (NdC).

[33] Cfr. J.G. Müller, *Die Semiten in ihrem Verhältniss zu Chamiten und Japhetiten*, Besser, Gotha 1872, p. 85 (NdC).

6. Caldei

Scrive Fritz Hommel nella sua *Storia di Babilonia e dell'Assiria*:

Tutto ciò che nell'arte greca risale a stimoli fenicio-babilonesi e assiri (mi riferisco alle sole forme alate e alla disposizione delle colonne ioniche particolarmente caratteristiche) è messo in luce soprattutto grazie ai più recenti scavi archeologici. Anche qui notiamo quasi esclusivamente l'influenza babilonese, assai meno quella egizia, e qua e là un misto di entrambe. [...] Perciò la storia della civiltà, della religione e dell'arte conferma che Babilonia e non l'Egitto contribuì con la maggior parte delle pietre a quella possente struttura che chiamiamo civiltà, e che da Babilonia il flusso della civiltà scorse in parte via mare, grazie alla mediazione fenicia, in parte via terra, attraverso l'Asia Minore, fino ai greci e ai romani e, quindi, in seguito anche all'Europa romano-germanica[34].

I caldei, dice il dotto Eduard Meyer, furono i maestri di tutto l'Occidente nell'astronomia e nella matematica[35]. Le tavolette dei contratti rinvenute nella biblioteca del re Assurbanipal (Sardanapal) sono la prova dell'ordinamento giuridico in vigore all'epoca e dimostrano che Renan si sbaglia di grosso quando afferma che il semita conosce solo la pena di morte. Nella Babilonia settentrionale del 3800 a.C. troviamo già un popolo semitico che, intorno al 2500 a.C., controlla il paese. Come dice Hommel, i testi neo-sumerici furono scritti interamente da una mente semitica.

Naturalmente, non furono i semiti i primi a popolare e a canalizzare la Caldea. La prima civiltà non è semitica, ma turanica, sebbene anche questo sia contestato. Sentiamo Hommel:

---

[34] F. Hommel, *Geschichte Babyloniens und Assyriens*, volume 1, Grote, Berlino 1885, p. 5 (NdC).

[35] E. Meyer, *Geschichte des Alterthums*, volume 4, Cotta, Stoccarda 1884, (NdC).

Il fatto che [i turanici] non fossero i semiti, ma un popolo con una lingua e una natura del tutto diverse, a canalizzare e a popolare le pianure paludose dell'Eufrate e, allo stesso tempo, fossero gli inventori della scrittura cuneiforme e di molti altri elementi culturali, è un fatto che nessun ricercatore serio può negare al giorno d'oggi[36].

Ora nessuno potrà sostenere che Hommel sia un amico degli ebrei. Ma non potendo asserire nulla di negativo sui semiti, temeva evidentemente di essere preso per ebreo e si trovò costretto a dichiarare espressamente, nella prefazione della sua opera *Popoli e lingue semitiche*, che non era nemmeno di sangue ebraico, ma che scriveva sotto un impulso filo-ebraico[37]. Rimprovera persino al noto professore e semitologo di San Pietroburgo Chwolson di aver parlato in modo eccessivamente favorevole nella sua opera *I semiti*, dal momento che è ebreo![38] Possiamo quindi considerare Hommel del tutto insospettabile quando afferma "che la civiltà già altamente sviluppata che abbiamo incontrato nella Babilonia settentrionale nel II millennio a.C., soprattutto nelle scienze, non sarebbe mai sorta senza la partecipazione dei semiti e che solo le basi della civiltà assiro-babilonese giunsero dai sumeri, mentre il suo sviluppo e il perfezionamento sono opera dei semiti, sebbene questi ultimi non l'abbiano mai creata senza tali basi"[39]. Tuttavia, così fu! Come fa Hommel a sapere che i semiti non avrebbero mai potuto creare questa civiltà senza tali basi? Hommel sa bene che i sumeri hanno creato quella civiltà e non l'hanno presa in prestito da un altro popolo a noi sconosciuto e questo ancora da un altro, e così via? Non è ossessionato dalla visione biblica che l'umanità abbia circa seimila anni o da qualche forma d'antisemitismo? Quale civiltà,

---

[36] Hommel, *Geschichte Babyloniens und Assyriens*, cit., p. 237 (NdC).

[37] Id., *Die semitischen Völker*, cit., p. VII (NdC).

[38] D.A. Chwolson, *Die semitischen Völker. Versuch einer Charakteristik*, Franz Duncker, Berlino 1872 (NdC).

[39] Hommel, *Geschichte Babyloniens*, cit., pp. 192-193 (NdC).

mi chiedo, avrebbero avuto i germani, i galli e gli slavi senza la precedente civiltà romana? Quale civiltà avrebbero avuto i romani senza i greci, i greci senza i fenici, ecc., sino alla notte dei tempi?

7. Fenici

Un altro grande popolo semitico sono i fenici. L'antisemitismo intendeva negare anche a loro il sangue semitico, il che sembrava più semplice in quanto, secondo *Genesi* X, i fenici apparterrebbero ai camiti. Ma non è così! I cananei sono certamente semiti e i fenici costituiscono uno dei loro rami. *Isaia* (IX,18) definisce l'ebraico quale lingua di Canaan. Ora questi fenici sono considerati gli inventori della navigazione. Cartagine era una colonia fenicia. Annibale era semita! I fenici circumnavigarono probabilmente l'Africa, fondando numerose colonie a Cipro, Rodi, Creta, Malta, Sicilia, Sardegna, sulla costa settentrionale dell'Africa e nella Spagna meridionale. Inventarono in parte la tintura viola, la tessitura, la lavorazione del vetro, l'estrazione mineraria, la lavorazione dei metalli e l'architettura, e in parte li perfezionarono. Inoltre, furono per molti aspetti i maestri dei greci.

Gli elleni devono la loro conoscenza della scrittura (l'alfabeto cananeo) al popolo semitico dei fenici. Questi ultimi risvegliarono il senso commerciale dei primi. I greci impararono dai fenici a stabilire, durante i viaggi marittimi notturni, il corso settentrionale basandosi sulla stella polare. Che ne è dell'affermazione antisemita secondo cui ai semiti mancherebbe il senso dell'arte, dell'invenzione tecnica, della costituzione giuridica, della politica, della navigazione, della colonizzazione? Questi fenici erano forse una *race inférieure*?

Che enorme imbarazzo per l'antisemitismo razziale scientifico suscitarono queste nuove scoperte e questi scavi! Nessuna delle affermazioni di Renan – riguardo al carattere e alla natura del semita – è ancora valida. Esse sono insostenibili e, probabilmente, non saranno mai più prese sul serio. Ma l'antisemitismo non si ferma qui e ora cavilla sui fatti pietrosi dei reperti archeologici. Ricorrono a un trucco che definirei "sgraffignare". Consiste nel fatto che rappresentano quale prestito da altri popoli civilizzati non-semitici tutto ciò che di buono ed eccellente i semiti avrebbero realizzato per la civiltà[40]. I meriti dei caldei per la civiltà sono innegabili. Cosa fanno gli antisemiti? Cercano di far credere che i caldei, pur parlando una lingua semitica, non fossero semiti, ma indo-germani. Di tutti i semiti, tuttavia, sono proprio i caldei quelli più strettamente imparentati con gli ebrei[41]. Si dice che l'epopea di Nimrod e la discesa agli inferi di Ishtar, sebbene scritti in lingua semitica, non siano un'opera dei semiti, ma dei loro predecessori, i turanici sumeri, e che siano stati semplicemente tradotti dai primi. Il filo logico è il seguente: i semiti sono barbari incivili, nomadi incolti, che non possono realizzar alcun prodotto artistico, letterario, scientifico e politico; ma ecco un'epopea semitica, arte, letteratura, mitologia e scienza semitiche, grandi potenze semitiche ben ordinate ecc. ecc. Perciò questi artisti, studiosi, statisti, generali ecc. ecc. non erano affatto semiti! Ma che mostruosa *petitio principii*! Ora, però, non funziona più, perché l'assiriologia ha dimostrato che l'arte, la letteratura e le conquiste scientifiche summenzionate sono merito dei semiti, non dei sumeri! Gli indoeuropei si rammaricano vivamente che i più antichi popoli civilizzati di Babilonia, i sumeri e gli accadi, siano turanici e non indogermanici, e sono così ingenui da dirlo apertamente, tanto amano la loro razza! Ma preferiscono mille volte che i turanici siano i portatori di quest'antica civiltà rispetto ai semiti. Così gli antisemiti cercano, ove possibile, di negare e togliere i meriti dei semiti per infangarli con i turanici, anche se loro stessi, in

---

[40] Tesi del diffusionismo archeologico (NdC).
[41] Müller, *op. cit.*, p. 75 (NdC).

quanto indoeuropei, non traggono alcun beneficio. Si fa quel che si può, ma nulla conferirà mai onore, riconoscimento o gloria ai semiti. Così funziona l'odio contro il piccolo popolo degli ebrei anche in ambito scientifico.

8. Arabi

Non si sa da dove siano immigrati questi semiti. Secondo Hommel e Kremer, il loro sito originario era l'Armenia; secondo Sprenger e Schrader l'Arabia; secondo Guidi il basso Eufrate: è possibile, ma non è certo, che il tipo del semita puro sia il nomade arabo, il beduino; la popolazione dell'Arabia non è composta interamente da beduini, ma da beduini e abitanti delle città[42]. Furono questi ultimi a creare l'islam, e non i beduini, il cui islam, come sappiamo da Palgrave, è sempre stato, ed è tuttora, estremamente superficiale, persino discutibile. Quando Renan scrisse il suo resoconto nel 1855, dove fece dei beduini arabi il prototipo della razza semitica, l'Arabia era ancora quasi del tutto sconosciuta. I grandi, famosi viaggi di Burton, Maltzan, Snook Hugronje e Palgrave non erano ancora stati compiuti, e allora si poteva immaginare che la grande penisola fosse abitata quasi esclusivamente da beduini nomadi. Non è così. Il famoso viaggiatore d'Arabia W. Gifford Palgrave, nella sua voce *Arabia* per l'*Encyclopaedia Britannica*, osserva che gli abitanti delle città costituiscono circa i 6/7 della popolazione totale dell'Arabia. Dunque resta solo un settimo di beduini, eppure essi sono presentati dagli antisemiti come il prototipo non solo dell'arabo, ma anche dell'intera razza semitica! Riguardo all'affermazione fatta dagli antisemiti, secondo cui beduini e briganti sarebbero praticamente sinonimi, W. Gifford Palgrave ci dice:

---

[42] Hommel, *Geschichte Babyloniens*, cit., p. 267 (NdC).

Questa visione è scorretta. I beduini, per professione e stile di vita, sono pastori e allevatori di bestiame; le loro lotte intestine, i loro assalti e saccheggi di viandanti e carovane sono eccezioni alla regola e, per inciso, raramente sanguinosi[43].

Il vergognoso vizio della pederastia, così comune tra i persiani indoeuropei, non appare fra gli arabi semitici. L'amore greco e lesbico prendono il nome dai paesi indoeuropei!

Fra tutti i maomettani, gli arabi semitici hanno il minor numero di vizi e depravazione. Il dottor Reinhardt, nella sua grammatica dei dialetti dell'Oman e di Zanzibar, osserva che l'eunuco e la depravazione degli harem sono sconosciuti in Oman, mentre le faide e il brigantaggio sono all'ordine del giorno. Lo chiama un pezzo di Medioevo e non sta certo pensando a quello arabo[44]. Carsten Niebuhr afferma, nella sua descrizione dell'Arabia apparsa a Copenaghen nell'anno 1772:

Altri viaggiatori europei sperano di trovare arabi ipocriti, truffatori e ladri. Ma non ho motivo di dolermene. S'incontrano persone malvagie in Arabia, ma anche qui, come in Europa e in altre parti del mondo, molte persone oneste, buone, ospitali e più educate del resto dei maomettani[45].

*

Gli antisemiti usano sminuire le conquiste degli arabi, dipingendoli come spregevoli e inferiori. Un anno dopo che Renan aveva pubblicato la sua descrizione dei semiti, apparve a Vienna in sette grandi e corposi tomi la grande opera di

---

[43] W. Gifford Palgrave, *Arabia*, in *Encyclopaedia Britannica*, vol. 2: *Ana-Ath*, Allen, New York 1888, p. 246 (NdC).

[44] Cfr. C. Reinhardt, *Ein arabischer Dialekt gesprochen in Oman und Zanzibar*, Spemann, Stoccarda 1894, p. XV (NdC).

[45] C. Niebuhr, *Beschreibung von Arabien*, Moeller, Copenhagen 1772, p. 28 (NdC).

Hammer-Purgstall, *Storia letteraria degli arabi*[46]. La letteratura araba è una delle più importanti e ricche di tutto il mondo, la sua lingua uno dei più grandi prodotti spirituali della razza umana.

E infine, per quanto riguarda l'islam gravemente calunniato, questa gigantesca impresa dello spirito semitico, bisognerebbe scrivere un libro se volessimo presentare tutte le sue virtù ed eccellenze, così come i suoi lati negativi. Basti citare il dottor Otto Pautz, che scrive nella sua opera *L'insegnamento della rivelazione di Maometto*:

Sarebbe infatti come negare il potere di Dio sulla storia se ignorassimo il grande avanzamento dell'islam rispetto all'antico paganesimo arabo, non potendo attribuirlo a influssi demoniaci, quale effetto di cause naturali che, secondo la nostra convinzione più intima, non esistono affatto in questa regione. La purificazione dell'idea di Dio, l'istituzione di una comunità ben ordinata al posto della sanguinosa ed estenuante faida tribale, la garanzia della proprietà, la regolamentazione del matrimonio, il trattamento indulgente degli schiavi, la misericordia verso l'ospite, i miserabili e poveri, e, infine, l'abolizione delle usanze barbariche, come il seppellimento di neonate vive: questi sono i successi su cui Maometto poteva guardare indietro alla fine del suo ministero[47].

Pertanto, quando i dotti antisemiti, confrontando gli ebrei con gli arabi e riconoscendone la stretta parentela, la ritengono disdicevole e svantaggiosa. Quando la descrivono come indesiderabile, in una certa misura come una sfortuna e come una disgrazia, si sbagliano di grosso. Mi congratulo con tutto il cuore con gli ebrei per la loro invidiabile "parentela" con la grande, nobile, gloriosa e dotata razza araba.

---

[46] J. Freiherr von Hammer-Purgstall, *Literaturgeschichte der Araber*, Kaiserlich-Königliche Hof- und Staatsdruckerei, Vienna 1850-56 (NdC).
[47] O. Pautz, *Muhammeds Lehre von der Offenbarung*, Hinrichs, Lipsia 1898, p. 3 (NdC).

E non vanno ammirati anche i semiti più meridionali e neri, cioè gli abissini che, per un millennio e mezzo, hanno conservato vittoriosamente la fede cristiana in innumerevoli battaglie sui loro monti?

9. *Race inférieure?*

Diamo, infine, la parola al professor Hommel, più volte citato e, come abbiamo visto, non certo filo-ebraico. Nella sua opera *Popoli e lingue semitiche* scrive:

In conclusione, mi chiedo se una tribù che, nell'antichità, fu una delle prime e quasi uniche portatrici di civiltà, che, fin dall'inizio, fu l'unica portatrice dell'idea puramente religiosa, cioè del monoteismo; che, anche nel Medioevo, assunse sulle sue spalle per mezzo millennio l'educazione indoeuropea che, in origine, gravava in larga parte sulle sue spalle e salvò così l'Occidente; che ancora oggi in Africa e in Asia, rispetto ai popoli incolti, rappresenta una civiltà relativamente sviluppata, certamente ora pigra e decomposta, mentre in Europa il denaro e la stampa (sia a nostro vantaggio che a loro, tralascio qui), due fattori principali della vita sociale dell'ottocento, sono quasi completamente in mano degli ebrei, se non linguisticamente, almeno come popolo strettamente uniti a noi indoeuropei, con abile calcolo e con la loro proverbiale invadenza, – ebbene mi chiedo se una tale tribù meriti di essere definita *race inférieure*. Sicuramente non per i lati chiari e oscuri. – Oppure volete popoli che, come gli assiri, combatterono grandi guerre nell'antichità e condussero metà dell'Asia sotto il loro controllo, i greci dell'Asia minore e, attraverso di loro, i greci europei, che conobbero le loro forme artistiche e insegnarono loro a imitarle – popoli che, come i fenici, lasciarono sventolare le loro bandiere commerciali dalle colonne d'Ercole e dal ricco Tartesso all'India, che formarono i greci delle loro colonie forse maggiormente di quanto non sospettiamo ora (pensiamo solo all'alfabeto e al culto di alcune antiche divinità sumere come Ishtar-Afrodite, sulla cui scia ci fu probabilmente una serie di altri prestiti culturali); ebbene volete dunque ritrarli come privi di talento? Popoli che, ben prima dei greci, fecero grandi cose nell'arte (soprattutto nella tessitura, nella scultura e nell'architettura), già, popoli da cui, come ormai si può dimostrare sempre più facilmente, anche i greci, questo popolo artistico, presero in prestito non poche cose. Popoli che, ancor prima che fossero recitati i canti di Omero, crearono un ciclo di poemi epici dal culto sumerico degli dèi, come le leggende assire Izdubar e Ishtar, che, se confrontate con la poesia ebraica, produssero poesie liriche e didattiche così belle, originali, magnifiche e sante come nessun'altra dell'antichità; che, come gli arabi, hanno creato una metrica per la loro poesia popolare priva d'influenze straniere anche nel periodo preislamico, del tutto alla pari con l'antica classicità occidentale, ebbene volete negar loro un talento così superiore? Popoli tra cui, come tra gli assiri, vediamo nascere e sorgere dal loro stesso genio la grammatica e la lessicografia più antiche del mondo, e che in altre scienze, come nella matematica, specialmente nell'astronomia, furono i maestri di tutti i popoli dell'antichità? Oppure, se ritorniamo al tempo in cui la Spagna udiva i meravigliosi canti ebrei di un Judah Halevi o alla poesia andalusa e siculo-araba accessibile da Schack in una veste così affascinante, quando entriamo nelle sale colonnate e nella corte dei leoni dell'Alhambra, come in India nei magnifici edifici dei maomettani a Delhi, quando vediamo ciò che gli arabi fecero per la scienza, così come per la filosofia, dove, per esempio, le deduzioni dei nostri filosofi da Scoto Eriugena a Kant e Schelling, secondo von Kremsers, non sono certo più chiare di quelle dei pensatori islamici, mentre in un altro ramo dell'erudizione araba, nel mirabile sistema della grammatica e della lessicografia nazionali arabe, ogni semitista deve ancora oggi andare a scuola per poi andarsene con la sensazione che né i greci, né i tedeschi ricercarono mai così finemente la propria o altrui lingua e che, soprattutto, la nostra filologia classica, basata sulla scuola scientifica araba e approfondita dalla comparazione linguistica semitica, tenda solo alla caccia di congetture e sottigliezze, all'interpretazione letterale anziché al metodo dell'odierna filologia europeo-araba, invece di considerarla con disprezzo un passatempo — e, se infine, pensiamo come il sistema scolastico ebbe un ruolo ben più elevato e importante e, in alcuni casi, anche ora tra i semiti piuttosto che tra gli ariani; se pensiamo quanta importanza fu sempre attribuita allo sviluppo dello spirito dei semiti, ebbene dobbiamo riconoscere con ammirazione quale compito dovettero svolgere i semiti nella storia della civiltà mondiale e come lo adempirono: ergendosi ben al di sopra degli indoeuropei in termini di pazienza, perseveranza e zelo, certamente superati da loro in termini di originalità e versatilità, ma, pieni di talento (solo di tipo diverso da quello dei popoli ariani), furono, non va mai dimenticato, i loro predecessori e pionieri nella civiltà spirituale e materiale, del tutto al di là della loro elevata missione storico-religiosa, in che non possono essere paragonati a nessun'altra etnia[48].

Presto dimostrerò quanto Hommel si sbagli nel passaggio che tratta degli ebrei.

I semiti erano altamente civilizzati in un'epoca in cui gli indoeuropei erano ancora dei semplici selvaggi. Babilonia non è solo il sito della civiltà assiro-babilonese o della tarda civiltà semitica o greca e romana. È il sito di tutta la civiltà occidentale, della nostra civiltà in generale.

Ci sono solo altre due civiltà che meritano questo nome, oltre a quella babilonese, e queste sono l'indiana e la cinese.

10. Relazioni culturali ario-semitiche

L'odio antisemita per gli ebrei, che non solo perseguita e agita Israele, ma anche i parenti più lontani di Israele, già, i parenti scelti, ha a disposizione anche l'affermazione che i semiti stessi non produssero nulla e che la civiltà babilonese, fenicia, araba fu un prestito di queste altre nazioni semitiche, dove rinvennero la stessa civiltà. Certo, è facile a dirsi. In precedenza ho sottolineato che i babilonesi semitici presero in prestito molte divinità dai sumeri. Ma la religione dei sumeri era lo sciamanesimo. I semiti ne ricavarono qualcosa, crearono tutta la gigantesca civiltà babilonese. Cosa direbbero i germani se qualcuno dicesse loro: non valete nulla, perché tutta la vostra

---

[48] Hommel, *Die semitischen Völker*, cit., pp. 38-39 (NdC).

civiltà è presa dai romani e dal cristianesimo che non è sorto in terra germanica, ma in terra semitica, quindi siete in realtà dei barbari e, in fondo, come i vostri avi che trucidarono, massacrarono ritualmente, i poveri romani prigionieri delle care divinità in ogni forma ed esattamente secondo il rito prescritto. Tutta la vostra cavalleresca poesia romantica trae le sue forme, come dice il vostro compatriota Johannes Scherr, dalla poesia araba in Spagna. Siete, quindi, doppiamente "semitizzati". Scherr afferma che le saghe di Artù, del Santo Graal e di Tristano e Isotta sono di origine celtico-bretone. I pensieri cristiani sono già espressi nella saga dei nibelunghi. L'Heliand è già un prodotto dell'arte cristiana, non avete altro che l'Edda pagana; solo questo è veramente germanica[49].

Ogni germano si rivolterebbe – e giustamente – contro un tale giudizio. Ma per il semita ogni ingiustizia è lecita. *Adversus hostem aeterna auctoritas*.

*

I semiti sono e restano essenzialmente nomadi: ecco un dogma dell'antisemitismo scientifico. Da qui la loro inferiorità. Ora non capisco come si possano accomunare semitismo e nomadismo. Se tutti i semiti fossero nomadi e non ci fossero semiti non nomadi, ci sarebbe un nesso; se tutti i nomadi fossero semiti e non ci fossero nomadi non semiti, ci sarebbe anche un nesso tra i due concetti di civiltà nomade e civiltà semita. Ma esistono masse di nomadi che non sono semiti e masse di semiti che non sono nomadi, quindi non riesco a stabilire un legame tra i due termini. I popoli semitici più civilizzati non erano nomadi, almeno non in epoca storica. Il prototipo del nomadismo sono gli zingari, che sono sempre rimasti nomadi, anche in Europa, nonostante tutti gli sforzi governativi, nonostante tutti i vantaggi offerti loro per la stabilizzazione. E questi zingari sarebbero indoeuropei, se la

---

[49] J. Scherr, *Geschichte deutscher Cultur und Sitte*, Wiegand, Lipsia 1852, p. 123 (NdC).

lingua fosse la minima prova di una razza; la lingua gitana è una lingua indoeuropea imparentata, anzi strettamente imparentata con l'odierno hindi. Si può anche ammettere la domanda: non ci fu mai un tempo in cui erano nomadi i germani e altri popoli ora stanziali e dediti all'agricoltura? I turchi e i magiari non erano un tempo nomadi? E il carattere dei nomadi, che immaginiamo sempre come immutabile, non cambia nel corso del tempo? Cosa non fece l'insegnamento gentile e pacifico del Buddha sul popolo nomade terribilmente crudele e rapace dei mongoli? Un popolo di pastori pacifico e mite. Esiste un tipo caratterialmente nomade? Chi oserà mettere mongoli, beduini, tuareg ed esquimesi sotto un'unica cappa concettuale? I nomadi turanici, in particolare, fondarono stati potenti, bellicosi e longevi, cui non si può negare la civiltà. Cito qui solo l'impero ottomano, il grande impero Mogol turco-orientale in India, i manciù in Cina, i magiari in Ungheria, gli uralo-altaici nella Grande Russia. Ma no; perché una parte dei semiti odierni, vale a dire i beduini, è nomade, mentre altri semiti lo erano da sempre, quindi si dice che i semiti siano nomadi per natura! Che i germani, fin dall'inizio della loro apparizione in Europa, cioè dal tempo delle invasioni dei cimbri e dei teutoni, intorno al 100 a.C., vagarono fino al loro insediamento definitivo dopo le invasioni barbariche, che gli arabi in Spagna, India, Persia e Sunda passarono dal nomadismo all'insediamento stanziale alla prima occasione offerta e con piacere, non sorprende minimamente la teoria antisemita. Perché ha ancora un ultimo rifugio, un ultimo nascondiglio; vale a dire: se i semiti-nomadi ottengono qualcosa, ciò si deve alla mescolanza con i non-semiti non nomadi. Eccellente! I "veri semiti", cioè i nomadi che vivono nei deserti e nelle steppe, non fanno nulla su un terreno del genere e, inizialmente, ne sono biasimati. Già, perché? Cosa possono farci, anche con le migliori intenzioni? Naturalmente, non appena lasciarono i loro deserti, si mescolarono con altri popoli, soprattutto per via della poligamia. Se nacque una progenie capace, non vedo perché la sua capacità non sia attribuibile tanto alla parte semita, quanto a quella non-semita.

Una nobile donna araba sposò una volta un arabo di umili origini. Hamyda, si chiamava la signora, disse in una poesia satirica sul proprio marito: "Sono una giumenta purosangue araba, figlia di una madre nobile, ma mio marito è un mulo; se partorisco un puledro nobile, sappiate che è grazie a me, ma se è un mostro, sappiate che è figlio suo". Altrettanto astutamente gli antisemiti parlano degli incroci tra semiti e ariani. Se funziona, non dipende dalla parte semitica, ma dalla parte ariana. I visigoti vissero in Spagna fino alla conquista araba. Da chi deriva la civiltà moresca: dagli arabi semitici o dai visigoti germanici?

*

Chiedo ai miei venerabili lettori di razza ariana di tenere presente come sarebbero oggi le loro nazioni se non fossero entrate in contatto con Roma, Bisanzio e il cristianesimo, e di giudicare da quell'unico punto di vista corretto, giusto e ragionevole, l'affermazione che il semita possa solo prendere in prestito, senza creare nulla da sé. Ciò che è stato detto fin qui confuta uno degli argomenti più forti degli antisemiti a favore della loro teoria dell'inferiorità della razza semita. Ecco l'argomento:

La "civiltà araba" non è qualcosa di particolarmente originale, ma è un prestito, come ci mostra l'esempio della Spagna. Perché gli arabi sono riusciti a realizzare una civiltà laggiù, mentre non l'hanno fatto nei paesi costieri africani di Tripoli, Tunisi e, soprattutto, in Marocco, separato dalla Spagna solo da un sottile stretto? A quanto pare, dicono gli antisemiti, la civiltà ispano-araba ebbe origine dai popoli cristiano-germanici (visigoti) e romani, ma non da quelli semitici. A prima vista, la conclusione sembra molto plausibile. A un esame più attento, però, è insostenibile perché, in primo luogo, l'impero germanico dei vandali esisteva anche nel Nord Africa e nessuna civiltà si sviluppò dopo che gli arabi presero possesso del paese; in secondo luogo, la civiltà dei popoli germanici al tempo della conquista della Spagna da parte araba era, come è noto, a un livello molto basso. Un confronto tra la civiltà araba di quel tempo e la cultura cristiano-germanica della stessa l'epoca risulta estremamente sfavorevole per quest'ultima. Basti pensare all'epoca dei merovingi. Un parallelo molto interessante tra le due civiltà fu elaborato da Draper nella sua nota opera *I conflitti della scienza e della religione*[50].

È chiaro come il sole che sia merito degli arabi semitici, e non dei cristiani indoeuropei. Da questa considerazione osserviamo i grandi vantaggi che trae qualsiasi civiltà dai rapporti, dal commercio, dallo scambio di idee e dai matrimoni misti. Gli arabi potevano ottenere ben poco nella loro splendente penisola per lo più sabbiosa. I germani nelle loro foreste e province si trovavano un tempo culturalmente a un livello altrettanto basso, forse anche più basso.

Ma non appena i germani entrarono in contatto con popoli di altre civiltà, la civiltà e la civilizzazione fiorirono. Proprio lo stesso accadde agli arabi. Furono il principio fertilizzante quasi ovunque. Lo yang dei cinesi in contrapposizione allo yin espresso dai popoli che trassero ispirazione dai primi. Ecco perché Burda canta il famoso poema elogiativo a Maometto in modo così appropriato dal suo punto di vista: "Ecco Maometto, il signore di questo mondo e dell'altro, il signore degli uomini e delle donne, il signore delle due grandi moltitudini separate di bambini umani: gli arabi e i barbari". E uno dei suoi scribi, un musulmano indiano molto audace, scrisse una volta coraggiosamente: "Il progresso della storia universale andò perso tre volte: una volta nella battaglia di Maratona, la seconda volta quando Carlo Martello sconfisse gli arabi, la terza volta quando Vienna, assediata dai turchi, fu spaventata". Questioni di punti di vista.

---

[50] J.W. Draper, *History of the Conflict between Religion and Science*, Appleton, New York 1874 (NdC).

11. Giuda come popolo meticcio

È davvero difficile immaginare un'assurdità più grande del trattare persone dello stesso livello culturale in modo diverso per via delle loro "differenze razziali". Nel nostro caso, l'assurdità della questione sta nel fatto che la tassonomia dei popoli in semiti e ariani si basa su una divisione linguistica, filologica e, dalla differenza di lingua, si trae la conclusione assolutamente folle che i confini linguistici e filologici dei due gruppi debbano coincidere anche anatomicamente; pretesa ormai dimostratasi un'assurdità sesquipedale. Naturalmente il termine ariano è anche esclusivamente filologico. La più grande e famosa autorità sull'arianesimo, il professor Max Müller recentemente scomparso, inizia il suo articolo *Ariano* nell'*Encyclopaedia Britannica* con le seguenti parole:

> L'Ariano è un *terminus technicus* che indica una delle grandi famiglie linguistiche che si estendono dall'India all'Europa, ecc.[51]

Max Müller afferma che fu Friedrich Schlegel a scoprire per primo la parentela tra queste lingue e diede loro il nome di lingue indoeuropee nella sua opera *La lingua e la saggezza degli indiani*, pubblicata nell'anno salvifico 1808[52]. Come il termine "semitico" di Eichhorn, così anche il termine "indoeuropeo" di Schlegel è puramente filologico. Questi termini non erano ancora stati inventati prima di Eichhorn (1780) e Schlegel (1808) – il mondo ignorava fino a circa un secolo fa la "differenza" tra semiti e indoeuropei, – i due studiosi si rivolterebbero certamente nella tomba se vedessero lo scempio che la loro scoperta ha prodotto da allora. L'antica lingua

---

[51] M. Müller, *Aryan*, in *Encyclopaedia Britannica*, vol. 2: *Ana-Ath*, p. 672 (NdC).

[52] F. Schlegel, *Über die Sprache und Weisheit der Indier*, Siebeck, Heidelberg 1808 (NdC).

parlata degli ebrei era semitica, le loro lingue scritte erano due lingue semitiche, cioè l'ebraico e l'aramaico. Come affermano cristiani ed ebrei, essi discendono tutti da Sem; quindi, in conclusione, il sangue semitico scorre nelle loro vene e formano un tutto autonomo. Che non sia vero, però, che gli ebrei di oggi siano un popolo meticcio, che fossero un popolo meticcio anche prima dei tempi di Cristo, è un fatto dimostrato oltre ogni dubbio da Renan, Leroy-Beaulieu, F. von Luschan e molti altri ancora. Per l'ebreo di oggi, naturalmente, i termini di religione ebraica e di razza ebraica sono identici. Ma si sbagliano di grosso. È comunque certo che gli ebrei si mescolarono per la prima volta con la popolazione indigena subito dopo la loro pacifica conquista di Canaan; non c'è dubbio che, durante la cattività babilonese, contrassero matrimoni con le donne straniere locali, altrimenti Esdra e Neemia, durante il ritorno degli ebrei da Babilonia a Gerusalemme, non avrebbero avuto motivo di inscenare un tale putiferio contro i matrimoni misti e le donne straniere, come effettivamente fecero secondo il resoconto nel capitolo VIII di *Esdra*, che descrive l'espulsione delle donne straniere da Gerusalemme. Ma Ruth era una moabita, cioè una non-ebrea, ed era la bisnonna di Davide, il più ebreo di tutti i re!

*

In epoca greca e romana, l'ebraismo non era nemmeno più una religione nazionale. Aveva già avuto molta fortunata, diventando una religione universale. Flavio Giuseppe osserva nel suo scritto contro Apione: grandi masse sono così veementemente prese dall'emulazione per il nostro modo di adorare Dio che non c'è una sola città greca o barbara, non una sola nazione, dove non il Sabato, i nostri digiuni, la nostra lampada servizio, le nostre regole dietetiche non siano osservati. La Palestina era a quel tempo solo il punto nevralgico dell'ebraismo. Un gran numero di pagani convertiti all'ebraismo si era persino lasciato circoncidere e un numero ancora maggiore di greci apparteneva alla comunità ebraica di

Alessandria. La propaganda fu molto attiva; iniziò circa 150 anni a.C. e durò fino al 200 d.C. circa. Elena, regina di Adiabene, si convertì all'ebraismo con tutta la sua famiglia ed è molto probabile che i suoi sudditi facessero lo stesso. Anche in Siria la propaganda diede ricchi frutti; i prìncipi erodiani erano straordinariamente ricchi e, nella speranza di sposare figlie di questa casa reale, molti prìncipi d'Oriente di Emesi, Cilicia, Comagena, ecc. vennero a Gerusalemme e divennero ebrei.

Dione Cassio scrisse nel 225 d.C. che non sapeva da dove provenisse il nome di "ebrei", ma sapeva che il termine si applicava anche a molte altre persone che appartenevano a un'altra razza e che erano state accolte dalle istituzioni ebraiche. A Roma vi erano molte persone del genere e ogni tentativo di frenarne l'aumento sortì unicamente l'effetto contrario. L'imperatore Antonino Pio decretò che gli ebrei dovessero circoncidere i loro figli, ma solo i loro, per cui era chiaro che anche i pagani spesso si convertivano al giudaismo.

*

Solo dopo la guerra di Bar Kochba l'ebraismo si ricompattò ed escluse da sé ogni elemento straniero. Tutta la propaganda, tutto il proselitismo finì in quel momento. I proseliti erano chiamati "la lebbra di Israele", eppure i non-ebrei continuarono a penetrare nell'ebraismo attraverso la conversione. San Giovanni Crisostomo predicava costantemente ai suoi fedeli di Antiochia che dovessero astenersi dall'entrare nella sinagoga locale per prestare giuramento e celebrare la Pasqua con gli ebrei. Sembra che qui non fosse ancora del tutto stabilita la separazione definitiva tra cristiani ed ebrei.

Sappiamo dalle opere di Gregorio di Tours che vi erano moltissimi ebrei nell'impero franco, a Parigi, Orléans e Clermont. Gregorio non allude mai all'idea che questi ebrei appartenessero a una razza straniera. È molto probabile che un gran numero di questi ebrei non fosse altro che galli e germani convertiti alla religione mosaica e, inoltre, non avevano una sola goccia di sangue semitico nelle loro vene. Sappiamo anche da informazioni storiche attendibili che, in Arabia, diverse tribù non-ebraiche si convertirono al giudaismo. I Banu Qaynuqa, i Qurayza e i Nadir, diverse famiglie della tribù Aus erano ebrei. Nello Yemen, su persuasione di Abu Kaliba, il sovrano si convertì al giudaismo.

In Abissinia ci sono diverse tribù nere che non parlano lingue semitiche, ma camite, e hanno adottato l'ebraismo. Anche la conversione dei cazari al giudaismo è molto importante. Questo regno ebraico esistette dal 740 al 1016 circa, quando fu conquistato dai russi e dai bizantini.

All'incirca al tempo di Carlo Magno, il re pagano dei cazari aveva adottato il giudaismo caraita con la sua corte e il suo popolo. In quel regno vi erano stati molti cristiani e maomettani; gli ebrei erano conosciuti come mercanti, interpreti, dottori del principe cazaro e riuscirono a instillare l'amore per il giudaismo nel loro sovrano Bulan. Questa conversione del regno cazaro all'ebraismo è molto importante; poiché così un intero popolo non semitico entrò nell'ebraismo.

*

Le leggi emanate sotto gli imperatori romani, bizantini e franchi contengono numerose disposizioni penali contro la conversione dei cristiani all'ebraismo. Ciò prova che le conversioni erano frequenti. È quindi impossibile che i nostri ebrei rappresentino un'unica razza. Il rabbino Yehuda ben Jecheskel, che visse nel III secolo d.C., non riuscì a decidersi a far sposare suo figlio e lo costrinse a rimanere celibe molto tempo dopo che aveva raggiunto la maggiore età, perché voleva essere sicuro della purezza del sangue di sua nuora. Giustamente l'amico Ulla osservò: "Sappiamo per certo che non siamo discendenti di quei pagani che profanarono le vergini di Sion durante l'assedio di Gerusalemme?" Già allora gli ebrei nutrivano il ragionevole dubbio che il loro sangue si fosse mescolato con quello di qualcun altro. Tuttavia, gli ebrei sono straordinariamente diversi tra loro sotto questo aspetto. Abbiamo già visto che il termine semita e semitico è esclusivamente filologico. Se consideriamo l'arabo beduino come un tipo della razza semitica, appare evidente una differenza non trascurabile con l'ebreo. I beduini hanno quasi sempre la testa lunga e stretta, anche la carnagione è sempre scura e, cosa da sottolineare in modo particolare; un naso corto, piccolo, leggermente ricurvo, un naso che è l'esatto opposto di quello che noi pensiamo essere un naso ebraico nel nostro paese. Il docente dell'Università di Berlino, il dottor Felix von Luschan, tenne una conferenza molto istruttiva sulla posizione antropologica degli ebrei, che uso nella mia presentazione[53]. Fece misurazioni comparative di teschi ebrei e aramei, scoprendo che tra loro il 50% era di testa corta, l'11% biondo con autentici nasi ebrei, diverse forme miste e solo il 5% di teschi lunghi basati sul modello beduino.

Il dottor Luschan conclude che solo una piccola frazione degli aramei e degli ebrei è effettivamente semitica. Scoprì l'11% di biondi tra gli ebrei tedeschi. Anche in Siria una grande percentuale della popolazione è bionda.

Ora sappiamo che erano biondi gli amorrei che vivevano in Siria e di cui parla la Bibbia, e non c'è dubbio che l'intero lembo settentrionale dell'Africa fosse abitato da popoli biondi, probabilmente la spinta meridionale dall'Europa li attirò verso quella zona calda. Gli egiziani li conoscevano anche col nome di Tamehu, il popolo dei paesi settentrionali. Ora sembra che questi amorrei fossero un ramo di questi Tamehu e che prima si fossero mescolati con gli ebrei. Esiste un popolo anatomicamente molto simile agli ebrei per struttura cranica, colore dei capelli e degli occhi e, soprattutto, forma del naso, e questo popolo parla una lingua indoeuropea ed è cristiano. Questi sono gli armeni, ma anche diverse tribù del Caucaso,

---

[53] F. von Luschan, *Die anthropologische Stellung der Juden*, in "Correspondenz-Blatt der deutschen Gesellschaft für Anthropologie, Ethnologie und Urgeschichte", XXIII, 10, 1892, pp. 94-102 (NdC).

soprattutto i georgiani, sono sorprendentemente simili agli ebrei.

Alcuni anni fa, quando compii un viaggio da Batum a Tiflis e osservai i tipi di persone nelle stazioni ferroviarie, rimasi estremamente sorpreso dalla somiglianza della popolazione locale con gli ebrei polacchi e russi. Chiunque si prenda la briga di sfogliare un'opera illustrata sul Caucaso e sulla sua popolazione!

12. Mistificazione delle razze

Sinceramente, non appena affrontiamo la questione razziale e cerchiamo princìpi basati sull'anatomia, sulla lingua o sulla religione per dividere o classificare un popolo in uno di questi gruppi, creiamo sempre una maggior confusione velleitaria ed enigmi insolubili. Cogliamo solo immagini fosche, fantasmi vuoti.

Dalle descrizioni degli esperti e degli studiosi che ho appena citato, emerge con chiarezza che nessuno può formarsi una concezione di popolo semitico, che questo concetto si basa solo sulla filologia e su nient'altro, non certo sull'anatomia, sulla religione e sulla storia, che nemmeno gli ebrei possono essere sussunti sotto il termine vago di "popoli semitici" e che gli ebrei hanno una maggiore somiglianza con certi popoli indoeuropei e una piccolissima con i presunti beduini genuinamente semiti e che gli ebrei di oggi sono anatomicamente molto diversi tra loro. Il loro grande talento indica anche una mescolanza molto significativa degli ebrei presenti oggi con elementi stranieri. Il professor Lombroso asserì apoditticamente che il grado di intelligenza di una razza aumenta con la mescolanza del suo sangue con elementi stranieri. Quanto più una razza è meticcia, tanto più è intelligente, e viceversa.

*

È ora un fatto acclarato dalla craniologia che non esiste una pura razza ebraica e che gli ebrei differiscono anatomicamente in modo molto significativo dagli altri popoli che parlano lingue semitiche. Lasciamo parlare i numeri. Il professor Lombroso afferma che tutte le indagini sui crani semitici di varia origine hanno mostrato indici cranici medi variabili tra 73 e 74. A lui la parola:

Accanto alle osservazioni di Luschan, tutte le altre indagini su serie più o meno grandi di crani semitici di diversa origine producono in indici cranici medi che variano tra 73 e 77. Quatrefages e Hamy riscontrarono un indice medio di 72,9 in una collezione di 28 crani semitici, Topinard di 74 su altri 28 crani. Inoltre, avevano

	Indice di larghezza-lunghezza
28 crani arabi (Gillebert Dr. Hercourt)	76
74 crani arabi (Lugnean)	75,4
49 crani arabi (Topinard)	76,3
20 crani dell'Arabia Petrea (Ellis-Léser)	73,8
20 crani dei beduini siriani	75,4

La popolazione araba del Marocco mostra le stesse forme del cranio, l'altezza del cranio è particolarmente importante, l'indice dell'altezza è vicino a 100, mentre negli ebrei moderni che abbiamo studiato era al massimo di 80.

Una differenza fra crani ebraici antichi e moderni nel senso di una crescente brachicefalia, e una significativa dolicocefalia di altri popoli semiti, vengono riscontrate anche dalle indagini di Welcker, che fornisce le seguenti informazioni:

	Indice di larghezza-lunghezza
Abissini (4 crani)	71,3
Arabi (15 crani)	76,9
Ebrei dal campo di sangue di Gerusalemme (4 crani)	73,2
Ebrei moderni (20 crani)	81,8

Questi numeri dimostrano anche quanto poco il semitismo ebraismo fosse chiuso ed esclusivo, anche in un lontano passato.

Quanto grande sia la differenza tra ebrei e semiti, che si manifesta nel comportamento di questa importantissima caratteristica antropologica, è dimostrato dal fatto che in Sardegna, dove l'elemento semitico è dominante tra la popolazione cristiana, la dolicocefalia è presente nel 94% dei nativi (l'indice cranico medio è 74 nel dolicocefalo), mentre la brachicefalia con indice medio 80 è presente solo nel 6% (secondo Calori)[54].

Gli ebrei moderni, dice Lombroso, hanno un fisico più ariano che semitico. "La tribù semitica originaria", dice Ripley, "deve essere stata, inizialmente, fortemente dolicocefala, da cui ne consegue che circa nove decimi degli ebrei che vivono oggi differiscono massimamente nella forma cranica dalla tribù semitica originaria. La tanto decantata purezza della discendenza ebraica è, quindi, una favola. La parola ebreo non ha alcun senso etnografico"[55].

*

Ebbene, cosa ne pensate, miei cari avversari scientifici? Il professor Lombroso dice che gli ebrei sono più ariani che semiti. Come abbiamo visto, il professor Müller tentò di dimostrare che tutti i semiti sono indoeuropei camitizzati. Avete notato, miei signori, una confusione da far rizzare i capelli in testa; quali grottesche contraddizioni siano sempre e ovunque evidenti in tutte queste teorie razziali. Vi ribellate all'imposizione che voi ariani potreste essere della stessa razza dei semiti e degli ebrei, sorretta dalle autorità scientifiche, che affermano ciò che siete così propensi a credere, che gli egiziani e i caldei siano indoeuropei? Sperate che un giorno i sumeri possano rivelarsi indo-germanici, ariani, nonostante la loro lingua turanica? Ebbene, supponiamo che le vostre autorità abbiano ragione. Quindi gli egiziani e i caldei sono indo-

---

[54] C. Lombroso, *L'antisemitismo e le scienze moderne*, Roux, Torino-Roma 1894, *Appendici I, III* (NdC).

[55] W.Z. Ripley, *The Races of Europe: A Sociological Study*, Appleton, New York 1899, capitolo XIV (NdC).

germanici perché lo desiderano, ma consentitemi di accogliere con il professor Müller anche tutti i semiti nella famiglia indo-germanica. Dove finiremo così? I miei avversari continuano a non capirlo? Non viene loro in mente una luce che illumina in modo lampante la situazione e mostra che tutta questa disputa razziale, sia essa indoeuropea, semitica, camita, turanica, ecc., si basa su una mistificazione infinita e di per sé totalmente priva di significato e irrilevante, perché non esistono razze, nessuna razza semitica, nessuna camita, nessun'ariana, nessuna turanica!

*

Finalmente un po' di serietà. Se vuoi essere antisemita, completamente e convintamente, apertamente e onestamente, ma vuoi anche restare civilizzato e istruito, c'è solo un rimedio radicale. Rinuncia alla tua fede, cioè a una delle tre religioni semitiche: ebraismo, cristianesimo o islam. Dopodiché rinuncia alla divisione settimanale, alla domenica e alle festività, ai nostri alfabeti, al nostro calendario, ai nostri usi e costumi di nascita, matrimonio e morte; alla famiglia basata sulla relazione di un uomo e di una o più donne. Prendiamo i nostri pennelli e le nostre trecce e diventiamo cinesi. Questo ha il suo perché, questo è antisemitismo ragionevole, e i vantaggi e gli svantaggi del cambio potrebbero essere ragionevolmente dibattuti. Non c'è una terza via, perché, per quanto ne so, gli indù e i parsi non accettano stranieri nelle rispettive comunità di caste. Quindi non resta altro che una totale cinesizzazione, ma chi non intende diventare cinese e vuole ancora appartenere a una civiltà evoluta può uscire dal semitismo tanto quanto dalla propria pelle. Quindi ogni forma d'antisemitismo è una terribile sciocchezza, con cui intendo, per ora, solo quell'antisemitismo che, come dice il nome, attacca tutti i semiti e non solo contro gli ebrei.

13. Non esiste alcuna razza semitica

Credo che le mie autorità meritino piena fiducia; sono professionisti che hanno studiato a fondo le tematiche qui discusse, non sono affatto dilettanti. Riassumiamo brevemente quanto appena detto.

Non esistono popoli semitici. La scienza libera e laica non crede che nessuna persona di nome Sem possa essere stata il loro antenato e progenitore. Esistono solo popoli che parlano lingue mutuamente imparentate, chiamate lingue semitiche da uno studioso circa centovent'anni or sono. Semitico è un termine filologico. I popoli che parlano lingue semitiche sono totalmente diversi tra loro e non hanno nulla in comune anatomicamente con gli ebrei e spesso anche tra di loro.

Non ci sono caratteristiche semitiche comuni a tutti i popoli di lingua semitica. Gli ebrei sono un popolo meticcio, hanno scarsissima somiglianza con gli arabi, che dovrebbero rappresentare il tipo semitico più puro, sono fisicamente molto più vicini a noi che ai beduini. Quindi chi parla di un uomo di razza semita sta dicendo una sciocchezza, e chi lega il concetto di semita agli ebrei, pure.

Ciò deriva dai risultati delle ricerche dei più importanti esperti, linguisti, storici, medici, scienziati naturali. Non importa quanto sia diverso l'argomento, gli studiosi giungono alla stessa conclusione negativa. La scienza ha chiuso da tempo con l'antisemitismo razziale, come sono convinto di aver dimostrato con le testimonianze di importanti specialisti delle discipline più diverse, qui giacciono le sue rovine e sono curioso di sapere se verranno mai più incollate insieme.

L'odio razziale è e resta l'espressione di una personalità ancorata ai livelli inferiori dell'educazione morale (E. Reich)[56]. Quanto più mite sarà l'odio razziale in un popolo, tanto più

---

[56] E. Reich, *Studien über die Volksseele aus dem Gesichtspunkte der Physiologie und Hygiene*, volume 1, Hermann Costonable, Erlangen-Jena 1879 (NdC).

elevato sarà il suo livello di illuminismo e di morale, e finalmente quella nazione potrà rivendicare per sé il grado più elevato di sviluppo spirituale e morale, in cui l'odio razziale non esisterà più (J. Baum)[57].

Chiudo questa trattazione con una dichiarazione di Friedrich Müller, che è inscritta nel mio cuore:

La razza è una frase vuota, una finzione[58].

*

Ma, si obietterà, c'è una differenza tra un ebreo e un cristiano, anche tra un ebreo battezzato e un cristiano. Se non nel sangue, non nel lignaggio, non nella forma del cranio, dove? Oh sì, c'è davvero una differenza, e pure significativa; ora la indagheremo. La differenza tra noi e l'ebreo è frutto della selezione artificiale, della solidarietà sociale. Solo la storia può spiegarcelo. Lo capiremo non appena conosceremo la posizione che gli ebrei hanno assunto volontariamente o coercitivamente nel corso del tempo presso i vari popoli della terra; posizione che si può descrivere con una sola parola: esclusione. La quale, a volte, era volontaria, a volte no. L'esclusione volontaria si basava esclusivamente sui princìpi della religione mosaica, che probabilmente a nessuno verrebbe in mente di negare. Era la conseguenza necessaria della religione ebraica, era una questione esclusivamente religiosa. E nemmeno l'esclusione involontaria lo fu, come dimostrerò.

---

[57] J. Baum, *Moses. Sein Leben, Streben und Wirken und dessen culturhistorische Betudung. Eine geschicht-philosophische Umschau auf dem Gesammtgebiete der Religionen der Menschheit*, 2 volumi, Scholtze, Lipsia 1883 (NdC).

[58] Le ultime tre parafrasi-citazioni sono tratte dall'antologia *Der Antisemiten-Hammer* (Il martello degli antisemiti) di Josef Schrattenholz (Lintz, Düsseldorf 1894), scritto filo-semita e polemico verso il *Catechismo* di Fritsch. Coudenhove-Kalergi citerà il *Martello* di Schrattenholz anche nel capitolo 5 del suo lavoro (NdC).

Capitolo 2. L'antigiudaismo nell'antichità

1. Periodo pre-ellenistico

Ernest Renan scrive le seguenti importanti parole nel suo quinto volume della *Storia di Israele*:

L'antisemitismo non è un'invenzione del nostro tempo, non fu mai più acceso che nell'ultimo secolo prima della nostra era e, quando si ripete un fenomeno del genere in ogni luogo e in ogni tempo, vale certamente la pena di studiarlo. Ad Alessandria, ad Antiochia, in Asia Minore, a Cirene, a Damasco, la lotta tra ebrei e non-ebrei fu costante. Eccoci di fronte al tempo dell'odio religioso e non si può negare che queste espressioni di odio siano state solitamente provocate dagli ebrei. Questa fu la conseguenza nefasta dell'introduzione dell'assoluto nella religione. Poi i cristiani portarono il male all'estremo: da coloro inizialmente perseguitati divennero i persecutori[1].

Renan colloca quindi l'insorgenza dell'antisemitismo nel periodo in cui i romani s'impossessarono della Palestina. Forse si potrebbe collocare la sua origine ancora più indietro, al tempo del ritorno degli ebrei dalla cattività babilonese. Quantomeno non prima. Finché esistevano i regni di Israele e di Giuda, gli ebrei potevano essere odiati e detestati dai loro vicini, come qualsiasi altra piccola nazione, ma solo per motivi politici. Ma non esisteva un vero antisemitismo o antigiudaismo; certamente non iniziò prima che Esdra e i suoi cinque assistenti redigessero in quaranta giorni una nuova copia a memoria delle Sacre Scritture al posto delle vecchie copie bruciate.

---

[1] E. Renan, *Histoire du peuple d'Israël*, volume 5, Calmann Lévy, Parigi 1894, p. 227 (NdC).

Quando i miei venerabili oppositori obiettano che è ingiusto da parte mia non utilizzare la storia dell'esodo (o scacciata?) degli israeliti dall'Egitto, così feconda e fruibile per la teoria antisemita, mi permetto di rispondere che eviterò di farlo finché non mi dimostreranno che la *Torah*, che sola descrive il passaggio, fosse nota agli ebrei al tempo dei giudici e dei re e mi citeranno gli scritti dei profeti anteriori; finché non mi spiegheranno anche come fosse possibile che quando l'Arca dell'Alleanza fu aperta ai tempi di Salomone, la *Torah*, come ci assicura il *Primo Libro dei Re* (VIII,9), non si trovasse al suo interno; finché non mi spiegheranno come trecentocinquant'anni dopo l'apertura dell'Arca sotto Salomone, il sommo sacerdote Chelkia potesse dire allo scriba Safan ai tempi del re Giosia, nell'anno 623 a.C., di aver trovato il Libro della Legge nella casa del Signore, e come potessero sapere Safan e Chelkia che fosse proprio quel Libro della Legge e perché allora, invece di rivolgersi a Geremia, si recassero tutti dalla profetessa Culda per "parlare con lei" e perché il mondo si arrabbiasse così tanto con quest'ultima[2]. Anche l'esodo dall'Egitto avvenne un po' troppo velocemente perché io possa utilizzarlo qui; la rapidità del viaggio era di circa cento chilometri all'ora e ogni donna ebrea doveva trascinare con sé una sessantina di bambini, per cui chiedo al venerabile lettore di calcolarlo da sé dal testo dell'*Esodo*.

Dovrete quindi perdonarmi se inizio la storia dell'antigiudaismo solo con il momento in cui un ebreo ci pone di fronte alla *Torah* o a sue parti, perché solo qui è descritta dettagliatamente la storia dell'esodo dall'Egitto.

Solo sotto il dominio persiano, la separazione tra samaritani ed ebrei divenne definitiva e poiché, a mia conoscenza, i samaritani sono ignorati dall'antisemitismo, è lecito iniziare con questo periodo.

---

[2] *Secondo Libro dei Re* (XXII,14) (NdC).

Ciro, come tanti grandi governanti, come per esempio Alessandro Magno, Giulio Cesare, Carlo Magno, era un patrono degli ebrei, motivo per cui il Deutero-Isaia lo chiama "l'unto del Signore". Dopo aver conquistato Babilonia, lasciò che gli ebrei tornassero in Palestina; concessione di cui approfittarono. La colonia restituita agli ebrei era estremamente povera; ovviamente, essi non avevano ancora il talento per arricchirsi rapidamente come a Babilonia.

Durante questo periodo, Esdra ordinò la vergognosa espulsione delle donne straniere sposate dagli ebrei[3]. La *Torah* fu promulgata sotto di lui. Così iniziò la bigotteria degli ebrei. Nacque il fanatismo, la letteratura declinò e Israele cadde in una letargia lunga duecento anni (del 400 al 200 a.C.), come chi avesse ricevuto una dose troppo forte di oppio. La *Torah* divenne tutto per gli ebrei: come dice Renan, fu la camicia con i lacci più stretti mai usata per costringere gli esseri viventi. Filosofia, scienza, poesia, tutto fu soffocato, compresi, ovviamente, affari e commercio, nonché qualsiasi libera iniziativa in generale. Renan osserva:

Lo scopo della legge mosaica era quello di mantenere gli ebrei nella condizione di popolo governato dal patriarcato, d'impedire l'accumulo di grandi fortune, di rendere impossibile lo sviluppo dell'industria e del commercio secondo il sistema fenicio. Gli ebrei divennero ricchi solo quando i cristiani li costrinsero a farlo, proibendo loro di possedere terre e imponendo loro di condurre affari finanziari a causa di opinioni poco pratiche (cristiane) sulla riscossione degli interessi[4].

La Palestina fu conquistata dopo la morte di Alessandro Magno (323) da Tolomeo Lago, re d'Egitto. In quel periodo avvenne la fondazione della colonia ebraica di Alessandria che,

---

[3] Probabilmente anche la storia di Abramo e Agar risale a questo periodo (NdHCK).

[4] Renan, *Histoire du peuple d'Israël*, cit., volume 4, pp. 189-190 (NdC).

col tempo, raggiunse la prosperità. La Palestina divenne il teatro della guerra tra Egitto e Siria. Contemporaneamente, abbiamo anche l'inizio del proselitismo.

Nel 218 la Palestina cadde brevemente sotto il controllo del re seleucide Antioco III, ma tornò presto all'Egitto e ricadde sotto i governanti seleucidi nel 198. Tuttavia, nel 193 la Palestina divenne nuovamente una provincia egiziana, ma solo per un breve periodo.

2. La prima persecuzione degli ebrei

Dall'anno 175 a.C. l'ellenizzazione del Mediterraneo orientale era ormai cosa fatta. I ceti istruiti di tutti i popoli rivolgono i loro interessi alla civiltà, alla lingua e alla filosofia greche. Egitto, Fenicia, Asia Minore, Siria, in parte anche Cartagine, Armenia e Assiria, furono ellenizzate, felicemente e facilmente, anche con entusiasmo. Solo gli ebrei della Palestina, con la loro *Torah* in mano, non vollero sentir parlare della civiltà greca. Giammai, era probabilmente il loro motto. Che popolo testardo! Volevano mantenere la loro lingua semitica e pensare nello spirito della loro *Torah*! Il culto del corpo umano e l'ammirazione del nudo erano inscindibilmente legati al culto greco della bellezza. Ma questo era precisamente un abominio per gli ebrei. Inoltre, per via della circoncisione, l'ebreo era sempre esposto al ridicolo del non-ebreo. Così anche a Gerusalemme sorsero due partiti: gli ellenistici e gli ortodossi. I secondi si aggrappavano rigidamente e fermamente alla loro *Torah*, alla loro lingua, ai loro usi e costumi; erano i chassidim, i devoti, i farisei.

Poi, nella persona del re Antioco Epifane, venne un uomo che osò pugnalare per la prima volta il vespaio. Si mise in testa di riunire tutti i suoi sudditi sotto un'unica e medesima legge, di sterminare l'ebraismo, di costringere gli ebrei ad atti che consideravano idolatrici. Antioco, in un primo momento, favorì tutti i liberali, cioè gli ebrei ellenistici o, come noi diremmo oggi, gli ebrei riformati, molti dei quali convertiti alla fede pagana. Gerusalemme divenne sempre più ellenistica; per alcuni anni si dice che la città non ebbe un solo residente ebreo. Così il partito ellenistico eresse una statua di Zeus Olimpico nel tempio di Jahvè. Era il più grande insulto immaginabile alla religione jahvetica. In seguito il governo proibì anche la circoncisione, l'osservanza del Sabato e le altre leggi ebraiche. Tutte le copie della *Torah* in loro possesso furono bruciate. Da quel momento, la storia biblica ci racconta numerosi casi di persone che morirono martirizzate per amore della loro fede. Era giunta l'ora della nascita della grande idea che si dovessero sacrificare beni e sangue, corpo e vita piuttosto che rinunciare alla sola vera fede. Ma così l'antica idea ebraica che tutte le buone azioni e l'osservanza della legge fossero ricompensate da Dio in terra era morta e sepolta, e sorse, probabilmente sotto influsso persiano, l'idea della risurrezione della carne e di una vita eterna, finora estranea all'ebraismo. Antioco Epifane credeva, come molti persecutori religiosi, di distruggere la religione perseguitata. In realtà, però, ottenne l'effetto contrario. Fu proprio la persecuzione a salvare la religione ebraica. *Le religioni non possono essere distrutte dalla persecuzione.* Al contrario, la persecuzione serve solo a rafforzarle e a diffonderle. La storia ci fornisce innumerevoli prove circa la verità di questo fatto. Tutta la storia ebraica fino ai giorni nostri, la sanguinosa persecuzione dei cristiani durante l'impero romano e in molti altri paesi; le severe e crudeli persecuzioni che Maometto e i suoi primi seguaci dovettero patire per mano dei Quraysh e quelle dei parsi da parte dei maomettani in Persia, illustrano questa verità eterna. Il sangue dei martiri è il seme delle religioni. Una verità grande e profonda!

*

La conseguenza della persecuzione seleucide fu la gloriosa ribellione dei maccabei. Giuda maccabeo fu l'anima della ribellione. Salvò l'ebraismo e la *Torah* che, senza di lui, sarebbero andati perduti. Chiunque studi la storia di queste guerre e la lotta degli ebrei contro i romani sotto Tito e Adriano, se è onesto, dovrà ammettere che gli ebrei furono uno dei popoli più coraggiosi della terra. Se oggi hanno perso questo grande coraggio, ciò si deve all'evoluzione storica. I maccabei avevano trionfato e, con loro, la tendenza chassidica era salita al potere. Governarono rigorosamente secondo i princìpi della *Torah* e, di conseguenza, furono odiati da tutti i loro vicini; poiché tutti costoro erano dalla parte dei seleucidi, naturalmente anche quelli che parlavano o, almeno, avevano parlato lingue semitiche e che gli antisemiti chiamano "popoli semitici".

Ma questa gloria non durò a lungo. I siriani, guidati da Lisia, sconfissero l'esercito ebraico dei maccabei nel 163 a.C. e ripristinarono il dominio siriano. La pace fu stabilita sulla base della libertà di religione.

3. Radici religiose della persecuzione ellenistica degli ebrei

Da quanto abbiamo detto, è chiaro che queste guerre lunghe e sanguinose non avevano altra ragione che la religione, cioè che l'antisemitismo portava fin dalla culla l'impronta del fanatismo religioso; una verità su cui mi permetto di attirare l'attenzione dei miei venerabili avversari antisemiti, con la cortese richiesta di confutarla, se possibile.

Nella sua descrizione della persecuzione al tempo del dominio seleucide, Renan esprime il pensiero veramente profondo:

Ciò che il fanatico odia maggiormente è la libertà; preferisce di gran lunga essere perseguitato piuttosto che essere tollerato, quello che vuole è il diritto a poter perseguitare gli altri[5].

Questa è la necessaria conseguenza della dottrina monoteistica secondo cui Dio sarà e potrà essere adorato in un solo modo; che tutti gli altri dèi, eccetto l'unico, sono "vanità", come dice l'espressione ebraica; demoni, come i cristiani traducono questa espressione[6]. Ma se ogni culto di un altro dio è bestemmia e adorazione del diavolo, è ovvio che va sradicato e distrutto e che è un'opera divina lavorare a tale distruzione. Chi perde la vita compiendo quest'opera gradita al Signore, ottiene come ricompensa la beatitudine eterna e la gloria senza fine. Il monoteismo, la dottrina della salvezza esclusiva e la colpevolezza dell'errore sono necessariamente nemici della libertà religiosa e della tolleranza. La loro antitesi è la convinzione che tutte le preghiere degli uomini, a qualunque essere soprannaturale siano rivolte, possano raggiunge un unico indirizzo, per quanto varie siano le strade e le vie che vi conducono, cioè all'unico Dio, al centro dell'universo.

*

L'asmoneo Jonathan era riuscito nel 143 a.C. a rendere di nuovo autonomo lo Stato ebraico. Questa forma di governo era straordinariamente intollerante e crudele, le dispute

---

[5] Ivi, p. 380 (NdC).

[6] Si confronti l'interessante lavoro *Miracoli e illusioni* di J. von Bonniot (Magonza 1889), dove si tenta di dimostrare che tutti gli dèi pagani fossero veri e propri demoni.

Oltre alla parola "vanità", gli ebrei avevano altri nomi amabili per gli dèi degli stranieri, come: abominio, menzogna, ingiustizia, non-dio, ecc.

Il venerabile lettore può giudicare da sé se ci si rende cari all'adorazione dei propri vicini con tali designazioni degli oggetti: "Se a quel tempo la crudeltà e la fornicazione fossero connesse con l'idolatria, il che non è da dubitare, sarebbe bastato per combattere questi degenerati" (NdCK).

religiose e i relativi bagni di sangue erano all'ordine del giorno. Il malcontento, la contesa e l'intolleranza degli ebrei di Palestina si estesero agli ebrei di Alessandria. Essi erano immensamente odiati da tutti i popoli. Già nell'anno 110 d.C., Apollonio Molone accusò gli ebrei di disprezzare tutte le altre religioni, di essere poco socievoli, di mancare di rispetto agli dèi. Nasceva tra i pagani una storia ebraica separata, tra cui la grande opera di Posidonio, in cui l'odio dei greci trascrisse le più assurde calunnie contro gli ebrei, che in seguito gli scrittori pagani credettero e ripeterono alla bisogna.

La storia degli asmonei fino al periodo erodiano è un susseguirsi ininterrotto di intrighi e delitti di ogni genere. Sadducei e farisei litigavano all'infinito. Gianneo si distinse per una particolare crudeltà. Durante la guerra civile dell'87 a.C. assediò gli insorti in una piccola città chiamata Bethome, li costrinse alla resa e condusse i prigionieri a Gerusalemme. Laggiù ne fece crocifiggere ottocento e, durante la prolungata agonia, fece trucidare in loro presenza le mogli e i figli degli sventurati, mentre, allo stesso tempo, banchettava con le sue amanti, godendosi le sofferenze di queste sventurate vittime.

E quale fu il motivo di quest'infamia oltraggiosa? Un altro scandalo di natura religiosa! Quando Gianneo pontificava intorno al 95 a.C. quale sommo sacerdote alla festa dei tabernacoli, il popolo, incitato dai farisei, inscenò un enorme scandalo. Proprio mentre stava salendo i gradini dell'altare, si levò da ogni parte il grido che lui fosse indegno secondo le disposizioni pontificali della *Torah*, perché discendeva da uno schiavo. I limoni volarono sul cranio del signore. Che quadro! Rissa, massacro, seimila seguaci dei farisei restano sulla piazza del Tempio; ecco una guerra civile, di cui ho appena citato il principale scandalo. Le cose vanno avanti così finché i romani non metteranno le cose a posto. Queste eterne lotte e guerre intestine si limitavano sempre a combattere, per motivi religiosi, l'ellenismo attraverso un gretto giudaismo: intere città furono distrutte e fiorenti distese di terra furono trasformate in deserti; gli ebrei non volevano avere rapporti con gli incirconcisi. Sotto Alessandra governarono i farisei e i sadducei furono estromessi da tutte le posizioni. Ma qual era la natura di questa contrapposizione tra farisei e sadducei, la cui attività fece insanguinare l'intera Palestina e cui, infine, si può in parte attribuire il grande salto mortale dello Stato ebraico? L'opposizione era ancora basata sulla religione.

*

I farisei sono i rappresentanti strettamente legalistici, ortodossi del giudaismo; sono i rappresentanti della forma che Israele assunse al suo ritorno da Babilonia, il prodotto dell'opera di Esdra. Tutti i grandi scribi erano farisei. Credevano in una legge orale, oltre a ciò che era fissato per iscritto nella tradizione dei padri. Il rabbinismo e il *Talmud* uscirono dal grembo farisaico. Essi pongono addirittura la tradizione al di sopra delle Scritture, in caso di discordanza. "È più peccaminoso insegnare contro le ordinanze degli scribi che contro la stessa *Torah*", era uno dei loro princìpi. Credevano nell'immortalità dell'anima, nella risurrezione e in un castigo nell'aldilà, negli angeli e negli spiriti e in un destino imposto e diretto da Dio, che però limita, senza abolirlo, il libero arbitrio. In politica i farisei volevano che le questioni politiche non fossero trattate da un punto di vista politico, ma religioso! Non erano un vero e proprio partito politico, divennero "politici" solo quando le autorità chiesero loro di fare qualcosa per impedire l'osservanza ortodossa della legge; per il resto, la politica era loro indifferente: solo per motivi religiosi il partito dei farisei si rifiutò ben due volte di prestare giuramento di fedeltà a Erode. Erano un'ecclesiola nell'ecclesia, si chiamavano in ebraico *perushim*, in aramaico *perishin*, da cui deriva il greco *pharisaioi*, cioè separati, separati da ogni impurità, cioè da tutti i non-ebrei, dai pagani impuri, ma anche da tutti coloro che non osservavano puntualmente le leggi della purezza, cioè dal popolo ebraico del contado (*am haarez*); termine che i nemici degli ebrei spesso traducevano seccamente come cristiani (!). I farisei corrispondono al termine *chassidim* dei maccabei. I maccabei erano *chassidim* (devoti). Tuttavia, i loro successori non rimasero sempre fedeli al partito, perché da governanti avevano il compito di governare e proprio questo sembrava loro impossibile secondo il sistema farisaico. Così avvenne la rottura sotto Ircano. Inizialmente si rivolse ancora ai farisei, poi passò ai sadducei; così i farisei divennero oppositori dei prìncipi asmonei, ma continuarono ad avere il popolo dalla loro parte. Godevano di un'influenza significativa su tutte le sinagoghe, cosicché tutti gli atti di culto dovevano conformarsi alle loro ordinanze.

Ciò costrinse anche i sadducei a tener conto dei desideri dei farisei nel loro ministero ufficiale, poiché altrimenti i secondi avrebbero incitato il popolo alla rivolta.

I sadducei rappresentavano l'aristocrazia, gli illuminati e i ricchi. A loro appartenevano le famiglie dei sommi sacerdoti, così come i nobili sacerdoti; discendevano da Zadok, i cui discendenti avevano occupato il ministero sacerdotale a Gerusalemme dai tempi di Salomone. I sadducei negavano l'immortalità, consideravano vincolanti solo le Sacre Scritture e non la tradizione, contraddicendo così la dottrina farisaica. Avevano anche regolamenti diversi riguardo al puro e all'impuro e ridicolizzavano i loro oppositori per la loro interpretazione della legge della purezza. I farisei replicarono dichiarando impura ogni donna sadducea che seguisse le vie dei suoi padri. I sadducei negavano anche l'esistenza degli angeli e degli spiriti e affermavano che Dio non influenza le azioni umane. Quindi i sadducei conservavano il punto di vista dell'antica credenza israelitica, che non conosceva resurrezione e punizione nell'aldilà, né angeli e demoni nel senso della successiva religione ebraica. Inoltre vi era un atteggiamento mondano, pratico; ecco, nel caso degli ebrei istruiti, probabilmente anche un po' di illuminismo, il che è comprensibile se consideriamo che dovevano guidare la politica. L'inevitabile conseguenza di tutto ciò fu l'educazione greca, quindi ancora una volta l'illuminismo e l'indebolimento della fede. Solo sotto Alessandra i farisei tolsero loro di mano il potere politico. Nel complesso, però, si adattarono ai desideri dei farisei per non offendere il popolo.

È chiaro da quanto detto che l'unica differenza tra farisei e sadducei era una diversa concezione della religione. Il sadduceismo scomparve del tutto di scena dopo la caduta dell'impero romano. Il fariseismo sopravvive tuttora nel talmudismo e nel rabbinismo. Anche qui assistiamo al trionfo dell'ortodossia sul liberalismo. La stessa cosa avvenne poi nell'islam. L'illuminismo islamico cedette completamente nella sua lotta contro l'ortodossia e in tutti i paesi islamici si applica oggi il motto: la rivelazione è superiore alla ragione. Bene, continuate pure così! È noto che nel 1232 la sinagoga di Montpellier bandì dalla sinagoga tutti gli ebrei che volessero leggere le opere del più grande e dottissimo rabbino Maimonide, mentre quattro secoli dopo lo stesso toccò anche al grande Spinoza. Non miglior sorte ebbero i filosofi arabi nelle terre islamiche. Povero illuminismo! Povera filosofia! Non devi manifestarti apertamente, altrimenti un branco ti darà la caccia a morte! Sei solo il retaggio di una piccola minoranza, che ti ama tanto più quanto più sei perseguitata! Non preoccuparti, alla fine vincerai tu, ma quando? Dio solo lo sa.

Un terzo grande partito ebraico era quello degli esseni; ovviamente, un'altra comunità religiosa.

4. Epoca romana

L'ebraismo al tempo di Cristo era già disperso in quasi tutti i paesi del mondo allora conosciuto e questa dispersione iniziò con la deportazione di grandi masse ebraiche da parte dei conquistatori assiro-babilonesi. Già nel 140 a.C. la sibilla dice che ogni terra e ogni mare pullulano di ebrei. Più o meno nello stesso periodo, il senato romano emanò una circolare filoebraica ai re d'Egitto, Siria, Pergamo, Cappadocia e molte province, città e isole del Mediterraneo. Nell'85 a.C. Strabone dice che gli ebrei erano presenti in ogni città, che non c'era posto al mondo che non accogliesse questo popolo. Giuseppe Flavio e Filone dicono qualcosa del genere. In Mesopotamia, Media e Babilonia, secondo Schürer, massima autorità sul giudaismo al tempo di Cristo, gli ebrei non si contavano a migliaia, ma a milioni; soprattutto erano sparsi in tutta l'Asia Minore e la Siria[7]. Filone stima il numero di ebrei egiziani in circa un milione. Nelle grandi città della Grecia, l'apostolo Paolo trovò sinagoghe ovunque, a Roma la comunità ebraica contava migliaia di membri. Giulio Cesare era un grande amico degli ebrei; quando morì, folle di ebrei piansero e urlarono notte dopo notte presso la sua pira. Al tempo di Nerone l'imperatrice Poppea sembra essere diventata una proselita ebrea e gli ebrei di Roma sembrano aver avuto stretti legami con il trono. In Gallia e in Spagna incontriamo ebrei, almeno nel tardo periodo imperiale. Questi ebrei erano appassionati di proselitismo e, in tal senso, ebbero grande successo, poiché una grande predilezione per i culti orientali era già diventata di moda a Roma negli ultimi giorni della repubblica. La religione ebraica era riconosciuta nello stato romano. Gli ebrei avevano il diritto alla propria amministrazione patrimoniale e giurisdizione sui loro membri. Erano esentati dal servizio militare. Perché? Per una ragione religiosa, poiché non potevano portare armi di Sabato e marciare per non più di duemila cubiti. Avevano il privilegio di non dover comparire in tribunale di Sabato. Gli ebrei furono anche temporaneamente perseguitati nell'impero romano. Tiberio bandì tutti gli ebrei da Roma nel 19 d.C. perché alcuni di loro avevano distratto ingenti somme di denaro a una proselita di nome Fulvia con il

---

[7] E. Schürer, *Geschichte des jüdischen Volkes im Zeitalter Jesu Christi*, 2 volumi, Hinrichsc'sche Buchhandlung, Lipsia 1886-1890 (NdC).

pretesto che il denaro fosse destinato al tempio di Gerusalemme.

*

Sotto Caligola, l'intera comunità ebraica dell'impero romano fu minacciata dalla più grande persecuzione quando gli ebrei si rifiutarono di rendergli gli onori divini. Fortunatamente per gli ebrei, Caligola morì prima che sorgessero dei problemi. Dopo Caligola, nessun tentativo fu fatto per indurre gli ebrei a venerare l'imperatore, perché i governanti romani capirono che sarebbe stato impossibile costringerli a farlo e che un simile tentativo avrebbe portato solo a inutili esecuzioni.

Già in epoca seleucide e tolemaica molte comunità ebraiche in Siria ed Egitto avevano ottenuto la cittadinanza romana. Giulio Cesare gliela confermò espressamente. L'esito fu un attrito costante tra ebrei e non-ebrei. Perché mai? Semplicemente per motivi religiosi. Gli ebrei avevano tutti i diritti degli altri cittadini, ma non volevano partecipare al culto degli dèi locali, dovere associato alla cittadinanza, poiché lo consideravano un crimine ignobile per via delle disposizioni della loro *Torah*. Tutti gli altri popoli soggiogati dai romani adoravano senza esitazione gli dèi pagani e nessuno impediva loro di avere le proprie idee, come facevano anche le persone istruite del tempo. Un inchino, una manciata d'incenso davanti all'idolo, nessuno chiedeva altro. Tutti i popoli della terra lo facevano senza esitazione e certamente dileggiavano questa superstizione. Ma gli ebrei e poi anche i cristiani dissero: no, meglio morire! È facile immaginare che ciò dovesse irritare al massimo i "pagani" per la mancanza di patriottismo così espressa. Solo così si spiegano le persecuzioni di ebrei e cristiani. Stiamo assistendo esattamente alla stessa cosa oggi in Cina. Le sanguinose persecuzioni e guerre dei cinesi contro i maomettani, le più recenti e crudeli stragi dei cristiani[8] non hanno altro motivo se non il rifiuto di rispettare l'antica

---

[8] La rivolta dei boxer (NdC).

religione di Stato da parte delle due confessioni monoteistiche. Se cristiani e musulmani cedessero alle sciocchezze, si grattassero ai piedi degli idoli, prendessero parte alle processioni religiose, qua e là donassero un soldo per i templi e il clero, e, nel caso dei matrimoni, rispettassero non in maniera esagerata la condizione che tutti i discendenti vadano educati alla loro religione, cioè oltre a quella di stato, quale mandarino cinese si sarebbe mai interessato alle due religioni straniere? Non più di quanto non siano interessati al buddismo e al taoismo. Se ebrei e cristiani nell'impero romano si fossero comportati in modo tollerante e benevolo nei confronti dell'infantile religione di Stato romana, nessuno li avrebbe disturbati nella pratica del loro culto. Non lo fecero, preferirono sanguinare e morire. E perché? Perché la *Torah* dice che c'è un solo Dio in cui credere e che "l'idolatria" è un crimine empio. Dunque i martiri che muoiono per la loro fede, anche se sotto tortura, non sono certo da compatire, perché muoiono con entusiasmo, con un presagio d'infinita, imminente beatitudine. L'ora più difficile della vita umana, l'ora della morte, è per loro trasfigurata; è possibile, anzi probabile, che si trovino in una condizione estatica in cui non avvertono alcun dolore fisico. Queste persone non sono da compatire, semmai da invidiare. Ma che pensare dei tiepidi, di coloro che non ambiscono alla palma dei martiri, condotti al macello al motto: "Prigioniero, impiccato"? Di coloro che non possono più apostatare perché i giudici o i carnefici non danno loro più il tempo e l'opportunità di farlo? Che dire del dolore degli sfortunati genitori e parenti di questi martiri quando essi stessi rimasero "infedeli" e "idolatri"? Che terribile sofferenza, che dolore! E chi è responsabile di tutto ciò? Chi ha reso possibili tali massacri? I teologi ebrei che hanno usato la penna più di venticinque secoli fa.

5. Radici religiose della persecuzione romana degli ebrei

L'antipatia che sempre e dovunque fu mostrata agli ebrei dai popoli dell'antichità può essere spiegata proprio su basi religiose, esclusivamente su basi religiose. Perché le loro esigenze religiose erano in palese contrasto con i loro doveri civici. Ciononostante, nell'antichità gli ebrei ricoprirono spesso ruoli importanti nella vita statale. Sotto Tolomeo VI e sua moglie Cleopatra, essi erano a capo del governo e l'esercito egiziano era comandato da due ebrei, Onia e Dositeo. Il convertito ebreo Tiberio Alessandro occupava persino la posizione più elevata nell'esercito romano.

Ma in generale, come detto, gli ebrei erano straordinariamente antipatici ai greci e ai romani. Nelle città ellenistiche erano trattati con invidia.

In due passaggi dei suoi *Parerga*[9], Schopenhauer esprime il presupposto che il disprezzo dei popoli antichi per gli ebrei si dovesse al fatto che la religione ebraica, ignara della dottrina dell'immortalità, appariva ai "pagani" una religione inferiore. Quindi anche il grande Schopenhauer ammette il carattere religioso dell'antisemitismo antico. Questo è importante perché agli antisemiti piace citarlo come l'autorità dell'antisemitismo "laico". Ma chiedo ai miei venerabili avversari di leggere veramente Schopenhauer. Poi scopriranno che combatte gli ebrei quasi esclusivamente per via della loro religione. Dice che è un errore considerare gli ebrei semplicemente una setta religiosa e che la designazione corretta è quella di "nazione ebraica", il che è vero anche se non dimentichiamo che fu la religione ebraica a rendere gli ebrei una nazione. Va anche detto che, quando Schopenhauer faceva le sue considerazioni

---

[9] A. Schopenhauer, *Parerga und Paralipomena*, Hayn, Berlino 1851, volume 2, parti IX, XV (trad. it. *Parerga e paralipomena*, Adelphi, Milano 2007) (NdC).

scritte, le grandi ricerche nel campo dell'esegesi biblica (Wellhausen, Reuss, ecc.) non erano ancora state condotte; né le misurazioni del cranio degli antropologi avevano dimostrato che non esisteva una razza ebraica. Le gravi accuse mosse da Schopenhauer alla religione ebraica per via dei massacri religiosi, dello spietato assassinio e sterminio di interi popoli, della scelleratezza contro Camor e il suo popolo, contro i paesi vicini per via del dio locale, la storia dell'espulsione di Agar ecc., non le avrebbe rivolte se avesse saputo, quando scrisse i suoi *Parerga*, che queste storie furono scritte secoli dopo per scopi didattici e non ebbero mai luogo, come sostiene la libera scienza.

*

La conquista di Gerusalemme da parte di Pompeo produsse ancora una volta un terribile bagno di sangue, per cui è notevole il fatto che i sacerdoti ebrei, impegnati nei sacrifici, non furono minimamente turbati dall'intrusione dei soldati romani e furono accoltellati durante l'esercizio del loro ministero. Ciò pose fine alla libertà del popolo ebraica, lunga circa otttant'anni. La Palestina passò sotto la supervisione del governatore romano della Siria, ma ne fu separata dopo pochi anni e fu dotata di propri procuratori.

Nell'anno 47 a.C. Ircano fu nominato etnarca dei giudei e Antipatro procuratore della Giudea per decreto di Giulio Cesare che, nel 45 a.C., con decreto senatoriale, concesse agli ebrei diversi privilegi. Nell'anno 40 a.C. i parti invasero Gerusalemme, che saccheggiarono nonostante la loro amicizia con Antigono, figlio di Aristobulo, la cui pretesa al trono Giulio Cesare aveva ignorato. Antigono era re e sommo sacerdote per grazia dei parti. Fece mozzare le orecchie a Ircano per renderlo inadatto al sommo sacerdozio. Ma questa gloria non durò a lungo.

Intanto era entrato in scena Erode il Grande, che era riuscito a convincere Antonio e persino Ottaviano a farlo dichiarare re di Giudea in una solenne seduta del senato.

Tre anni dopo la sua nomina, Erode riuscì a reprimere la resistenza di Antigono, che fu poi giustiziato per ordine di Antonio. Ciò pose fine al dominio degli asmonei e iniziò l'età degli erodiani. Erode fu re della Giudea, ma sotto la supremazia dei romani, come *rex socius*. Il popolo ebraico lo odiava terribilmente perché era ebreo solo per metà come idumeo, per la sua fedele amicizia e attaccamento a Roma e per la sua predilezione per la cultura ellenistica. Furono i farisei che, per motivi religiosi, causarono i maggiori problemi durante il suo ufficio. Tuttavia Erode riuscì ben presto a mettere a tacere questo partito ortodosso attraverso esecuzioni di massa, ma dovette fare loro altre concessioni, così fece coniare le sue monete senza effigie umana, fece officiare il Tempio solo ai sacerdoti e non vi entrò mai personalmente all'interno. E non fece apporre alcuna immagine su nessuno degli edifici di Gerusalemme.

Una volta che si era sparsa tra il popolo la voce che i trofei imperiali appesi nel Tempio fossero statue armate e ciò aveva suscitato dei disordini, Erode fece togliere e spogliare questi trofei alla presenza degli uomini più rispettati e mostrò loro le vuote impalcature lignee per calmarli. Alla fine, però, fece attaccare per scherno alla porta del Tempio un'aquila, suscitando nuovamente l'odio dei farisei, nonostante le molte concessioni fatte. Quest'atto, così come i favori che Erode concesse agli ebrei ellenistici e il suo disprezzo per il Sinedrio, portarono a una cospirazione che, tuttavia, fu subito sedata. Quando Erode si ammalò e si sparse la notizia che la sua malattia fosse incurabile, due rabbini ortodossi incitarono il popolo a obbedire al secondo comandamento divino di abbattere l'offensiva aquila appesa alla porta del Tempio. Fu uno spettacolo tremendo; ma il vecchio leone Erode non era finito; fece bruciare vivi i capibanda! Erode era appena morto e Archelao era diventato il successore di suo figlio, quando a Gerusalemme si scatenò l'allarme, perché il partito dei farisei intendeva vendicare l'esecuzione dei due rabbini. Gli ebrei inviarono persino un'ambasceria a Roma per chiedere che, d'ora in poi, a nessun erodiano fosse permesso di governare la Palestina. Tuttavia, l'imperatore Augusto non ne fu influenzato. Erode il Grande morì nel 4 a.C. e il suo regno fu diviso in tre parti. Una andò a Filippo, che la governò fino al 4 d.C. L'altra ad Antipa – dal 4 a.C. al 39 d.C. La terza andò ad Archelao, che ricevette l'attuale Giudea, che però finì sotto la procura romana già nel 6 d.C. Dall'anno 4 a.C. al 39 d.C. Erode Antipa regnò come tetrarca della Galilea e della Perea.

*

I romani ebbero difficoltà a governare gli ebrei: per quanto accomodanti nei loro confronti, gli ebrei esigevano sempre maggiori concessioni che però, per via dell'ordine generale, erano difficili da ottenere. In tutte le province dell'impero romano, il culto dell'imperatore era richiesto ed era eseguito senza esitazioni dalla popolazione locale. Solo gli ebrei ne erano esentati (tranne che al tempo dell'imperatore Caligola).

Le monete di rame prodotte in Giudea al tempo del dominio romano non recavano alcuna effigie umana; concessione fatta agli ebrei perché la raffigurazione di effigi umane era incompatibile con la loro religione. Le truppe romane entravano a Gerusalemme senza lo stendardo con le immagini imperiali, anche per riguardo della religione ebraica. Quando successivamente Pilato volle abolire questa usanza, minacciò di scoppiare una ribellione, tanto che, alla fine, si sentì costretto a rimuovere nuovamente le effigi imperiali. Pilato cercò di usare la forza, fece circondare folle di ebrei dai suoi soldati nell'anfiteatro, dove li aveva mandati dopo che lo avevano tormentato per cinque giorni con rimostranze, e sperava di usare la forza per ottenere ciò che voleva. Gli ebrei, tuttavia, si scoprirono il collo e dichiararono che avrebbero preferito morire piuttosto che acconsentire a un tale crimine. Volendo evitare un bagno di sangue, Pilato cedette e rimosse le effigi dell'imperatore. Un evento simile si verificò quando il procuratore volle utilizzare i tesori del Tempio per costruire un utile acquedotto, cosa che il procuratore, per inciso, realizzò nonostante la loro resistenza. Allo stesso modo, il popolo ebraico impose che gli fossero rimossi gli scudi della consacrazione, su cui era scritto solo il nome e nemmeno l'immagine dell'imperatore, che Pilato aveva appeso a Gerusalemme.

Anche la grande persecuzione degli ebrei di Alessandria nel 38 d.C. ebbe solo motivazioni religiose. Quando Caligola ordinò che la sua statua fosse eretta nel Tempio di Gerusalemme, gli ebrei ne furono indignati e in quel momento sarebbero scoppiate sanguinose rivolte in Palestina se il governatore della Siria, Petronio, non avesse giudiziosamente ritardato la realizzazione della statua e Caligola non fosse morto in tempo.

*

Subito dopo la sua ascesa al trono, il nuovo imperatore Claudio diede a Erode Agrippa, oltre ai territori che aveva già ricevuto, la Giudea e la Samaria, in modo che tutta la Palestina, per come era stata sotto Erode il Grande, fosse unita di nuovo nelle mani di un erodiano. Agrippa seguì la politica che un tempo era stata di Alessandra, di fare più concessioni possibili al partito dei farisei. Aderì rigorosamente agli statuti del giudaismo, motivo per cui il *Talmud* lo loda sul trifoglio verde. Una volta che i giovani della città fenicia di Dora avevano eretto una statua dell'imperatore nella sinagoga ebraica, il governatore della Siria la punì per questo terribile abominio. Quando sua figlia Drusilla si fidanzò con Epifane, figlio del re Antioco di Commagene, Agrippa dovette promettere di farsi circoncidere. Così l'abile patrono visse il trionfo. Quando il popolo gli lesse le parole della *Torah* nella festa dei tabernacoli nell'anno 41: "Non ti costituirai re straniero che non sia tuo fratello" e, nell'occasione, lui scoppiò in lacrime di coccodrillo, esclamò entusiasta: "Stai sereno Agrippa, sei nostro fratello!"

Dopo la morte di Agrippa governarono i procuratori romani dal 44 al 66 d.C. Il primo procuratore, Cuspio Faduo, suscitò uno scandalo popolare perché aveva espresso il desiderio che la magnifica veste del sommo sacerdote fosse posta sotto la custodia romana; inoltre, dovette reprimere la ribellione che aveva provocato un fanatico religioso di nome Theudas, che si atteggiava a profeta e incitava una guerra santa contro Roma. Il terzo procuratore, Cumano, dovette sedare un'altra ribellione. Perché un soldato romano del distaccamento di truppa, che per motivi di sicurezza stazionava sempre nel cortile del Tempio, aveva insultato gli ebrei alla festa di Pasqua con un gesto indecente. Secondo Giuseppe Flavio, questo scandalo costò la vita a ventimila persone. Allo stesso tempo, un soldato romano strappò un rotolo della *Torah*, tra scherni e risa. Per evitare ulteriori disordini, Cumano fece giustiziare il soldato su insistenza dei giudei. Ulteriori sanguinosi disordini sorsero a seguito dell'assassinio in un villaggio samaritano di due galilei pellegrini alla festa di Gerusalemme. Il successivo procuratore fu Felice, che infastidì particolarmente gli ortodossi sposando la bella regina ebrea Drusilla. L'amarezza aumentò quando l'uguaglianza fra ebrei e siri a Cesarea fu abolita sotto il procuratore successivo, Festo, e gli elleni furono dichiarati signori della città.

Agrippa II, che aveva ricevuto un piccolo regno in Libano, oltre alla supervisione del Tempio di Gerusalemme e il diritto di nominare i sommi sacerdoti, risiedeva nel palazzo degli asmonei ogni volta che si trovava a Gerusalemme, e vi si stabilì costruendo una piccola torre, da cui poteva dominare il Tempio e assistere al servizio nelle sue ore libere. Agrippa chiese aiuto al suo amico, il procuratore Festo, che volle assisterlo. I giudei, però, mandarono una delegazione a Roma per incontrare l'imperatrice Poppea e, con la sua mediazione, ottennero che le mura restassero in piedi.

6. Declino dello Stato ebraico

Nell'anno 66 scoppiò la grande e memorabile rivoluzione; naturalmente, l'occasione fu nuovamente religiosa. Il procuratore Floro aveva prelevato alcuni talenti dal tesoro del Tempio. Ci fu un gran tumulto per via del sacrilegio e, per irridere il procuratore, alcuni ebrei raccolsero pubblicamente la carità in piccoli cestini per il povero Floro.

Poco tempo dopo, su istigazione del figlio del sommo sacerdote Anania, il quotidiano sacrificio al Tempio per l'imperatore fu interrotto, indicando così l'aperta defezione contro i romani. Le vicende sono note. Gerusalemme fu assediata, il Tempio incendiato, anche se si dice che Tito fece di tutto per salvare il magnifico edificio. È davvero straordinario che Tito volle realizzare una riconciliazione per amore della sua amante ebrea Berenice. Tito s'incrudelì solo quando vide che gli ebrei rifiutavano qualsiasi negoziato pacifico. Fece crocifiggere quotidianamente cinquecento ebrei davanti alla città sotto sofisticate torture, che non fecero che aumentare la furia degli assediati. La carestia, la disperazione, la follia infuriavano a Gerusalemme, che, d'ora in poi, somigliò a una gabbia di bestie feroci. Se si fosse arreso in tempo, al popolo sarebbero stati risparmiati indicibili sacrifici, ma quei fanatici non avevano alcuna intenzione di farlo, perché credevano che il Tempio fosse indistruttibile. La maggioranza credeva che la città fosse sotto una speciale protezione divina e che, quindi, fosse impossibile conquistarla. Stolti profeti andavano in giro proclamando un imminente miracolo salvifico. La fiducia degli assediati in Dio era così salda che molti che avrebbero potuto salvarsi, rimasero solo per vedere il miracolo salvifico.

Era l'8 agosto del 70 d.C. quando i romani riuscirono ad appiccare l'incendio alle porte del Tempio. Quando gli ebrei videro le fiamme, all'inizio non poterono credere ai loro occhi perché si erano illusi che il Tempio fosse al sicuro. Un terribile ululato di rabbia, un torrente di maledizioni selvagge risuonò in cielo mentre le fiamme cominciavano a lambirlo. Il 9 agosto ebbe luogo un nuovo scontro. Un distaccamento di truppe era stato lasciato indietro per impedire che si accendesse un nuovo incendio, per sorvegliare e impedire un'ulteriore diffusione. Gli ebrei si lanciarono su questo distaccamento e ne seguì una terribile battaglia. Gli ebrei fuggirono verso il cortile del Tempio, i romani dietro di loro. Anche la furia dei soldati romani aveva raggiunto il punto di ebollizione; uno di loro prese una torcia, si fece sollevare da uno dei suoi compagni e la lanciò attraverso una finestra nel Tempio. Fumo e fiamme divennero visibili. Tito dormiva sotto la sua tenda quando gli fu portata la notizia che il Tempio stava bruciando. Poi, secondo Giuseppe Flavio, seguì una vera e propria colluttazione fra Tito e i suoi soldati. Tito ordinò con voce e gesti di spegnere immediatamente l'incendio, ma in mezzo a questo tumulto nessuno lo udì più. Fu trascinato via dalla fiumana dei suoi soldati che entrava nel Tempio. Le fiamme non avevano ancora raggiunto il *Sancta Sanctorum*, ma Tito lo poté vedere con i suoi occhi. Ordinò che l'interno fosse sgomberato e il centurione Liberale uccise chiunque disobbedisse ai suoi ordini. Tumultuosamente, i soldati romani uscirono dal Tempio. Troppo tardi! Un soldato romano aveva già appiccato l'incendio. Le fiamme divamparono ovunque, nessuno resistette più a questo fumo. Tito si ritirò. Gerusalemme e il Tempio sacro furono ben presto solo rovine fumanti!...

I soldati romani massacrarono tutto ciò che cadeva nelle loro mani. Nell'anno 71 Tito celebrò il suo famoso trionfo a Roma. Dietro il carro del trionfatore erano portati i rotoli della *Torah*, "la grande colpevole" di ogni calamità, come dice Renan. Essa sola aveva reso gli ebrei quello che erano diventati; essa sola aveva eretto il muro che separava Israele da tutti gli altri popoli; essa sola aveva fatto sì che greci e romani non amassero gli ebrei; essa sola aveva incitato il governo tollerante a gettare bastoni ai piedi dei gentili incirconcisi a ogni occasione. L'indipendenza della nazione ebraica era già finita. Gerusalemme fu rasa al suolo, una parte significativa della popolazione massacrata e ridotta in schiavitù.

Sotto Traiano, gli ebrei tentarono ancora diverse insurrezioni; la principale, tuttavia, ebbe luogo sotto Adriano negli anni dal 132 al 135 d.C. L'occasione fu, naturalmente, ancora una volta religiosa. Adriano fece costruire una nuova città sul sito della distrutta Gerusalemme, chiamata Elia Capitolina, e ordinò che fosse costruito un tempio pagano a Giove sul sito dove sorgeva il Tempio ebraico. Si dice anche che vietò la circoncisione. Il capo della terribile rivolta, scoppiata a seguito della più profonda violazione dei sentimenti religiosi degli ebrei, si chiamava Bar Kochba. Sosteneva di essere l'atteso Messia. Poiché i cristiani non volevano riconoscerlo come tale, infuriarono le cose più crudeli contro di loro. La ribellione fu sedata dai romani e l'intera Giudea fu trasformata in un deserto. Cinquanta fortezze e novecentottantacinque villaggi furono distrutti e sarebbe morto oltre mezzo milione di ebrei. Gran parte della popolazione fu venduta come schiava. Gerusalemme fu trasformata in una colonia romana con il nome di Elia Capitolina, tutti gli ebrei furono espulsi e vi si stabilirono coloni pagani. L'immagine di un maiale era affissa alla porta meridionale della città e, nel punto in cui sorgeva il Tempio ebraico, fu eretto un tempio dedicato a Giove, in cui si dice che si trovasse una statua di Adriano; sul santo sepolcro di Cristo fu costruito un tempio di Venere. Gerusalemme era diventata una città pagana. Al tempo del regno di Antonino Pio, gli ebrei tentarono nuovamente una rivolta a causa del divieto ancora esistente della circoncisione. I romani avevano solo la scelta di consentire questa usanza religiosa a tutti o distruggere l'intera popolazione. Scelsero saggiamente la prima, permettendo nuovamente l'esercizio dell'usanza.

7. Romani ed ebrei

Come detto, i giudizi sugli ebrei presenti nella letteratura greca e romana sono molto negativi e rivelano un particolare disprezzo verso questo popolo. I dotti vedevano nella religione ebraica una barbara superstizione. Sugli ebrei e sulla loro storia si diffusero le favole più ridicole e maliziose, in parte per ignoranza. Così il nome di giudei fu ritenuto provenire dal monte Ida a Creta e si affermò che gli ebrei fossero cretesi. Alcune cerimonie alla festa dei tabernacoli suggerivano che gli ebrei adorassero Bacco. Tacito definisce il loro culto assurdo e disgustoso. Le calunnie più maligne provenivano da Alessandria, dove Maneto aveva composto un romanzo ufficiale sull'esodo degli ebrei dall'Egitto. Dopo di lui, un re egiziano avrebbe espulso dal paese alcuni lebbrosi. Alla loro testa vi era Mosè, sacerdote egiziano di Eliopoli, il cui vero nome era Osarsiph, che li persuase ad apostatare gli dèi egizi e li fece abbracciare una nuova religione inventata di sana pianta. Sotto la sua guida si sarebbero poi impossessati di Gerusalemme e dei suoi dintorni. Il motivo per cui gli ebrei divinizzavano una testa d'asino deriverebbe dal fatto che un branco di asini selvatici fece loro conoscere la via per le sorgenti d'acqua nel deserto. Il divieto di mangiare carne di maiale si baserebbe sul fatto che questi animali erano esposti alla scabbia, la stessa malattia per cui gli ebrei furono espulsi dall'Egitto. Le azzime sarebbero la prova del furto di grano da loro commesso quando se ne andarono; la celebrazione del Sabato del loro amore per l'ozio. C'erano quattro cose in particolare che rendevano gli ebrei il bersaglio preferito del ridicolo nel mondo colto di quel tempo:

1. la circoncisione,
2. il rispetto del riposo sabbatico,
3. l'astensione dalla carne di maiale e
4. il culto divino senza immagini.

Vorrei richiamare l'attenzione dei miei venerabili oppositori antisemiti sul fatto che questi quattro punti appartengono esclusivamente al campo della religione e che, in tutta la letteratura antiebraica latina e greca, non vi è alcuna accusa, alcun riferimento all'usura, alle dichiarazioni di persone di altre fedi o alla gestione disonesta del denaro. L'odio e lo scherno degli antichi riguarda leggi e statuti di quella religione che anche i cristiani e maomettani ritenevano che fosse l'unica vera sino al tempo di Cristo.

*

Ma ciò che irritò maggiormente il mondo greco-romano fu il rigido muro di separazione che gli ebrei eressero tra loro e il mondo esterno, perché la loro legge li obbligava a farlo. La monarchia universale romana e la cultura ellenistica avevano sommamente livellato il mondo greco-romano e avevano abbattuto le barriere che separavano i popoli. Solo gli ebrei non volevano assimilarsi e, quindi, furono sospettati di odiare tutti i non-ebrei. Tacito li accusò di misantropia. Giovenale li accusò di indicare la via solo ai compagni di fede e di condurre solo i circoncisi alla fonte che cercavano. Ad Alessandria si credeva che gli ebrei prestassero giuramento di non essere gentili con gli stranieri. Tacito dice che i proseliti ebrei imparano prima a disprezzare gli dèi, a rinunciare alla patria, a disprezzare genitori, figli, fratelli e sorelle, in una parola, il sentimento principale che gli ebrei suscitavano nel mondo di allora era quello del più profondo disprezzo; era quindi esclusivamente l'effetto della loro religione.

Quindi è sorprendente che questa religione così disprezzata riuscì diffondersi così ampiamente nell'impero romano. Il notevole successo della propaganda ebraica può essere attribuito al fatto che la credenza negli dèi locali era scomparsa da tempo tra le persone istruite dell'epoca, mentre il rigido monoteismo e la pura concezione di Dio nel giudaismo erano in sintonia con molte di loro. Inoltre, la religione ebraica sosteneva una vita più morale e devota in misura maggiore rispetto alle religioni locali, suscitando così l'interesse degli aristocratici dell'epoca. Infine, la moda del tempo condusse all'ammissione dei culti misterici orientali. In Grecia la moda era già iniziata nel V secolo a.C. e dal III secolo troviamo la preferenza per il culto frigio di Sabazio, generalmente diffusa nel paese, mentre a Roma la preferenza esiste dal II secolo a.C. Nell'anno 43 a.C. un tempio di Serapide e Iside fu costruito dagli stessi triumviri. Il culto persiano di Mitra era diffuso in quasi tutte le province dell'impero romano.

*

Anche la propaganda ebraica fu esercitata con estremo zelo. Cristo dice ai farisei, secondo *Matteo* (XXIII,15), di attraversare mare e terra per fare un solo proselito. Peraltro, non era richiesto molto ai proseliti. Come possiamo dedurre da Filone, tra gli ebrei ellenistici la discendenza abramitica era secondaria, la purezza del concetto di Dio era la cosa più importante. Vi erano anche pagani che, pur rimanendo fedeli alla loro religione, osservavano alcuni statuti del giudaismo. La circoncisione era richiesta a tutti i proseliti, l'oracolo sibilino esigeva, oltre all'adorazione di Dio, solo un bagno di purificazione invece della circoncisione.

Quando re Izades volle convertirsi al giudaismo, un ebreo di nome Anania gli sconsigliò la circoncisione, osservando che poteva servire Dio ed essere salvato senza tagliarsi il prepuzio. La circoncisione obbligava naturalmente all'osservanza di tutta la legge ebraica. Così vediamo che dovunque ci fossero comunità ebraiche nella diaspora, vi era anche un seguito di devoti gentili incirconcisi. In questo differivano dai veri proseliti che, grazie alla circoncisione, erano obbligati a osservare l'intera legge ebraica.

8. Intolleranza ebraica

L'intolleranza, il fanatismo e la dottrina dell'elezione e di un futuro messia che avrebbe portato tutti i popoli sotto lo scettro di un rampollo della tribù di Davide, è al centro della storia degli ebrei fin dalla cattività babilonese; in quei frangenti avvenne la caduta dello Stato ebraico.

Già sento l'obiezione degli antisemiti. Concluderanno che l'intolleranza, il fanatismo, l'esclusività facciano parte dell'essenza dell'ebraismo, che ciò che abbiamo detto sia la prova della sua perfidia e inferiorità, che sono proprio questi dogmi e insegnamenti, quest'atteggiamento verso i non-ebrei, le ragioni per cui tutti loro vadano ritenuti responsabili e meritevoli di disprezzo. Ebbene, gli antisemiti avrebbero ragione se non fosse dimostrabile che queste caratteristiche e questa megalomania, questi superbi dogmi con la loro intolleranza elettiva, con la responsabilità penale per l'errore, con la salvezza esclusiva, con il Messia, appartenessero solo al giudaismo moderno e non alla fede di Israele dell'epoca pre-profetica, che questi insegnamenti, usi, costumi, idee e dogmi fossero inoculati nel popolo di Israele relativamente tardi. Questo è ciò che sostiene la più recente esegesi biblica.

Il Dio di Israele ha il nome proprio di Jahvè. All'inizio era semplicemente il dio nazionale di Israele; era tutt'uno con gli altri dèi, cioè con gli dèi dei popoli stranieri. L'antitesi di Dio nell'antico Israele erano gli dèi degli stranieri, la cui esistenza divina era pienamente ammessa e che non erano scambiati per idoli o non-dèi, vanità o, addirittura, demoni. Nessuno dubitava dell'esistenza di Chemos quale autentica divinità dei moabiti, di Baal quale autentica divinità dei sidoniti, di Baal Zebub quale autentica divinità di Ekron. Quegli dèi avevano dato le loro terre ai loro popoli e li proteggevano. Questo era l'antico punto di vista israelita, come è evidente dal libro dei *Giudici*. L'antico israelita era un politeista teorico che non aveva dubbi sul fatto che, in terra straniera, fosse sotto l'influenza degli dèi locali, che esercitavano maggiore influenza laggiù del suo dio nazionale e potevano, quindi, rivendicarne il culto. Nel *Secondo Libro dei Re* (capitolo III) l'autore spiega la sconfitta che gli ebrei patirono nella guerra contro Mescia, re di Moab, per via dell'ira di Chemos, il dio locale. Vediamo anche l'accusa che Davide mosse a Saul: "Cacciandolo fuori da Israele, lo costringe a servire altri dèi". Ed esige che "il suo sangue non cada sulla terra lontano dalla faccia di Dio"[10]. Salomone permise alla sua moglie moabita di adorare il suo dio Chemos[11]. Elia, il sanguinario persecutore della religione di Baal in Israele, viveva a Sarepta nella casa di una donna di Baal, mangia il suo cibo[12], mentre Nàaman prende del terriccio dalla terra di Israele per andare a servire Jahvè nel suo paese[13]. Salomone stesso non solo permise alle sue numerose mogli pagane di adorare i loro dèi nazionali, ma ne condivise anche graziosamente l'adorazione. In tutto il lungo periodo dei giudici e dei re troviamo pochissimi esempi di effettivo fanatismo o intolleranza. Le orribili distruzioni di interi popoli per ordine divino, con il preciso scopo di distruggere l'idolatria, per timore che Israele ne fosse contagiato, sono racconti molto più tardi, scritti allo scopo di inculcare negli ebrei l'orrore per l'idolatria. Sulla cultura di Israele in epoca pre-profetica si legga il settimo libro del secondo volume della *Storia del popolo di Israele* del dottor Bernhard Stade[14].

Da quanto abbiamo detto finora, non è corretto ritenere che gli ebrei fossero fanatici sin dall'inizio della loro apparizione nella storia.

*

---

[10] Cfr. *Primo Libro di Samuele* (XXVI,19) (NdC).

[11] Cfr. *Secondo Libro dei Re* (XI, 7) (NdC).

[12] Cfr. *Primo Libro dei Re* (XVII,8-16) (NdC).

[13] Cfr. *Secondo Libro dei Re* (V,17) (NdC).

[14] B. Stade, *Geschichte des jüdischen Volkes*, 2 volumi, Grote'sche, Berlino 1888 (NdC).

L'antisemitismo iniziò quando furono scritti la *Torah* e i *Profeti*. Al tempo dei giudici e dei re, esso non esisteva. Inoltre, la storia degli ultimi due secoli prima e dei primi secoli dopo Cristo non conosce l'antisemitismo dei greci e dei romani contro altri "popoli semitici", cioè contro nazioni che parlassero lingue semitiche, molte delle quali dovevano esistere nell'impero romano ed esistevano veramente, il che è comprensibile, visto che tutti i popoli dell'impero romano erano stati assorbiti dall'ellenismo e si erano fusi nella monarchia universale romana. Quindi non esisteva affatto l'antisemitismo nel mondo greco-romano, ma solo l'antigiudaismo che, di per sé, non aveva nulla a che fare con la presunta razza ebraica, ma solo con la religione ebraica. Perciò è chiaro come il sole che l'antipatia greco-romana verso gli ebrei si estendeva anche alle migliaia di proseliti ebrei di discendenza non-ebraica. Raccomando agli antisemiti interessati alla posizione degli ebrei nel mondo antico di studiare a fondo l'opera corposa che Théodore Reinach pubblicò a Parigi nel 1895 con il titolo *Testi di autori greci e romani sul giudaismo*[15]. Qui troveranno tutti i testi degli scrittori greco-romani che si riferiscono al giudaismo. Moltissimi sono malevoli. I venerabili lettori di quest'opera dovrebbero evitare di fare la ben nota affermazione:

Gli ebrei erano altrettanto repellenti per i romani e i greci quanto per noi moderni; la loro religione era indifferente ai romani e ai greci, eppure a quel tempo regnava ovunque un violento antisemitismo; quindi l'antisemitismo non è una questione religiosa e non può essere altro che una questione razziale.

La basilare falsità di quest'affermazione l'ho dimostrata chiaramente nel corso di questo capitolo. La falsa inferenza

---

[15] T. Reinach, *Textes d'auteurs grecs et romains relatifs au judaïsme*, Leroux, Parigi 1895 (NdC).

antisemita consiste nel fatto che presuppone erroneamente che, per l'insorgenza del fenomeno dell'antisemitismo, se è una "questione religiosa", sia necessaria una coscienza religiosa e un sentimento religioso per chi sia "affetto" da antisemitismo. Proprio questo presupposto è sbagliato L'antipatia antisemita può anche insorgere semplicemente quale esito delle qualità e delle azioni del "semita", e se tali qualità e azioni sono radicate nella religione della persona che suscita l'antipatia antisemita, l'antisemitismo è un fenomeno religioso anche se la persona che prova l'antipatia è lui stesso non credente, finanche ignaro dell'origine della sua antipatia e del motivo da cui nasce. Quindi la storia dell'antisemitismo antico c'insegna che questo sentimento si basava esclusivamente sulla religione e su nient'altro.

Capitolo 3. Storia dell'antisemitismo

1. Chiesa romana

Analizziamo la posizione assunta dal cristianesimo e, prima di tutto, dalla Chiesa romana nei confronti dell'ebraismo. Nella mia trattazione farò riferimento all'opera di Padre Constant, *Gli ebrei di fronte alla Chiesa e alla storia*. Padre Constant è dottore in teologia e in diritto canonico e frate dell'ordine dei predicatori; l'ordine che, notoriamente, si è occupato più a fondo degli ebrei. L'opera fu vistata dall'autorità ecclesiastica. Dal punto di vista cattolico, quindi, difficilmente qualcuno solleverà alcuna obiezione contro il suo uso. Il suo ragionamento è questo:

Nell'antica Roma gli ebrei godevano di molte libertà e diritti, la religione ebraica era autorizzata dallo stato. Ma la situazione è ben diversa quando si tratta di popoli "illuminati dalla luce del Vangelo"[1].

Se l'ebreo era innocuo per lo Stato romano, costituiva un pericolo per quello cristiano. Niente dell'ebreo mette in pericolo lo Stato romano, tutto dell'ebreo attacca direttamente quello cristiano. Lo Stato cristiano ha tutto da temere dall'ebreo. Nessun legislatore cristiano ha mai pensato di strappare la Bibbia agli ebrei. Ha agito solo contro il *Talmud*. Il domenicano si rammarica che i governanti cristiani non ebbero il successo che il loro zelo meritava nella persecuzione del *Talmud!* Dato che l'ebreo rappresenta un grave pericolo per lo Stato cristiano, la Chiesa e il governo cristiano sono costretti a osservare e a controllarne l'operato. Per questo si ricorse a due mezzi: il ghetto e il marchio giallo sugli abiti.

---

[1] R.P. Constant, *Les Juifs devant l'Église et l'histoire*, Gaume, Parigi 1897, p. 107 (NdC).

*

Il domenicano Ferraris riassume così le norme del ghetto pontificio: tutti gli ebrei dovevano vivere in un unico e medesimo luogo, accessibile da un unico ingresso, che fosse anche l'unica via d'uscita[2]. Lo scopo era quello d'impedire la convivenza fra ebrei e cristiani. Ogni ebreo appena giunto doveva risiedere nel ghetto e i suoi correligionari erano obbligati ad accoglierlo. Ma all'ebreo non era permesso di acquisire la proprietà fondiaria, nemmeno quella su cui sorgeva la sua dimora. Nel Medioevo ogni possesso fondiario garantiva precisi diritti sociali di superiorità e subordinazione. Ma, impedendo agli ebrei l'acquisizione della terra, la Chiesa voleva impedire ai cristiani di diventare loro subordinati. Nel ghetto l'ebreo era libero, poteva uscire di giorno, ma doveva rientrarvi la sera al suono dell'Ave Maria. Un portiere cristiano apriva e chiudeva i cancelli del ghetto. Solo così lo Stato cristiano poteva controllare con precisione il numero e l'identità dei suoi ebrei. Pertanto l'ebreo era sempre soggiogato dalla paura "che sola poteva favorire la sua moralità e tolleranza"[3].

Riguardo al marchio di Giuda, Padre Constant osserva:

In quale altro modo la Chiesa non avrebbe potuto perdere di vista lo strano compagno che la compassionevole ospitalità impartiva al cristiano? Sin dal tradimento sul Calvario, lo spirito dell'iscariota infetta la razza ebraica. Nel cuore di ogni ebreo scorre il sangue del traditore. Egli mostrò la sua gratitudine ai prìncipi di Spagna chiamando gli arabi d'Africa[4].

Per quanto riguarda la vita privata e familiare degli ebrei, va detto che la Chiesa non viola il diritto concesso da Dio a ogni essere umano di fondare una propria famiglia. Gli ebrei possono sposarsi tra loro secondo la legge ebraica. Nessun

---

[2] Ivi, p. 122 (NdC).
[3] Ivi, p. 126 (NdC).
[4] Ivi, p. 133 (NdC).

bambino ebreo potrà essere battezzato prima dei sette anni contro la volontà di entrambi i genitori. Ma il bambino dovrebbe essere autorizzato a farlo solo se il padre o la madre lo richiedessero. Dopo il settimo anno, il bambino può essere battezzato anche contro la volontà di entrambi i genitori. Se un bambino ebreo è stato validamente battezzato contro la volontà dei genitori, non può essere restituito loro.

*

La Chiesa non vuole che un cristiano serva un ebreo. In primo luogo, proibisce a una donna cristiana di prestare servizio come balia di un bambino ebreo in una casa ebraica. Ne spiega il motivo Padre Constant, pluri-dottore, che scrive nell'anno 1897. Sentitelo e lasciatevi stupire. Traduco alla lettera. Scrive nel suo libro:

> Il corpo del cristiano, c'insegna la fede, è il tempio dello Spirito Santo. La stessa fede c'insegna che il corpo che non è stato lavato dal battesimo resta la dimora del demonio. Quindi porre in relazioni intime, legate all'accudimento, il corpo di una donna cristiana con quello di un bambino, pareva alla Chiesa quasi un sacrilegio: avvicinare lo Spirito Santo al diavolo[5].

Un altro motivo per proibire l'ingresso di una balia cristiana in una casa ebraica era la preoccupazione ecclesiale che la donna potesse subire un danno alla sua fede partecipando alle cerimonie religiose ebraiche e che la sua modestia potesse essere ferita partecipando alla cerimonia della circoncisione! La Chiesa temeva anche che la balia potesse avere l'opportunità di ascoltare bestemmie contro il sacramento dell'altare, abusi della croce e degli oggetti sacri dei cristiani. Inoltre, gli scritti talmudici, blasfemi, cinici e infami, che distruggono ogni sana morale, avrebbero potuto finire in mano. (Possiamo anche solo immaginare una balia cristiana medievale che leggesse e

---

[5] Ivi, p. 166 (NdC).

comprendesse l'ebraico?) Pertanto, l'Inquisitore ha anche il dovere di agire contro gli ebrei se possiedono scritti talmudici o altri scritti ebraici condannati dalla Chiesa e se prendono in giro il santissimo sacramento dell'altare, la croce e altri oggetti religiosi. Inoltre la Chiesa temeva che la balia potesse essere sedotta dal padre di famiglia ebreo, tanto più che tale atto si qualificherebbe come peccato di fornicazione o adulterio, in aggiunta al sacrilegio. La legge cristiana è assolutamente contraria a che un cristiano entri al servizio di un ebreo per via della conseguente subordinazione sociale del primo. Il cristiano dovrebbe avere autorità sull'ebreo, e non viceversa. È quanto volle esprimere san Paolo nella sua *Lettera ai Galati* (IV,30), quando, riferendosi alla vicenda di Sara e Agar, scrive: "Il figlio della serva non dividerà l'eredità del figlio della libera".

Il cristiano che serva un ebreo con una paga giornaliera non deve mangiare con lui; una disposizione con cui bisogna ribadire che il lavoro svolto dal cristiano non lo rende servitore dell'ebreo e che la superiorità del cristiano non è in alcun modo intaccata dalla mansione svolta. È proibito ai cristiani di prestare qualsiasi servizio nelle famiglie ebraiche durante i preparativi per la celebrazione del Sabato o di qualsiasi altra festa, anche solo per un momento. I cristiani non sono autorizzati a rendere omaggio a un ebreo e non sono autorizzati a chiamarlo *dominus*, cioè signore. Il cristiano non dovrebbe non mangiare con gli ebrei, né giocare e ballare con loro.

*

A Strasburgo gli ebrei potevano trascorrere solo alcune ore giornaliere fuori del ghetto. Ad Augusta dovevano pagare un fiorino per ogni ora trascorsa in città fuori del ghetto, mentre a Brema un ducato. In parecchie città non erano nemmeno autorizzati a uscire dal ghetto durante le festività cristiane; era proibito loro di visitare anche case poco raccomandabili. Allo stesso modo non potevano avvicinarsi a nessun convento femminile o conversare con una monaca. Segue tutta una serie di accuse contro gli ebrei: costringono le balie cristiane a gettare il loro latte nelle latrine il giorno della comunione; acquistano sul mercato nero oggetti sacri, croci, calici, ecc., per poi rivenderli ai cristiani dopo averli contaminati o rivenderli come reliquie ossa di asini, cani e maiali.

Padre Constant osserva che un monarca cristiano ha il diritto di tenere lontano dai convertiti alla fede cattolica tutto ciò che potrebbe scuotere la loro fede e, al minimo segnale di ostilità e aggressione, espellere tutti gli ebrei e gli infedeli che provocano problemi sul suo territorio. Questo perché solo la Chiesa possiede la verità religiosa. Tutto ciò che contraddice questo fatto, tutto ciò che rivendica il nome di religione e, quindi, non è in accordo con la Santa Chiesa, è semplicemente un errore religioso. Quindi ha ragione il famoso Consalvi quando afferma che la Chiesa cattolica è intrinsecamente intollerante[6]. In ogni stato cristiano gli ebrei nel loro insieme meritano di essere espulsi se denigrano la fede cristiana, ma soprattutto se aggiungiamo il versamento del sangue cristiano. Inoltre, secondo l'opinione della Chiesa, gli ebrei possono essere espulsi dal paese se fomentano ribellioni, se mettono in pericolo la popolazione cristiana e se, pur non ribellandosi, sono così numerosi in uno stato cristiano da far apparire la popolazione alla loro mercé. "Poiché la Chiesa procede sempre dal fatto acclarato che l'ebreo in quanto tale, e semplicemente in quanto ebreo, è incline al tradimento". Non per nulla, scrive Padre Constant, la Chiesa ritiene nel momento più solenne della sua liturgia ai piedi della croce insanguinata del suo Signore, quando offre al cielo per tutti gli uomini quel sangue dal valore inestimabile, quando non esclude nessuno dalle sue preghiere, nell'ora della sua misericordia, che non le sia permesso d'implorare in altro modo quella misericordia per i

---

[6] Cit. ivi, p. 195 (NdC).

giudei senza aggiungere al loro nome il giusto epiteto: "Preghiamo anche per i perfidi giudei"[7].

*

Gli ebrei possono essere espulsi dal paese se rifiutano di osservare le leggi o se la loro ricchezza fa insorgere il minimo sospetto che ci possa essere un pericolo per i cristiani debitori. Così, sotto Ferdinando e Isabella, gli ebrei furono espulsi dalla Spagna. Il principe cristiano ha il diritto, se dispone di presunzioni legittime che privino che tutti o parte dei beni usurpati dall'indagato sono stati acquisiti fraudolentemente, di confiscare quei beni all'interessato e di requisire l'intero patrimonio se è acquisito in modo fraudolento, altrimenti di farlo solo parzialmente, a seconda del nesso con la frode appurata. Ma questi princìpi, dice Padre Constant, sono in pratica ammorbiditi perché gli ebrei sono accettati nella società cristiana solo per misericordia e lo scopo della Chiesa che li accoglie è quello di utilizzarli per facilitare il loro ingresso nella fede cattolica, non di permettere loro di nuocere ai suoi figli con la proverbiale perfidia giudaica. Così il più giusto di tutti i governanti, San Luigi, confiscò in un sol colpo un terzo della loro intera fortuna[8].

Segue poi tutta una serie di disposizioni calcolate per influenzare anche il commercio degli ebrei.

Nessun ebreo può istruire un cristiano in alcuna scienza o arte; non deve ricoprire alcuna dignità o carica pubblica con cui possa entrare in relazione con i cristiani, né ricevere un dottorato da una qualsiasi università cattolica. I medici ebrei non possono essere ammessi alla presenza di cristiani malati; poiché, osserva Constant, la Chiesa pensava ai pericoli ai quali la perfidia giudaica esponeva la fiducia cristiana. Niente in famiglia sarebbe più al sicuro; l'intimità crea opportunità

---

[7] Cfr. ivi, pp. 197-198 (NdC).
[8] Cfr. ivi, p. 51 (NdC).

deplorevoli. Fu un medico ebreo a rapire il piccolo Simone, il celebre martire di Trento.

Inoltre, agli ebrei era proibito di essere farmacisti per via dell'opportunità di praticare la magia. Solo durante il viaggio era permesso all'ebreo di mangiare, bere o passare la notte con i cristiani, o soggiornare con loro in una locanda.

"Gli ebrei vivono in servitù dei cristiani non come schiavi domestici, ma come servi della gleba", scrive Benedetto XIV[9]. Che cosa avrebbe detto questo Papa, osserva Constant, se avesse visto gli ebrei occupare la quarta parte della magistratura nella stessa nazione cristiana, nella figlia maggiore della Chiesa?

Il magistrato, dice San Tommaso, deve nutrire un tale amore per la giustizia, affinché si dica che in lui abbia avuto luogo un'incarnazione di questa giustizia. Come possiamo attenderci, osserva Constant, una tale giustizia dai perfidi giudei, da quelli che la Chiesa ufficialmente, solennemente e consapevolmente chiama "perfidi"?

L'ebreo è escluso dalla professione militare. Le professioni consentite all'ebreo erano: deposito, commercio di oreficeria e pietre preziose, commercio dell'usato, commercio al dettaglio e tipografia.

*

Gli ebrei erano soggetti all'Inquisizione nei seguenti casi:

1. Quando negano quelle verità della religione che anche i cristiani sono obbligati a credere.

2. Quando evocano i demoni e fanno loro sacrifici. Constant osserva che la Cabala ebraica deve la sua esistenza alle intime connessioni dei rabbini con i diavoli, che questa dottrina trasmette gli insegnamenti del diavolo e che su di essa si fondano le strette relazioni tra ebraismo e massoneria.

3. Quando insegnano questa dottrina ai cristiani.

4. Quando parlano in modo blasfemo contro la fede cristiana.

---

[9] Cit. ivi, p. 216 (NdC).

5. Quando inducono un cristiano all'apostasia.

6. Quando impediscono a una persona non battezzata di convertirsi alla fede cattolica[10].

Un *magister* era incaricato di predicare la teologia nelle sinagoghe ogni settimana. In seguito, la Chiesa stabilì che i bambini ebrei di entrambi i sessi dovessero frequentare l'istruzione religiosa cattolica. Il primo paragrafo del tacito contratto tra Israele, che mendicava terra e acqua, e la Chiesa, che gli concedeva questo dono, recitava: ogni mezzo che la Chiesa riterrà utile per indurre Israele alla professione della fede cattolica potrà e sarà effettivamente utilizzato. La Chiesa ha severamente proibito agli ebrei di far accendere i fuochi ai cristiani di Sabato o di far partecipare i cristiani a cerimonie o sermoni ebraici, in particolare alla cerimonia della circoncisione.

Padre Constant chiude il suo lavoro con una trattazione dell'"omicidio rituale"[11].

*

Eccoci giunti alla fine della descrizione che il dotto frate domenicano, dottore in teologia e in diritto canonico, in un'opera vistata dai suoi superiori ecclesiastici, scrisse sui rapporti tra ebrei e cristiani nell'anno 1897, cioè quattro anni fa – poco prima dell'inizio del XX secolo a Parigi, nella città della luce, sulle leggi e sulle massime stabilite dalla Chiesa. Ebrei e cristiani capiranno da queste parole come la Chiesa romana agì contro gli ebrei quando poté farlo e come agirebbe oggi se solo lo potesse.

---

[10] Cfr. ivi, pp. 225-229 (NdC).
[11] Cfr. ivi, pp. 266 ss. (NdC).

2. Papismo

È interessante osservare che di tutti i fattori della Chiesa, quello che si mostrò più umano nei confronti di Israele fu il suo capo, cioè il Papa, e fu sempre così; un fatto che gli storici ebrei hanno più volte ammesso con senso di gratitudine. Papa Gregorio Magno decretò che nessun ebreo fosse costretto a farsi battezzare coattivamente e che solo la dolcezza e l'amore dovessero cercare di indurlo alla conversione. Questa dichiarazione divenne il "programma" per il trattamento degli ebrei da parte di tutti i suoi successori. I Papi alzarono ripetutamente la voce ogni qualvolta che i cristiani avevano cercato di indurre forzatamente gli ebrei al battesimo. Innocenzo III, che aveva ripetuto questo divieto, poté fare riferimento a cinque suoi predecessori, vale a dire a Callisto, Eugenio, Alessandro, Clemente e Celestino. Egli proibì di perseguitare gli ebrei e sottolineò il loro diritto alla libertà di coscienza e il libero esercizio del culto. Tuttavia, le ragioni addotte erano particolari. "Gli ebrei", scrive Innocenzo III, "sono i testimoni viventi della verità cristiana. Il cristiano non dovrebbe eliminarli, per non perdere la conoscenza della legge divina". In seguito, Gregorio IX ripeté le stesse ordinanze. Possiamo ben dire che gli ebrei fossero trattati dai Papi anche meglio dei protestanti. Padre Constant osserva: "La sinagoga ebraica non ha sempre torto, come accade, solo per protesta, al tempio protestante"[12]. Anche Alessandro II e III protessero gli ebrei; quest'ultimo elogiò persino prìncipi e vescovi che avevano concesso protezione agli ebrei al tempo della persecuzione. Anche Clemente V e VI concessero protezione agli ebrei. Quando gli ebrei furono accusati di provocare la peste nera avvelenando i pozzi, il Papa sostenne che l'accusa fosse falsa poiché gli ebrei, come i cristiani, erano stati travolti dalla peste. Dobbiamo ricordarci che non meno di cinque Papi,

---

[12] Ivi, p. 78 (NdC).

vale a dire Innocenzo IV (1247 e 1253), Gregorio X (1272), Martino V (1422), Paolo III (1540) e Clemente XIV (all'epoca in cui era ancora cardinale Ganganelli, nel 1759), dichiararono espressamente che l'accusa di sangue era una calunnia. Quando i Papi si stabilirono ad Avignone, masse di ebrei accorsero nella città provenzale per cercare riparo dalle sanguinose persecuzioni subite nelle terre della cristianità. Quando furono espulsi dalla Spagna, Papa Alessandro ne ricevette un gran numero. Riconoscendo con gratitudine questi fatti, il grande Sinedrio, riunitosi a Parigi nel 1807, registrò anche in forma ufficiale l'espressione della riconoscenza degli ebrei per la protezione così spesso loro accordata da molti Papi e alti dignitari ecclesiastici.

*

Quanto poco la protezione dei Papi giovasse agli ebrei, lo spiegheremo in seguito. La loro protezione non era efficace finché i Papi, per i noti motivi religiosi, sottoponevano gli ebrei a leggi eccezionali, conservavano l'espressione di "perfidi giudei" nella preghiera del Venerdì Santo, li accusavano di pervicace cecità, di ostinazione e li descrivevano come un popolo maledetto e deicida. Anche per i cristiani medievali il maltrattamento di un ebreo, così come la sua conversione forzata, il battesimo forzato di bambini ebrei, che, secondo il diritto canonico, comportava sempre giuridicamente l'allontanamento forzato del bambino dalla casa genitoriale, erano severamente vietati dai rescritti papali. Va da sé che la stragrande maggioranza dei cristiani di quei tempi oscuri, alla luce dell'insegnamento della Chiesa sull'ebraismo, non poteva scorgere alcun peccato particolarmente grave in tale azione.

Immaginiamo un cavaliere cristiano credente del Medioevo cui capiti di avere fra le mani un bambino ebreo. Sarà tentato di farlo battezzare e, quindi, di strapparlo per sempre ai suoi sfortunati genitori. Tuttavia, è anche consapevole che il Papa ha espressamente vietato un simile atto e lo ha minacciato di sanzioni. Come pensi, mio venerabile lettore, che andrà a finire la lotta nel suo petto? In novantanove casi su cento, il cavaliere avrà pensato così: "Questo bambino ebreo mi è appena capitato fra le mani. Non si tratta di una coincidenza, ma è un segno di Dio. Se lo battezzo, la nostra Chiesa avrà un credente in più, il paradiso un santo in più e io salverò l'anima del bambino, che ora apparterrà a Dio. È impossibile che Dio mi punisca per avergli portato l'anima di un bambino del genere. È vero, i genitori soffriranno a morte, ma che importanza ha il dolore degli assassini di Dio e dei nemici della nostra Chiesa? È vero, commetto peccato violando un espresso divieto papale. Ma sono sicuro che questo peccato sarà facilmente perdonato. Quindi battezziamo il bambino nel nome di Dio. Perché è impossibile che sarà gettato nell'inferno per questo motivo, perché ho portato un'anima umana alla Chiesa, al cielo e a Dio, anche se in modo illecito".

3. Chiesa ortodossa

Per quanto riguarda la Chiesa scismatica o greco-ortodossa, non c'è dubbio che la sua concezione dell'ebraismo e i suoi desideri circa il modo in cui dovrebbe essere trattato dai cristiani coincidano con quelli della Chiesa romana. La Chiesa di gran lunga più grande e più potente fra quelle scismatiche è, come è noto, quella russa, rispetto alla quale le altre stanno scomparendo. Ora, mentre in tutti gli Stati europei la Chiesa romana ha cessato di dirigere la politica e la sua influenza nel governo e nella legge è notevolmente scemata rispetto al Medioevo, la Chiesa ortodossa in Russia ha conservato ininterrottamente il suo potere[13].

È noto che più della metà degli ebrei vive in Russia e abita le zone in cui si trovavano ben prima della conquista russa. I loro rapporti civilistici furono riorganizzati nel 1882 dalla legge

---

[13] 1901 (NdC).

del conte Ignatiev. Essa stabiliva che agli ebrei all'interno della zona assegnata non fosse permesso di stabilirsi in futuro al di fuori delle città e dei paesi[14]. Erano esclusi le colonie ebraiche già esistenti e quegli ebrei che si dedicavano all'agricoltura e alcuni privilegiati. Inoltre, essi non possono acquistare terreni o commerciare nelle domeniche cristiane o nei giorni festivi e devono chiudere i loro negozi in quei giorni. Tutto ciò non sembra particolarmente gravoso. Diamo un'occhiata alle disposizioni legislative del provvedimento. Inizialmente, circa centocinquantamila ebrei stranieri che non avevano la cittadinanza russa ed erano sudditi di paesi stranieri furono espulsi dal territorio russo. Inoltre, tutti gli ebrei all'interno della zona che non vivevano in città e paesi, ma in villaggi, furono cacciati dalle loro residenze e spinti nelle città. Agli ebrei fuori della zona fu ordinato di lasciare le loro residenze e di recarsi nella zona. Così nel gennaio 1892, quando faceva molto freddo (-32°), duemila ebrei furono costretti a lasciare Mosca. Nell'occasione morirono molti bambini piccoli per il freddo, una donna che aveva partorito quattro giorni prima, circondata da sei figli, dovette essere lasciata mezza morta su un carro. Fra gli "ebrei privilegiati" che hanno il diritto di vivere fuori della zona, vi sono anche gli "artigiani esperti". Il riconoscimento di questa fattispecie era molto spesso negata per rendere impossibile ai malcapitati la loro uscita dalla zona. In molti casi, agli ebrei privilegiati fu proibito di tenere con sé i propri figli. Secondo la legge russa, un bambino ebreo poteva convertirsi alla fede ortodossa anche contro la volontà dei genitori, una volta compiuti i quattordici anni. Inoltre, a un gran numero di ebrei era proibito d'intraprendere certe attività lecite. Quando anni fa lo Stato acquistò la linea ferroviaria da Libau, tutti i funzionari ferroviari ebrei furono licenziati.

---

[14] *Čertá osédlosti* (Zona di residenza), territorio occidentale dell'impero russo, istituito da Caterina II nel 1791 e abolito con decreto del governo provvisorio russo nel 1917 (NdC).

L'ingegnere ebreo Koiranskij, che aveva lavorato nella compagnia per quasi ventisei anni, fu informato che avrebbe dovuto battezzarsi o dimettersi. L'uomo si tolse la vita. Così, lentamente, tutti gli ebrei furono espulsi dai loro posti di lavoro nelle compagnie ferroviarie e navali. Inoltre, il numero di ebrei cui era consentito l'accesso alle scuole superiori e alle università fu crudelmente limitato. Poi abbiamo tutta una serie di balzelli statali che colpiscono solo gli ebrei. Le donne ebree che non rientravano tra i privilegiati non potevano lasciare la zona; mentre la prostituta ebrea poteva circolare in tutto l'impero. Perseguitato e vessato in tutta la Russia, questo sfortunato popolo fu respinto nella zona da tutte le parti, ma anche laggiù fu stipato in spazi sempre più angusti, cioè nelle città e nei borghi, più e più volte. Anche laggiù fu proibito loro d'acquistare o affittare terreni. Fu proibito loro di cambiare residenza, furono cacciati dai villaggi e dalle campagne, si assieparono sempre di più nelle città, dove si soffocavano e si schiacciavano a vicenda. L'esercizio del loro culto fu reso più difficoltoso, le loro scuole furono chiuse, fu negato loro l'accesso alle scuole secondarie, e, per quanto possibile, fu preclusa loro una moltitudine di professioni oneste, permettendo loro solo pochi rami di attività cui potersi dedicare. Tutte queste restrizioni provocarono una terribile competizione fra gli ebrei, una lotta incessante per il pane quotidiano. Quindi, comprensibilmente, la miseria divenne sempre più nera.

Un famoso statista russo[15], cui fu illustrata questa miseria, avrebbe detto: "Che importa? Un terzo emigrerà, un terzo si convertirà, un terzo morirà".

---

[15] Konstantin P. Pobedonoscev, (1827-1907), procuratore dal Santo Sinodo russo dal 1880 al 1905 (NdC).

4. Chiesa protestante

Per quanto riguarda la Chiesa protestante, i suoi credenti preferiscono seguire gli insegnamenti di Lutero, esposti nel suo scritto *Degli ebrei e le loro menzogne*, apparso a Wittemberg nell'anno 1543. Qui li chiama bugiardi e segugi, vipere velenose, serpenti maligni, figli del diavolo perché non intendono riconoscere l'interpretazione cristologica delle Sacre Scritture. Lutero ordina che le sinagoghe degli ebrei siano incenerite "in ossequio di nostro Signore e della cristianità"; poi i cristiani dovrebbero distruggere le loro abitazioni e metterli sotto lo stesso tetto o in una stalla, come gli zingari. Tutti i libri di preghiere e le copie del *Talmud*, anche le Sacre Scritture dell'Antico Testamento, dovrebbero essere sottratti loro con la forza. Anche pregare e pronunciare il nome divino è proibito loro, pena la perdita della vita e l'amputazione degli arti. Ai loro rabbini dovrebbe essere proibito l'insegnamento. Le autorità dovrebbero vietare agli ebrei di viaggiare e di spostarsi per strada; dovrebbero restarsene a casa. Non solo dovrebbe essere loro proibita l'usura, ma dovrebbe essere loro tolta la ricchezza accumulata. Lutero consigliò di istituire un tesoro con le requisizioni, da utilizzare per sostenere gli ebrei che si fossero convertiti al cristianesimo. Gli ebrei e le ebree più in salute dovrebbero essere costretti dalle autorità a svolgere il servizio civile forzato, dovrebbero essere rigorosamente istruiti all'uso di ascia, vanga, conocchia e fuso in modo da guadagnarsi il pane col sudore della fronte e non perdere tempo nella pigrizia, nelle feste e nel fasto. I cristiani non dovrebbero nutrire alcuna misericordia verso gli ebrei. Lutero parlò al cuore dell'imperatore e dei prìncipi: possono cacciare gli ebrei dal paese senza indugi, ricacciarli nella loro patria. Presumendo però che i prìncipi non avrebbero commesso una tale assurdità, ammonì i pastori e gli insegnanti popolari a riempire le loro congregazioni di odio velenoso contro gli ebrei. Se avesse avuto potere sugli ebrei, osservò, avrebbe radunato i loro studiosi migliori e, minacciando di "tagliar loro la lingua in fondo alla gola, avrebbe imposto loro la prova che il cristianesimo insegna un solo Dio, e non tre". Lutero, in realtà, incitò i cavalieri predoni contro gli ebrei. Aveva sentito dire che un ricco ebreo stava attraversando la Germania con dodici cavalli, precisamente il ricco Michel. Ora, se i prìncipi non intendevano sbarrare la strada a lui e ai suoi correligionari, che si radunasse la cavalleria contro di loro, perché i cristiani avrebbero appreso dal suo libretto quanto fosse depravato il popolo ebraico.

Poco prima della sua fine, Lutero ammonì in un sermone i suoi uditori di espellere gli ebrei:

Inoltre, avete anche gli ebrei nel paese, che stanno facendo un grave danno. [...] Anche se sono preoccupato che il sangue degli ebrei sia annacquato e selvatico, dovresti offrire loro sinceramente il battesimo, altrimenti non dovreste tollerarli. Se gli ebrei bestemmiassero e disonorassero quotidianamente nostro Signore, non dovresti sopportarli, ma scacciarli. – Se potessero ucciderci tutti, lo farebbero volentieri e spesso lo fanno, specialmente quelli che si spacciano per medici – così possono anche usare la medicina permessa in Germania, poiché s'insegna il veleno che agisce in un'ora, – già, possono praticare quell'arte in dieci o vent'anni. – Da semplice campagnolo intendevo solo dirvi che, se gli ebrei non si convertissero, non dovremmo tollerarli o sopportarli neanche qui[16].

Se paragoniamo il comportamento di Lutero e della Chiesa protestante nel Medioevo verso gli ebrei con quello della Chiesa romana, è ovvio che quest'ultima si comportò in modo incomparabilmente più umano e tollerante nei confronti di questo popolo sfortunato rispetto alla prima.

---

[16] Cit. H. Grätz, *Geschichte der Juden*, volume 9: *Von der Verbannung der Juden aus Spanien und Portugal (1494) bis zur dauernden Ansiedelung der Marranen in Holland (1618)*, Leiner, Lipsia 1891, p. 325 (NdC).

Il protestantesimo (quello autenticamente credente) non è affatto più illuminato, più progressista e più tollerante della Chiesa romana. Ma il protestantesimo ha creato il terreno su cui si poterono sviluppare la libertà di pensiero e l'illuminismo e, quindi, sono oggettivamente protestanti i principali esegeti biblici, gli studiosi di religione comparate e di molte altre discipline; protestanti che, naturalmente, sarebbero stati arsi, decapitati, scorticati, mutilati e squartati dai loro stessi correligionari.

5. Padri della Chiesa

Agli antisemiti che non si stancano di ripetere che negli ebrei sono innati l'usura, il dissanguamento dei cristiani e un'eccessiva avidità, vorrei chiedere come mai, nei primi secoli cristiani, i Padri della Chiesa non mossero mai loro accuse del genere. Chi ne dubita è pregato di consultare la Biblioteca in ottanta volumi dei Padri della Chiesa (selezione delle opere patristiche più eccellenti nella traduzione tedesca), pubblicata sotto la direzione generale del dottor Valentin Thalhofer, decano della cattedrale e professore di teologia a Eichstätt, consigliere episcopale e spirituale di Augusta, già professore universitario e direttore del *Georgianum* di Monaco ecc., a cura della libreria Josef Köselschen di Kempten[17]. L'indice di persone e soggetti della Biblioteca comprende solo due volumi.

Se cerchiamo la parola "ebrei" nell'indice, troviamo cinque pagine in cui sono registrati i passaggi dedicati di questi 55 Padri della Chiesa. Qui troviamo sacrifici e pratiche religiose prive di valore, trattati sul loro rifiuto, già profetizzato da Isaia, resoconti della loro partecipazione ai processi cristiani.

---

[17] La prima edizione di ottanta volumi fu curata da Thalhofer e Franz Xaver Reithmayr dal 1869 al 1888 presso gli editori Engelmann di Lipsia e Kösel di Kempten (NdC).

Troviamo prove della loro inimicizia contro i cristiani, resoconti della loro condizione alla venuta di Cristo, del loro misconoscimento del Padre e del Figlio, lagnanze sulla loro incredulità in Cristo, sulle loro visioni errate del Messia, resoconti delle loro sette, della durata della loro permanenza in Egitto, del loro rapporto con gli egiziani, della loro rapina di questi ultimi, giustificata per la riscossione del loro salario, resoconti sull'esodo dall'Egitto, sul passaggio attraverso il Mar Rosso, sul loro viaggio attraverso il deserto, su una fortunata vittoria che permise loro di entrare in Palestina, sull'origine delle quaglie, sulla loro cronologia e storia a riprova della divina provvidenza, sulle loro tribolazioni sotto otto imperatori romani, sul prelievo forzoso cui furono sottoposti, sull'antipatia del filosofo Celso nei loro riguardi, sulla saggezza dei loro precedenti decreti di culto e governo, sulla loro discendenza da Abramo, sul loro carattere di popolo eletto che non adora né il cielo né gli angeli, sul loro spirito protettore, sulla differenza tra la loro circoncisione e quella di altri popoli, sul motivo per cui Cristo fu inviato loro, sulla loro possibile conversione, sulla loro impazienza, sulla loro invidia, sulla loro considerazione dei libri sacri, sull'esclusione dai giusti servi cristiani che diventano liberi quando fuggono da loro, sugli statuti dei loro schiavi e servi, perché sono una sterile vigna di Dio e le loro feste sono illecite, sui loro vani tentativi di ricostruire il Tempio, su Dio come loro capitano in guerra, perché dovevano comparire dinnanzi a Dio tre volte l'anno, sulla loro giurisdizione e sul loro potere politico al tempo degli apostoli, sul motivo per cui non fu permesso loro d'uccidere Gesù, sulla loro peccaminosità e responsabilità penale dinnanzi a Cristo, sulla loro differenza e vantaggi rispetto al pagani, sulla loro condizione di schiavi di fronte all'infanzia cristiana di Dio, su quegli ebrei che credevano in Cristo, sulla loro caduta che divenne la salvezza dei non-ebrei, sulla loro gola, sul loro carattere di persone ostinate, quale esempio del beneficio delle tribolazioni, delle benedizioni terrene loro concesse, del carattere esemplare della loro rettitudine, della loro somiglianza con gli scolari, della prova dell'esistenza dell'inferno fornita dalle tribolazioni che li hanno colpiti, del loro tempio, del loro lutto, della loro dispersione quale promotrice del cristianesimo, sulla loro cattività babilonese, perché anche i giusti fra loro furono portati via, perché e come il diavolo sia il loro padre, sul loro carattere venefico, sulla gentilezza che dobbiamo mostrare loro, sul nostro obbligo di pregare per loro, sulle decisioni papali sulle loro sinagoghe, sul nostro dovere di proteggerli dall'ingiustizia, sul divieto di costringerli a essere battezzati, sulla loro esclusione dal diritto di acquistare utensili sacri, di costruire nuove sinagoghe e di muovere accuse contro i cristiani, sull'agevolazione fiscale in caso di loro conversione e sostegno ai convertiti, sul divieto di impedire loro di celebrare le loro feste.

Qui finisce l'elenco. Non ho tralasciato nulla.

*

D'altra parte, alla voce "Usura, avidità, cupidigia e interesse", presente nello stesso indice in due volumi dell'opera in ottanta tomi, non vi è alcuna menzione degli ebrei; ma si parla di un avido eremita, di alcuni monaci e dell'usura del clero. Se l'indice è corretto e negli ottanta tomi delle opere dei 55 Padri della Chiesa, che ovviamente non ho letto completamente perché ho cose più interessanti da fare, non c'è nient'altro sugli ebrei, possiamo affermare che i Padri della Chiesa conoscevano tanto poco dell'usura e del dissanguamento dei cristiani quanto del noto rituale del sangue, perché altrimenti l'avrebbero menzionato. Peraltro gli ebrei sono accusati di gola; rimprovero che nessuno può muover loro oggigiorno. Sarebbero migliorati in modo encomiabile sotto quest'aspetto oppure il calo del peccato di gola si spiega col fatto che si sono rovinati lo stomaco durante le persecuzioni medievali? Oggi sono gli ebrei a rivolgere lo stesso rimprovero ai cristiani e la frase: "Mangia come un goy" è una tipica espressione ebraica. Auguro a entrambi buon appetito! Ma se un tempo gli ebrei erano golosi e oggi non lo sono più, se hanno mutato carattere e se oggi praticano l'usura su larga scala, ma non nei primi secoli cristiani, allora sono molto cambiati a loro danno. Ma se nessuna persona sana di mente può sostenere che l'usura e l'asportazione di denaro siano loro innate, bisognerà dire che le hanno acquisite e piuttosto bene. – Ma chi furono i loro maestri?

Tra la pila di libri davanti a me, a favore e contro gli ebrei, vi è anche un opuscoletto che fu portato all'attenzione dei cristiani di Münster nell'anno 1894, intitolato *Le opinioni e gli insegnamenti dei Padri della Chiesa sugli ebrei*. L'autore è H.K. Lenz[18]. Nel suo sommario (a pagina 11) troviamo fra parentesi le voci "Commercio degli ebrei" e "Usura". Felicissimo di trovare finalmente notizie sull'usura ebraica nel primo millennio d.C., lessi il capitolo con particolare attenzione e scoprii solo due massime. Una è tratta da un poema dell'abate siriano Isacco di Antiochia, la seconda da una lettera del vescovo di Poitiers, sant'Ilario, morto nel 368 d.C. Gli altri passaggi citati da Lenz riguardano il denaro degli ebrei, ma non contengono una sola parola sulla loro "usura". Non so se Isacco di Antiochia sia uno dei Padri della Chiesa; in ogni caso, non appartiene alle stelle di primo rango. I più grandi Padri della Chiesa ostili agli ebrei tacciono sull'usura ebraica, così come sul "rituale del sangue", proprio come il decreto esiliare di Ferdinando il Cattolico, con cui gli ebrei furono banditi dalla Spagna, non menziona affatto i rituali di sangue e l'usura. Tutte le accuse rivolte agli ebrei nel primo millennio d.C. hanno un retroterra esclusivamente religioso, come mi permetto di ricordare ai nemici degli ebrei.

Quindi chi si prenderà la briga di sfogliare le opere dei Padri della Chiesa e di scovare tutti quei passaggi che si riferiscono agli ebrei, dovrà ammettere che non vi sono altre accuse se non

---

[18] H.K. Lenz, *Der Kirchenväter Ansichten und Lehren über die Juden: den Christen in Erinnerung gebracht*, Russell, Münster 1894 (NdC).

quelle relative al deicidio, all'incredulità e all'ostinazione. Lo stesso vale non solo per le opere dei Padri della Chiesa, ma anche per quelle degli storici profani del primo millennio. Posso affermare tutto questo con sicurezza perché ho letto la maggior parte degli opuscoli antisemiti. Anche il quotato *Catechismo antisemita*, che ha accuratamente raccolto tutti i giudizi sfavorevoli agli ebrei, riporta, nel suo capitolo "Dichiarazioni di uomini illustri sugli ebrei"[19], dapprima i giudizi ostili di quattro scrittori romani, poi di tre maomettani. Ma poi ecco un gran balzo in avanti, perché passiamo ai giudizi del XII-XIII secolo. Perché il testo non cita alcuna massima risalente al lungo periodo da Vespasiano al XII secolo? Perché non ha attinto nulla dai numerosi scritti antiebraici dei Padri della Chiesa, niente da Crisostomo, niente da Agobardo? La risposta è ovvia: ci sarebbe tanto materiale, ma tutti quei passaggi riguardano solo la religione che, secondo gli antisemiti, non avrebbe niente a che fare con la faccenda. Quindi il *Catechismo antisemita* nasconde tutte le massime antiebraiche dei primi mille anni e deve risalire al XII secolo, perché solo allora trovò accuse che non avevano nulla a che fare con la religione. La prima massima ostile che accusa gli ebrei d'usura, citata dal *Catechismo*, proviene da Peter Schwarz nel 1477. Affermo, quindi, con certezza che tutte le massime antiebraiche del primo millennio sono esclusivamente di natura religiosa. E queste accuse, come detto, sono quelle di deicidio e incredulità impenitente.

6. Deicida

Deicida! Parola terribile. Come una maledizione, quest'accusa perseguita da due millenni gli sventurati ebrei in tutte le terre della cristianità. Quale fiume di sangue ebraico è

---

[19] Fritsch, *op. cit.*, pp. 30-114 (NdC).

scorso da quando apparve, quali sofferenze ha causato loro! Secondo la visione cristiana, gli ebrei divennero i figli del diavolo da popolo scelto da Dio; sono maledetti, e ogni anno, durante la celebrazione del Venerdì Santo, il loro deicidio è citato con l'etichetta di "perfidi giudei". La genuflessione è omessa per commemorare che gli ebrei si facevano beffe del Salvatore irridendo l'inchino delle ginocchia.

La famosa preghiera recita:

Oremus et pro perfidis Judaeis: ut Deus Dominus noster auferat velamen de cordibus eorum; ut et ipsi agnoscant Jesum Christum Dominum nostrum.

Omnipotens sempiterne Deus, qui etiam judaicam perfidiam a tua misericordia non repellis: exaudi preces nostras, quas pro illius populi obcaecatione deferimus; ut, agnita veritatis tuae luce, quae Christus est, a suis tenebris cruantur. Per eumdem Dominum nostrum. Amen.

Preghiamo anche per i perfidi giudei: che il nostro Dio e Signore tolga il velo dai loro cuori, affinché anch'essi riconoscano Gesù Cristo nostro Signore.

Dio onnipotente ed eterno, che non escludi dalla tua misericordia i perfidi giudei: ascolta le preghiere che offriamo per questo popolo accecato, affinché riconosca la luce della tua verità, che è Cristo, e sia liberato dalle tenebre – per mezzo dello stesso Gesù Cristo nostro Signore. Amen[20].

Ora, mi chiedo, quale impressione devono suscitare tali parole su un ebreo? Credo che un ebreo, se è particolarmente nobile e generoso, risponderà: ogni anno ci chiamate pubblicamente "perfidi giudei" nella vostra chiesa durante il servizio solenne, ma vogliamo dimostrarvi con i fatti quanto vi sbagliate, che ingiustizia ci state facendo. Altri invece – temo la

---

[20] I termini "perfidis" e "perfidiam" furono aboliti nel 1959. La preghiera fu modificata nel 1970 da Papa Pio IV con la riforma della liturgia (NdC).

maggioranza – diranno: ci chiamate così? Bene allora, avete ragione, saremo il più perfidi possibile nei vostri confronti!

Anche qui va detto che, secondo il chiaro testo dei *Vangeli*, furono i soldati romani a insultare il salvatore piegando beffardamente le ginocchia (*Matteo* XXVII,27-32; *Marco* XV,16-21, *Giovanni* XIX,2). Non c'è una sola parola nei *Vangeli* sul piegamento beffardo delle ginocchia operato dagli ebrei.

*

Dal punto di vista cristiano si potrebbe forse obiettare che, al di là del lungo periodo trascorso da allora – millenovecento anni sono pur qualcosa! – fu solo una parte del popolo ebraico che complottò contro il salvatore e impose la sua condanna a Pilato e che, anche se gli ebrei gridarono in quel momento: "Il suo sangue ricada su di noi e sui nostri figli", l'appello non proveniva da tutto il popolo, – il che sarebbe un'impossibilità fisica, per mancanza di spazio davanti o nel palazzo di Pilato per tutto un popolo urlante. Da *Matteo* (XXVII,20) e da *Marco* (XV, 11) sappiamo per certo che il popolo ebraico fu influenzato e aizzato dai sommi sacerdoti e dagli scribi quando chiesero a gran voce l'esecuzione di Cristo. Ma Jahvè stesso dice nella *Torah* che punisce i peccati dei padri fino alla quarta generazione[21] e il profeta Ezechiele (nel capitolo XVIII) scrive che gli fu rivolta la parola di Jahvè, affinché un figlio non fosse colpevole per suo padre e un padre non dovesse sopportare la colpa di suo figlio; solo l'anima mancante avrebbe dovuto morire. Secondo queste due prescrizioni divine, gli ebrei di oggi avrebbero dovuto essere esentai dalla punizione per molto tempo, tanto più che Cristo stesso sulla croce chiese a Dio di perdonarli. Anche gli ebrei non hanno mancato di menzionare in loro difesa che se Cristo doveva morire sulla croce, loro, i suoi antenati che imposero la crocifissione erano i mandatari di Dio e che, se non avessero crocifisso il Salvatore, l'opera della salvezza non sarebbe stata compiuta e tutte le benedizioni della

---

[21] Cfr. *Esodo* XX,5 e XXXIV,7 (NdC).

salvezza sarebbero quindi sfuggite ai cristiani. Oggi non abbiamo nessuna Chiesa trionfante in cielo. Inoltre, gli ebrei hanno fatto riferimento al fatto che, secondo l'insegnamento cristiano, si convertiranno alla fine dei tempi; se lo facessero ora, la profezia non potrebbe avverarsi. Se si convertissero tutti oggi, la fine del mondo sarebbe imminente, cosa che a nessuno farebbe piacere. Quindi il deicidio imputato agli ebrei, l'attuale irrigidimento di una parte del loro popolo nel piano salvifico, sarebbero stati predeterminati e, quindi, necessari; dunque gli ebrei non ne sarebbero responsabili. Ma queste scuse, come c'insegna la storia, *sono* inutili, perché i cristiani presuppongono che gli ebrei, semplicemente rimanendo tali e non convertendosi, "approvino" il deicidio commesso dai loro antenati, il che ovviamente non vale per coloro che non hanno ricevuto o non hanno potuto ricevere alcuna istruzione nella dottrina cristiana. Affinché non fossero ebrei rimasti nella superstizione per ignoranza, gli ebrei medioevali furono costretti a frequentare regolarmente l'istruzione religiosa cristiana. Apparentemente per dare loro l'opportunità di apprendere gli insegnamenti della Chiesa cristiana, perché gli insegnanti della Chiesa erano convinti di essere così convincenti che ogni persona di sentimenti retti dovrebbe accettarli il prima possibile e che ogni ebreo che, malgrado la debita istruzione in esso, persiste nella sua incredulità, non persiste nell'errore innocente, ma nell'errore criminale e persiste maliziosamente. Nessun ebreo convertito avrebbe mai potuto essere accusato di essere un discendente dei deicidi; al contrario, se c'era ragione di credere nella sincerità della loro conversione, essi erano accolti a braccia aperte nella comunità cristiana. Da ciò ne consegue che i cristiani si risentivano soggettivamente degli ebrei solo per la loro incredulità e per l'ostinazione, oppure consideravano oggettivamente la differenza nella loro visione teologica. Mentre consideravano il deicidio solo indirettamente, in quanto lo approvarono in una certa misura per ostinazione.

7. Incredulità impenitente

Il vero oggetto del contendere nella diatriba ebraico-cristiana era la questione della messianicità di Gesù Cristo. I predicatori cristiani procedevano dal giusto punto di vista di dover dapprima insegnare agli ebrei ciechi, induriti e testardi che Cristo era, in realtà, il Messia annunciato nelle Scritture ebraiche; una volta che gli accecati lo avessero capito, il resto della partita sarebbe stata vinta.

Ma gli ebrei, in possesso delle Sacre Scritture dell'Antico Testamento, malgrado l'insegnamento "amorevole" e l'istruzione cristiana, non riuscivano a comprenderlo del tutto: erano così terribilmente ostinati che la luce non poteva giungere nei loro cuori. Con grande cecità, presentavano sempre agli insegnanti cristiani le stesse contro-argomentazioni, che vogliamo qui brevemente menzionare: il Messia, dicevano questi ciechi, non può essere ancora giunto perché un gran numero di profezie messianiche non si erano compiute in Cristo e nel suo tempo:

1. Il raduno delle dieci tribù e la loro sottomissione comune a un re della casa di Davide. Prova solida in *Ezechiele* XXXVII.

2. Gog e Magog e la loro sconfitta. *Ezechiele* XXXVIII e XXXIX e *Zaccaria* XIV.

3. La fenditura del Monte degli Ulivi. *Zaccaria* XIV.

4. La fenditura e il prosciugamento del fiume Mizraim e del Ferath al tempo del raduno dei dispersi d'Israele da tutte e quattro gli angoli della terra. *Isaia* XI.

5. Lo zampillio d'acqua viva in Gerusalemme dal Tempio santo. *Ezechiele* XLVII e *Zaccaria* XIV.

6. La presa – da parte di dieci uomini di tutti i tipi di popoli, locutori di lingue diverse – di un lembo di un uomo ebreo con le parole: ti seguiremo, perché abbiamo sentito che Dio è con te. *Zaccaria* VIII.

7. La salita del residuo dei popoli a Gerusalemme per adorarvi Dio. *Zaccaria* VIII.

8. L'apparizione dei popoli nei giorni di riposo e nei noviluni a Gerusalemme per adorarvi il Signore.

9. Lo sradicamento degli idoli e delle loro reliquie, dei profeti bugiardi e dello spirito immondo dalla terra. *Zaccaria* XIII, *Giosuè* II e *Salmo* XCVII.

10. Supremazia della fede e della religione ebraica nel mondo. *Isaia* XLV, LII e LXVI, *Zaccaria* IX e XIV.

11. Un solo regno deve esistere in tutto il mondo, cioè il regno degli israeliti, chiamati i santi di Dio. *Numeri* XXIV, *Isaia* XLIX e LX e *Daniele* VI.

12. Il regno di pace e tranquillità generale nel mondo dopo le menzionate guerre con Gog e Magog, *Isaia* II, *Michea* IV, *Osea* II, *Zaccaria* IX.

13. Pace in terra d'Israele, anche tra animali selvatici e domestici. Lupo e pecora abitano insieme ecc. ecc. *Isaia* XI e LXV, *Ezechiele* XXXIV e *Osea* II.

14. L'assenza di peccato di Israele. *Isaia* LX, *Deuteronomio* XXX, *Isaia* LX, *Geremia* III e L, *Ezechiele* XXXVI, *Sofonia* III.

15. Cessazione della sofferenza e del dolore in tutta la terra d'Israele. *Isaia* LXV.

16. Risveglio della bontà di Dio verso Israele e ricomparsa in Israele della profezia e della sapienza. *Ezechiele* XXXVII, XXXIX, XLIII, *Gioele* II e V, *Isaia* XI, *Geremia* XXXI.

17. Ritorno del profeta Elia. Capitolo finale di *Malachia*.

18. Costruzione del futuro Tempio esattamente secondo il piano di *Ezechiele* XL-XLV.

19. La risurrezione dei morti. *Deuteronomio* XXXII, *Isaia* XXVI, *Daniele* XII.

20. Divisione del paese secondo le dodici tribù. *Ezechiele* XLVII.

Queste profezie, dicono i "malvagi" ebrei miscredenti, non si sono ancora adempiute, e il Messia non può apparire prima di allora. (Vedi anche *Daniele* II e VII e *Isaia* LX, LXII, LXIII).

Per confutare la dottrina cristiana secondo cui le profezie si fossero compiute in Cristo, gli ebrei sostenevano che tali profezie, se non estratte arbitrariamente dal testo vetero-testamentario, ma lette nel loro contesto generale, non potevano affatto riferirsi al Messia. Inoltre, molte di quelle profezie non si sarebbero affatto adempiute in lui, ma gli scrittori cristiani avrebbero in seguito inventato le circostanze della vita di Cristo allo scopo di concordare la sua biografia con le diverse profezie. In breve, gli ebrei rimasero ancora più ostinati. Il modo migliore fu, quindi, quello di rendere loro la vita particolarmente difficile. Il mezzo era radicale perché, grazie alle persecuzioni, gli ebrei erano spesso convertiti al cristianesimo a centinaia, anzi a migliaia, a quanto pare naturalmente, ma pochissimi mediante sermoni e istruzioni.

8. Ebrei e parsi

Il Padre della Chiesa Agostino dice che il popolo ebraico è come Caino, che ricevette un marchio sulla fronte in modo che non potesse essere messo a morte, e che fu disperso tra le nazioni per fungere da testimone della verità delle Scritture, secondo cui la salvezza è predetta in Cristo. A quanto pare, il popolo ebraico fu creato per fungere da testimone del Messia. Bossuet scrive quanto segue:

Dio ha trovato un mezzo, unico caso al mondo, per tenere gli ebrei fuori dal loro paese e garantire la loro distruzione, più a lungo dei popoli che li hanno conquistati. Non vi sono più tracce degli antichi assiri, degli antichi medi, degli antichi persiani, degli antichi greci, degli antichi romani. Le loro tracce sono scomparse e si sono fuse con quelle di altri popoli. Ma gli ebrei che furono preda degli altri popoli così famosi nella storia, sopravvissero loro[22].

---

[22] J.-B. Bossuet, *Discours sur l'histoire universelle*, decima edizione, Pedone Lauriel, Napoli 1857, p. 213 (NdC).

L'abate Bauer, nel suo opuscolo *L'ebraismo come prova del cristianesimo*, scrive quanto segue:

Dalla caduta degli imperi assiro e medio alle rovine di Cartagine, dalla caduta di Roma, Babilonia e Ninive alla scomparsa dei visigoti, dei longobardi e degli unni, tutti quei popoli confermano la stessa legge alla loro comparsa, la stessa decadenza alla loro fine. Un popolo, e invero uno *solo*, da quando i popoli fanno la storia e la storia termina i popoli, un solo popolo, io dico, nega finora in maniera incomprensibile e categorica questa legge universale e questo popolo è l'ebraismo. Unico tra tutti i popoli del mondo, il popolo ebraico ha perso il suo fondamento politico, ma ha conservato il suo fondamento sociale e religioso, finanche la sua fisiognomia. Questo è un fatto che nessuno può negare, stranezza per il volgare (*le vulgaire*), stupore per il pensatore, enigma per lo storico, ma che solo il cristiano, illuminato da una luce che proviene dall'alto, può chiamare con il suo autentico nome: "Un miracolo!"[23]

*

Ma io dico a questa teoria propinata ripetutamente per secoli: *Sancta simplicitas*! È possibile scrivere una cosa del genere? È possibile essere così ignoranti? Oppure il lettore va ingannato? Studiate prima la storia! Solo quando un essere umano – cosa, ovviamente, impossibile – conoscesse tutti gli eventi della storia, tutte le leggi della natura e tutte le loro concatenazioni possibili e reali, cioè fosse in possesso di una conoscenza sovrumana, potrebbe dire di un dato fenomeno: "Un miracolo!" Qui tuttavia si applicano le parole di Goethe: "Non v'è traccia di miracolo!"

C'è un altro popolo che, una volta, fu una grande potenza secolare, che fu conquistato, perse il suo fondamento statuale, fu disperso in tutto il mondo, ma che conserva tuttora nella dispersione la sua fede, la sua nazionalità e i suoi costumi. Si tratta, come ogni persona istruita dovrebbe sapere, dei parsi.

---

[23] B. Bauer, *Le Judaïsme comme preuve du Christianisme*, Sartori, Vienna 1866, pp. 101-102 (NdC).

Secondo la leggenda, quando Amina diede alla luce il profeta Maometto alla Mecca nel 570 d.C., il fuoco sacro si spense improvvisamente in Persia dopo aver bruciato per oltre mille anni. A Ctesifonte il livello del lago Sawa si abbassò e il palazzo di Cosroe Anurshivan fu così scosso da un terremoto che crollarono quattro dei suoi bastioni. Il sommo sacerdote dei maghi persiani (Mobed) vide in sogno un popolo straniero che attraversava il Tigri su cammelli e cavalli arabi e che si riversava nei campi della Persia. Hadji Rahmatullah di Delhi scrive nella sua famosa opera, *Izhar ul-Haqq* (1864), che Cosroe mandò Abdul Masih dal veggente Satih per farsi spiegare questi segni e prodigi. Si dice che Satih, allora sul letto di morte, rispose così alle domande dello scià:

Quando la recitazione (della confessione di Dio) diventerà abituale, quando apparirà l'uomo con il bastone (Maometto), quando il lago di Sawa si prosciugherà e il fuoco della Persia si estinguerà, Babilonia non sarà più una dimora per i persiani, né Damasco un luogo di riposo per Satih; laggiù regneranno re e regine in numero pari a quelli dei bastioni caduti; ciò che deve accadere accadrà[24].

Con queste parole Satih morì. Quando Cosroe ricevette la notizia della sua profezia, si dice che esclamò: "Passerà molto tempo prima che regnino quattordici re!" Ma si succedettero dieci re in quattro anni, mentre gli altri quattro regnarono fino al califfato di Othman, durante il cui regno morì l'ultimo re persiano. Una figlia di questo sfortunato scià, Shahrabanu, finì nell'harem del nipote di Maometto, Hussein. I musulmani vi ravvisano il compimento della profezia del *Salmo* XLV,9: "Figlie di re sono tra le tue amate spose".
Nel 628 Maometto inviò alcune missive al negus di Abissinia, all'imperatore bizantino Eraclio e a Cosroe Parvit, re di Persia, esortandoli ad accettare l'islam. Lo scià persiano

---

[24] Tabarī, *Ta'rīkh al-rusul wa-l-mulūk*, 2/131, 132 (NdC).

strappò la lettera, maltrattò il portatore della missiva profetica, Abdullah Ben Hudaqah, e lasciò inevasa la richiesta contenuta. Quando Maometto lo seppe, si dice che esclamò: "Che Dio distrugga il suo impero!" Lo scià diede al suo viceré Badau l'ordine di fare in modo che due sicari tendessero un'imboscata a Maometto, lo afferrassero e lo portassero davanti al suo trono, un piano che non riuscì.

I seguenti dettagli sui parsi sono tratti per lo più dalle due opere *I parsi* di Menant (Parigi 1898)[25] e *Storia dei parsi* di Dosabhai Framji Karaka (Londra 1884)[26].

Nell'anno 641 gli arabi vinsero la battaglia di Nehavend e la Persia fu conquistata, la dinastia sassanide finì, le profezie si avverarono!

Trentamila persiani rimasero sul campo di battaglia, ottantamila morirono in un fossato. Il vincitore diede ai vinti la scelta tra l'accettazione dell'islam o l'emigrazione. Non si sa se e quanti persiani fossero martirizzati in quel momento. Karaka menziona nella sua storia un solo martire della fede zoroastriana, Kamaji Homaji, che, posto nel 702 a Broatsch da Nawab Ahmed Bey di fronte alla scelta fra convertirsi o essere decapitato, preferì la seconda opzione e morì eroicamente.

La Persia divenne una provincia dell'impero del califfo. I maomettani ravvisano nel destino della Persia un giusto castigo del cielo. Segni, prodigi e profezie, come si dice, predicevano e confermavano la venuta del profeta e la sua missione divina. Maometto aveva esortato lo scià di Persia ad accettare l'islam e, se lo avesse fatto, gli avrebbe garantito il trono e il potere, ma lo scià fu testardo e fermo nonostante segni, prodigi e profezie.

Quindi ecco giungere la fatalità. Gran parte dei persiani accettò l'islam coattivamente, ma una parte considerevole

---

25 J. Menant, *Les Parsis. Histore des communautés zoroastriennes de l'Inde*, Leroux, Parigi 1898 (NdC).
26 D.F. Karaka, *History of the Parsis, Including their Manners, Customs, Religion and Present Position*, Macmillan, Londra 1884, 2 volumi (NdC).

preferì emigrare e lasciare tutto, pur di rimanere fedele al proprio credo ancestrale. Si trasferirono in India, prima a Sanyan, da dove si sparpagliarono in diversi territori indiani. Solo una piccola parte della popolazione, fedele alla propria religione, rimase in Persia, nelle province di Pars e Khorasan, dove subì ogni tipo di maltrattamento da parte dei maomettani.

*

Le donne parsi in Persia si distinguono per l'eccezionale castità della loro condotta, gli uomini per la loro moralità, per cui sono preferibilmente utilizzati per lavorare nei giardini dello scià.

Sotto Nadir Shah, fu nuovamente data l'alternativa agli sfortunati parsi fra convertirsi all'islam o morire. Un gran numero di loro fu uccisa, altri si convertirono e i loro quartieri furono distrutti.

Gli afgani maledissero la memoria di Aga Mohammed Khan che, nell'anno 1494, conquistò la città di Kirman, in cui vivevano molti parsi. La storia ci racconta che il vincitore fece deporre trentacinquemila paia di occhi umani su ciotole. Nel piccolo villaggio di Bam, Luftalikhan fu fatto prigioniero e portato davanti ad Aga Mohammed, che, prima di farlo uccidere, strappò con le proprie mani gli occhi allo sventurato. Ancora nel 1810 Sir H. Rottinger vide una piramide di seicento teschi eretta in onore del vincitore Aga Mohammed. Naturalmente furono bruciati anche i libri dei parsi. Pertanto la sfortunata comunità visse un'esistenza miserabile fino al 1854, quando i parsi di Bombay decisero di venire in soccorso dei loro sfortunati compagni tribali e correligionari in Persia per via diplomatica attraverso i fondi del "Persian Zoroastrian Amelioration Fund", una società molto simile all'Alleanza israelita universale. Grazie all'impegno di questo comitato, sostenuto anche dall'Inghilterra, nel 1882 lo scià Nasreddin liberò i parsi di Persia dall'opprimente tassa della jazia che, in quanto infedeli, erano stati fino a quel momento obbligati a pagare.

Grazie al loro impegno e alla loro capacità, i parsi in India raggiunsero nel tempo un alto livello di istruzione e civiltà. Dal 1872 al 1881, la popolazione parsi in India aumentò del 10%. Essi conquistarono una parte considerevole del commercio indiano. Tra i 9.584 mendicanti di Bombay registrati nel censimento del 1881 vi erano solo sei parsi. Questi "ariani" mostrano una particolare avversione verso l'agricoltura e, soprattutto, il servizio militare, sebbene i persiani, come è noto, fossero dediti all'agricoltura e bellicosi nei secoli passati. Da contadini si trasformarono, col tempo, in cittadini e commercianti; si ritenevano giustamente la parte più istruita e progredita di tutto l'impero indiano, sono comunque, fra tutti gli indiani, i più simili agli europei, sebbene abbiano adottato una parte dei costumi locali. Tra loro, come tra gli ebrei e altrove, ci sono due grandi sette, quella ortodossa e quella riformata. I parsi sono corpulenti, bevono poco, detestano l'ubriachezza, ma non conoscono l'ascetismo. Anche in India le donne parsi si distinguono per la loro castità. Le ragazze con cattive abitudini non allignano fra loro. È loro dovere sposarsi. La monogamia è la regola. Hanno fondato molte scuole e hanno sempre prestato la massima attenzione all'istruzione e alla formazione. Quasi tutti i parsi parlano inglese.

All'inizio di questo secolo, i parsi dipendevano ancora dagli europei per il commercio; oggi sono loro pari. Si distinguono, fra l'altro, per la grande carità e per la fedeltà all'Inghilterra. Alcuni di loro sono già stati elevati alla nobiltà inglese – uno di loro, Sir Dinsha Manakji, divenne baronetto inglese nel 1890 – il territorio in cui sono sparsi è molto vasto; si trovano le loro filiali commerciali non solo in tutto l'impero indiano, ma anche in Arabia meridionale, precisamente ad Aden, a Ceylon, a Singapore, sulla costa del Mozambico, a Zanzibar, in Madagascar, dal 1853 anche in Cina, Canton, Macao-Hong Kong, persino in Australia.

Che anche loro soffrissero di gelosia commerciale è evidente da un'opera di Mandelslo, nota alla fine del XVII secolo, e dove scrive, tra l'altro:

Mancano di franchezza e onestà, quindi bisogna stare molto attenti quando avete a che fare con loro; non c'è merce che non deteriorino e cercano di superare in astuzia i loro avversari in ogni transazione[27].

Gli olandesi e gli inglesi lo sanno per esperienza, quindi usano i parsi per scoprire i trucchi dei loro compatrioti. Non c'è affare in cui non s'intromettano, e non c'è merce che non traffichino... Furono i primi a introdurre la distillazione in India. Sono passati più di due secoli dal viaggio di Mandelslo. Grazie alla libertà, all'istruzione, allo studio e al lavoro inglesi, i parsi si sono elevati da una disprezzata piccola nazione analfabeta sparsa in tutto l'impero indiano all'alto grado di civiltà attuale, sono diventati i mercanti più onesti dell'India, apparentemente perché, per effetto della loro educazione, hanno capito che l'onestà e la lealtà rendono a un uomo d'affari assai meglio che la disonestà, perché l'uomo d'affari ha spesso bisogno di credito, che è concesso molto più facilmente all'uomo onesto che al disonesto. Come gli ebrei, i parsi hanno le loro scritture, lo *Zendavesta* e il *Vendidad*, scritti in lingua zend e compresi da pochissimi di loro; hanno conservato fedelmente i loro usi e costumi alla nascita, al matrimonio, alla morte, alla sepoltura, ecc., e non sono mai stati assorbiti dagli altri popoli dell'India.

*

Il venerabile lettore potrebbe trarre da questa descrizione la straordinaria somiglianza tra questi due popoli: gli ebrei e i parsi. Molti dei dettagli della storia dei parsi hanno la loro

---

[27] J.-A. Olearius, *The Voyages and Travels of J.A. de Mandeslo*, Starkey and Basset, Londra 1669, LIV (NdC).

controparte nella storia degli ebrei. Già, vi è anche una sorprendente vicinanza fisica. Proprio come in alcune parti d'Europa – Polonia, Ungheria, Galizia, specialmente nei piccoli villaggi del paese – la popolazione dipende dall'ebreo del villaggio per quasi ogni cosa, così in India e in parte in Arabia meridionale succede verso i parsi. Laggiù il parsi è ciò che l'ebreo è per noi: possiede una piccola locanda e vende all'europeo viaggiatore tutto ciò di cui ha bisogno, come so per esperienza e ho avuto modo di constatare più volte durante i miei viaggi in India. Anch'essi sono sparsi in gran parte del mondo, senza che la terra venga loro tolta. Come gli ebrei, anche i parsi dovettero patire sofferenze inenarrabili per mano dei loro conquistatori; come gli ebrei si aggrapparono sempre fedelmente al loro credo ancestrale; come gli ebrei adottano le lingue dei popoli tra cui vivono (spagnolo e tedesco), come il parsi Guzerati. Come gli ebrei con i loro rabbini, così i parsi avevano il loro panchayet. Come i primi, anche i parsi sono caratterizzati dalla carità e dalla sete di educazione e sostengono il progresso e la civiltà, cui devono la loro uguaglianza. Come i primi, anche per i secondi il concetto di nazionalità coincide esattamente con quello di religione.

*

Anche i zingari sono un popolo che, presumibilmente per via di un peccato commesso dai loro antenati, è sparso in tutto il mondo e ha conservato i propri usi, lingua, costumi, cioè i principali elementi nazionali.

Anche gli armeni rappresentano un popolo antico che un tempo formava uno stato potente poi distrutto. Gli armeni sono sparsi tra molti popoli, ma hanno conservato fedelmente la loro lingua, alfabeto, usi, costumi, religione e nazionalità nonostante la terribile persecuzione. Potremmo segnalare numerosi parallelismi del genere, ma quanto abbiamo detto dovrebbe bastare per condannare per sempre al silenzio l'assurda affermazione di Bossuet e di tanti altri.

9. Graduale distacco

Si può immaginare quale valanga di odio furioso si accumulò nel cuore degli ebrei nel corso del tempo per via delle numerose persecuzioni, vessazioni, leggi eccezionali e interdizioni giuridiche. Ma non c'è dubbio che l'odio non fosse presente con la stessa intensità fin dall'inizio, ma che andasse crescendo nel corso del tempo. Renan scrive che è certo che la prima generazione cristiana era ebraica in tutto e per tutto; non pensava di porsi al di fuori della nazione ebraica, si considerava autenticamente ebraica e differiva dagli ebrei solo perché credeva che il messia fosse già giunto in Cristo. Non pensava di abolire la legge ebraica, praticava la circoncisione, osservava le regole alimentari, frequentava i templi, celebrava le feste ebraiche[28]. L'*Apocalisse* di Giovanni esalta la nazione ebraica. L'*Epistola* di Clemente Romano è ebraicamente ortodossa, così come altri scritti cristiani dell'epoca (il *Testamento dei Dodici Patriarchi*, il *Pastore di Erma* e altri ancora). Solo ai tempi di Marco Aurelio si verificò la rottura definitiva. Ad Antiochia, al tempo di Giovanni Crisostomo, i cristiani frequentavano spesso la sinagoga, vi prestavano giuramento sulle Scritture, celebravano la Pasqua con gli ebrei. È convinzione della nostra libera scienza che furono l'apostolo Paolo e il suo partito a fare del cristianesimo quello che sarebbe diventato, inducendolo all'abolizione della circoncisione e della legge cerimoniale ebraica, in modo che il cristianesimo smise di essere ebraico e divenne una setta a se stante.

Con i decreti del Concilio di Illiberis (o Elvira, 306), ai cristiani fu proibito, pena la scomunica, di associarsi con gli ebrei, di contrarre matrimonio con loro e di far loro benedire i raccolti. Al Concilio di Vannes (465), ai sacerdoti cristiani fu proibito di prendere parte ai banchetti ebraici, da cui si evince

---

[28] E. Renan, *Vie de Jésus*, undicesima edizione, Michel Lévy, Parigi 1864, pp. 201-202 (NdC).

che, all'epoca, i rapporti tra cristiani ed ebrei fossero molto amichevoli. Anche sotto Enrico il Santo, osserva W. Roscher, un cappellano ducale poté convertirsi al giudaismo "senza alcuna pena diversa da quella di una confutazione accademica"[29]. Niente è più sbagliato che immaginare la rottura tra ebraismo e cristianesimo come un evento improvviso. Avvenne molto gradualmente. Ma questo è il punto di vista della scienza libera, non quello dei credenti.

Paolo fu per il cristianesimo moderno ciò che Omar fu per l'islam. Il terreno per la diffusione del cristianesimo fu preparato dall'indifferenza e dalla tolleranza delle numerose comunità ebraiche ellenistiche ad Alessandria, in Siria e in Asia minore e dall'avversione che i colti greci e romani nutrivano verso il paganesimo degenerato. Paolo apparve in questo contesto. Dichiarò abolita l'osservanza delle norme religiose ebraiche e, specialmente, della circoncisione.

Inoltre, la distruzione del Tempio fu vista da molti ebrei di poca fede come la fine della nazione ebraica e, di conseguenza, persero la fede nella loro religione.

L'imperatore Vespasiano aveva trasformato la vecchia tassa sul Tempio in una specie di pedaggio, che opprimeva a tal punto gli ebrei che molti, per evitarlo, rinnegarono la fede ebraica e si fecero addirittura un finto prepuzio. Sembra che tutto l'ordine degli esseni e tutti i discepoli di Giovanni Battista si convertirono in quel tempo al cristianesimo. Così ravvisiamo già in epoca apostolica nel giovane cristianesimo due grandi partiti in lotta per l'egemonia: i giudeo-cristiani e i cristiani-gentili. I giudeo-cristiani, strettamente legati al giudaismo, osservavano rigorosamente la legge ebraica tenendo presenti le parole di Cristo, che non era venuto per abolire tale legge, ma per adempierla, che il cielo e la terra svaniranno prima di una

---

[29] W.H. Roscher, *Nationalökonomik des Handels- und Gewerbsfleisses. Ein Hand- und Lesebuch für Geschäftsmänner und Studierende*, Cotta, Stoccarda 1881, p. 135 (NdC).

iota della legge; mentre i cristiani-gentili dichiararono l'abolizione della legge mosaica. Qui dobbiamo menzionare l'ipotesi di F.C. Baur, fondatore della scuola di Tubinga, secondo cui il Simon mago citato in epoca apostolica non sarebbe altro che l'apostolo Paolo. Sembra che i cristiani-gentili fossero propensi a un ammorbidimento nei confronti della Roma pagana, mentre i giudeo-cristiani no[30].

10. Bisanzio

Passiamo ora alla storia dell'antisemitismo dal momento in cui il cristianesimo salì al potere, cioè dal regno di Costantino. Anche prima della sua conversione, costui si preoccupò soprattutto di porre fine alle persecuzioni religiose nel suo regno. Nel 312 l'imperatore romano emanò l'Editto di Milano, in base al quale ognuno poteva professare liberamente e indisturbato una religione senz'incorrere in alcuna conseguenza. Gli ebrei furono inclusi, godendo degli stessi diritti dei cristiani. Ma ben presto le cose cambiarono, quanto più Costantino si avvicinò al cristianesimo. Strano davvero se pensiamo che l'antisemitismo non ha nulla a che fare con la religione, come affermano gli antisemiti. Già nel 320 d.C., Osio, vescovo di Cordova, proibì ai cristiani d'intrattenere rapporti amichevoli con gli ebrei al Sinodo ecclesiastico di Elvira. Il giudaismo è definito una religione perniciosa, nefasta, empia; un decreto imperiale vieta agli ebrei di fare proseliti e minaccia di punizione coloro che vi sono ammessi. Agli ebrei è proibito di punire i loro correligionari che si convertano al cristianesimo e la morte per fuoco è minacciata per aver

---

[30] F.C. Baur, *Die Christuspartei in der Korinthischen Gemeinde, der Gegensatz des petrinischen und paulinichen Christenthums in des ältesten Kirche, der Apostel Paulus in Rom*, in "Tübinger Zeitschrift für Theologie", 4, 1831, pp. 61-206 (NdC).

insultato gli apostati ebrei. Nell'anno 325 si tenne a Nicea il I Concilio generale, dove si stabilisce che la Pasqua cristiana non debba più essere celebrata contemporaneamente a quella ebraica. Costantino rinnovò il decreto di Adriano secondo cui nessun ebreo dovesse abitare a Gerusalemme. Solo il giorno della distruzione di Gerusalemme i pellegrini ebrei avrebbero potuto pregare presso il muro del Tempio di Salomone. Una nuova legge vietò agli ebrei di circoncidere i loro schiavi. In caso contrario, lo schiavo diventa libero.

Osserva Grätz:

La prima parola che il cristianesimo pronunciò il giorno della sua vittoria, indicò un atteggiamento ostile nei confronti del giudaismo e da ciò scaturirono quegli ostili decreti di Costantino e dei suoi successori, che gettarono le basi per le sanguinose persecuzioni dei secoli avvenire[31].

Sotto Costanzo le cose andarono molto peggio. Gli insegnanti della legge ebrei sono esiliati, molti emigrano in Babilonia. Costanzo infligge la pena di morte sui matrimoni tra cristiani ed ebrei, nonché sulla circoncisione di uno schiavo cristiano. Proibisce l'accettazione di schiavi pagani nel giudaismo. Come risultato di queste leggi eccezionali, gli ebrei tentarono una nuova rivolta che fallì. Infine, Costanzo decretò che se un cristiano si fosse unito alle comunità ebraiche "blasfeme", i suoi beni sarebbero stati confiscati.

Al tempo dell'imperatore Giuliano l'apostata, che intendeva restaurare l'antico paganesimo classico e fu particolarmente ostile verso il cristianesimo, improvvisamente gli ebrei se la passarono nuovamente meglio, anche se si dice che l'antisemitismo non avrebbe nulla a che fare con la religione. Giuliano preferiva gli ebrei in ogni occasione, era un

---

[31] H. Grätz, *Geschichte der Juden*, volume 4: *Vom Untergang des jüdischen Staates bis zum Abschluss des Talmuds*, Leiner, Lipsia 1866, p. 335 (NdC).

ammiratore della carità ebraica, della loro provvidenza verso i poveri, per cui non c'erano mendicanti tra di loro. In questo frangente si dice che i cristiani di Edessa massacrarono tutti gli ebrei della città; gli ebrei distrussero nuovamente le chiese in Giudea e nei paesi vicini e si dice che minacciarono di fare tanto male ai cristiani quanto ne avevano sofferto dagli imperatori cristiani. Durante il regno di Giuliano abbiamo la storia del fallito tentativo di ricostruire il Tempio di Gerusalemme.

I cristiani ricondussero il fallimento naturale del progetto ebraico a un miracolo, mentre Giuliano e gli ebrei a un incendio sotterraneo appiccato dai cristiani. Il dotto lettore potrà giudicare da sé quale di queste due versioni sia più plausibile. Ma è interessante osservare che, come afferma Theodor Roth, gli ebrei persistessero nella loro testardaggine nonostante questo miracolo.

Poco dopo la morte dell'imperatore Giuliano l'apostata, iniziarono nuove persecuzioni. Alla fine del IV secolo apparvero due Padri della Chiesa molto ostili versi gli ebrei: Giovanni Crisostomo di Antiochia e Ambrogio di Milano. Il primo scrisse sei discorsi contro gli ebrei e chiamò le loro sinagoghe teatri vergognosi, covi di ladri, ecc.

*

Con l'imperatore Teodosio II, che regnò nella prima metà del V secolo d.C., iniziò, come dice Grätz, il vero Medioevo per gli ebrei[32].

Il vescovo Cirillo espulse gli ebrei da Alessandria a seguito di una colluttazione tra cristiani ed ebrei. Nella città di Magona, sull'isola di Minorca, il vescovo Severo incendiò la sinagoga e tentò di convertire con la forza i locali ebrei al cristianesimo. In Spagna il vescovo Osio di Cordova tenne un'assemblea ecclesiastica a Elvira, dove ai cristiani fu vietato, pena la scomunica, di associarsi agli ebrei, di contrarre matrimonio con

---

[32] Ivi, pp. 388 ss. (NdC).

loro e di far loro benedire i raccolti. Da queste affermazioni era chiaro che, fino a quel momento, i rapporti tra cristiani ed ebrei erano amichevoli, cioè contraevano matrimoni tra loro, i cristiani ricevevano la benedizione ebraica sui loro raccolti e il clero, preoccupato per l'ortodossia cristiana, era irritato dalla comprensione reciproca. Molti ebrei di Magona, rimasti fedeli alla loro religione, fuggirono nelle campagne, dove morirono miseramente.

Quando l'imperatore Teodosio ordinò di restaurare le sinagoghe requisite agli ebrei, fu Simone, il santo stilita, a indurre l'imperatore a invertire l'ordinanza. Alla fine del regno di questo imperatore, gli ebrei non furono ammessi ad alcuna carica statale o dignità militare. L'imperatore si appropriò anche della tassa patriarcale, con grande fastidio degli ebrei. All'epoca, San Girolamo scrisse nella sua lettera contro Rafino II: "Se proprio devo disprezzare singoli individui e un popolo, ammetto di detestare gli ebrei con un odio indicibile perché ancora oggi maledicono nostro Signore nelle loro sinagoghe"[33]. Anche Sant'Agostino aveva nei confronti degli ebrei l'opposto dei sentimenti favorevoli.

A Bisanzio gli ebrei erano etichettati come deicidi. "Non furono picchiati a morte", osserva Grätz, "ma furono tollerati per degradarli, per renderli miserabili e rachitici, in modo da rappresentare un esempio deterrente delle loro azioni assassine di Dio"[34].

Quando l'imperatore Zeno ricevette la notizia che la fazione dei verdi aveva assassinato molti ebrei e avevano gettato i loro cadaveri nel fuoco durante una rissa all'ippodromo, osservò: "I verdi sono punibili perché uccidono solo i morti e non hanno arso vivi gli ebrei". La stessa fazione dei verdi distrusse una

---

[33] Cit. ivi, p. 399 (NdC).

[34] Id., *Geschichte der Juden*, volume 3: *Von dem Tode Juda Makkabis bis zur Untergange des judäischen Staates*, Leiner, Lipsia 1895, p. 14 (NdC).

sinagoga a Dafne, vicino ad Antiochia, e massacrò i fedeli riuniti al suo interno (507).

Un grande nemico degli ebrei fu il grande imperatore Giustiniano, che diede origine alla legge che non bisognasse ritenere attendibili i testimoni ebrei nelle deposizioni contro i cristiani, mentre la testimonianza dei samaritani era priva di ogni validità. Proibì loro di testimoniare sulla loro fortuna. Giustiniano vietò agli ebrei di festeggiare la Pasqua ebraica ogni volta che la festa coincideva con la Pasqua cristiana, per timore che i cristiani sembrassero celebrare una Pasqua ebraica. Costrinse anche le congregazioni ebraiche a usare una traduzione greca o latina delle Sacre Scritture per le lezioni del Sabato in sinagoga, e proibì l'interpretazione aggadica delle stesse. È evidente che il suo unico scopo era la conversione e che il suo antisemitismo nasceva solo dalla religione. Agli ebrei era proibito di pronunciare nelle sinagoghe l'espressione della Confessione dell'Unità[35] perché considerata avversa alla dottrina della Trinità. Inoltre, per ragioni simili fu proibito loro di recitare il versetto: "Santo, santo, santo è il Signore degli eserciti", nonché di leggere e interpretare pubblicamente nei giorni di Sabato certi passaggi del profeta Isaia. A Borion, in Mauritania, Giustiniano costrinse gli ebrei a farsi battezzare e trasformò la loro sinagoga in una chiesa.

A Cesarea gli ebrei massacrarono i loro oppositori cristiani e distrussero la chiesa locale.

Ad Antiochia gli ebrei razziarono i loro vicini cristiani, uccidendo quelli che riuscivano a catturare e li gettarono nel fuoco, proprio come facevano i cristiani con gli ebrei del suo tempo. È comprensibile che, nell'impero bizantino, gli ebrei nutrissero scarsa simpatia per i cristiani.

Quando scoppiò una guerra con la Persia durante il regno dell'imperatore Eraclio e il re persiano Cosroe II inviò il suo generale Sharbarza contro la Palestina, che riuscì a conquistare

---

[35] *Shemà Israel* (NdC).

Gerusalemme, gli ebrei sostenevano i persiani contro i bizantini, che massacrarono novantamila cristiani e distrussero i santuari cristiani e le chiese e i monasteri cremati. Grätz commenta:

In un tempo in cui la religione aveva obnubilato le menti e inaridito i cuori, l'umanità non albergava in nessun partito religioso. Gelosia religiosa e senso di vendetta resero fanatici alcuni ebrei, inducendoli a far sparire dalla città santa gli oggetti della profanazione. [...] A Tiro gli ebrei attaccarono i cristiani nella veglia pasquale per massacrarli; ne seguirono grandi risse, con e senza spargimento di sangue[36].

Grätz racconta che ogni volta che i cristiani di Tiro ricevevano la notizia della distruzione di una chiesa, uccidevano centinaia di ebrei catturati e gettavano le loro teste oltre il muro di recinzione[37].

Nel 628 la Giudea divenne una provincia bizantina. Grätz afferma che, quando l'imperatore Eraclio entrò a Gerusalemme, i monaci e il patriarca Modesto gli chiesero di sterminare tutti gli ebrei della Palestina. All'inizio Eraclio non volle esaudire il loro desiderio, ma alla fine fu convinto a dare la caccia agli ebrei in tutta la Palestina e fece uccidere tutti coloro che riusciva a catturare. Eraclio rinnovò l'editto di Adriano e Costantino, secondo cui gli ebrei non dovessero più entrare a Gerusalemme e dintorni; si dice che apprese per via astrologica che l'impero bizantino sarebbe stato distrutto da un popolo circonciso. Diede l'ordine di uccidere tutti gli ebrei, tranne quelli che si fossero battezzati. Secondo una leggenda, si dice addirittura che scrisse una lettera al re franco Dagoberto, consigliandogli di uccidere tutti gli ebrei che non volessero

---

[36] Id., *Geschichte der Juden*, volume 5: *Vom Abschluss des Talmud (500) bis zum Aufblühen der jüdisch-spanischen Cultur (1027)*, terza edizione, Leiner, Lipsia 1895, p. 25 (NdC).
[37] *Ibidem* (NdC).

convertirsi al cristianesimo. Nel 641 gli ebrei tentarono persino di prendere d'assalto la Chiesa di Sofia[38].

Quindi il battesimo era l'unico mezzo di salvezza, ma gli antisemiti sostengono che l'antisemitismo non abbia nulla a che fare con la religione.

11. Dopo le invasioni barbariche

Anche Teodorico, re degli Ostrogoti, desiderava ardentemente la conversione degli ebrei. Proibì agli ebrei di costruire nuove sinagoghe e di decorare quelle esistenti. Peraltro, in generale, fu piuttosto giusto verso per gli ebrei. Grätz osserva:

Getta una luce favorevole sugli ebrei italiani di quel tempo il fatto che, nonostante la barbarie e la demoralizzazione generali, la letteratura politica ed ecclesiastica non li accusasse di altro crimine se non l'ostinazione e l'incredulità[39].

Cassiodoro, che visse al suo tempo, definì gli ebrei "scorpioni e leoni, asini selvaggi, cani, unicorni". Papa Gregorio Magno proibì ai cristiani di convertire gli ebrei con la forza; solo con la gentilezza e la persuasione dovrebbero essere portati in seno alla Chiesa. Proibì di molestare gli ebrei, ma vietò loro di comprare e tenere schiavi cristiani. Agli albori dell'impero franco, cristiani ed ebrei vivevano in ottimi rapporti. Fu solo con il Concilio di Vannes (465) che agli ecclesiastici cristiani fu proibito di prendere parte ai banchetti ebraici, perché gli ebrei invitati non volevano favorire ai cristiani tutti i piatti per via delle loro regole religiose. Il Concilio di Agdes (506) rinnovò l'ingiunzione. Tuttavia,

---

[38] Ivi, p. 439 (NdC).
[39] Ivi, p. 48 (NdC).

entrambi i decreti ricevettero poca attenzione, il che sembra parlare a favore dell'eccellenza della cucina ebraica dell'epoca. Il Concilio di Epaona (517), sotto la direzione del vescovo Avitus, proibì anche ai fedeli laici di partecipare ai banchetti ebraici e il Concilio di Orléans (533) consentì inizialmente solo il matrimonio.

Il IV Concilio di Orléans (538-545) proibì agli ebrei di frequentare strade e piazze durante le celebrazioni pasquali. Il vescovo Avitus di Clermont propose agli ebrei della comunità locale l'alternativa fra il battesimo e l'emigrazione.

Il Concilio di Mâcon (581) decretò che agli ebrei non fosse permesso di diventare giudici o esattori delle tasse, "in modo che la popolazione cristiana non sembrasse loro inferiore". In presenza di sacerdoti cristiani, agli ebrei era permesso solo di sedersi dietro espresso permesso. A loro era proibito di accettare i loro schiavi nel giudaismo.

Il re Chilperico costrinse i suoi sudditi ebrei a farsi battezzare, ma si accontentò di una finta conversione. Anche al tempo di re Guntram, gli ebrei erano costretti a farsi battezzare. Nel 629 il re Dagoberto decretò che tutti gli ebrei di Francia dovessero essere trattati come cristiani o come nemici.

*

In Spagna, per essere lasciati in pace dai cristiani, gli ebrei inventarono la favola che fossero immigrati in questo paese prima della morte di Cristo e che, quindi, non fossero colpevoli della morte in croce del Salvatore. Se la passarono male anche nel regno dei visigoti.

Il re Reccaredo, che scambiò il credo ariano con quello cattolico all'assemblea ecclesiastica di Toledo, proibì loro di sposarsi con i cristiani, di acquisire schiavi cristiani e di ricoprire cariche pubbliche. I bambini nati da matrimoni misti andavano battezzati. Isidoro di Siviglia scrisse due libri contro gli ebrei. Il Concilio di Toledo (589) sostenne le leggi antiebraiche e decretò che solo i cattolici potessero rimanere nella Spagna visigota. Grätz afferma che il clero era felice di tali proposte, perché "la pietà del re avrebbe finalmente spezzato l'inflessibile incredulità degli ebrei"[40].

Per ordine del re visigoto Chintila, gli ebrei dovettero giurare di aderire fedelmente alla religione cattolica e di rifiutare sinceramente la loro religione. Naturalmente, gli ebrei convertiti con la forza rimasero segretamente aderenti al loro credo tradizionale. Sotto il regno del re Receswinth fu loro nuovamente proibito di possedere schiavi cristiani, di ricoprire cariche, di testimoniare contro i cristiani. Grätz afferma che, nella capitale Toledo, gli ebrei dovettero firmare la seguente dichiarazione per il re Receswinth nel 654:

Avrebbero giurato di rimanere cattolici sotto il re Chintila, ma la loro incredulità e l'errore ereditato dagli antenati impedirono loro di riconoscere Cristo quale loro Signore. Ora, tuttavia, promettono volontariamente a se stessi, alle loro mogli e ai loro figli, che non desiderano più occuparsi dei riti e dei costumi del giudaismo. Non volevano più avere contatti riprovevoli con ebrei non battezzati, non si sposavano più tra consanguinei (figli di fratelli e sorelle), non portavano più a casa le donne ebree, non mantenevano più le usanze nuziali ebraiche, non praticavano più la circoncisione, non celebravano più la Pasqua, il Sabato e altre festività ebraiche, non osservano più le leggi dietetiche del giudaismo, non praticano più ciò che lo statuto degli ebrei e la spregevole usanza dettano. Volevano piuttosto credere e confessarsi con sincera devozione secondo i Vangeli e la tradizione apostolica, e osservare senza inganni o pretese gli ordinamenti della Chiesa. Solo una cosa non riuscivano a fare: mangiare il porco; non potevano superare tale riluttanza. Promettono, tuttavia, che qualunque cosa sia cucinata con carne di maiale sarà mangiata senza esitazione. Chiunque tra loro fosse ritenuto colpevole di aver trasgredito la promessa andava messo a morte con il rogo o lapidato da se stesso o dai propri figli; giurano sulla Trinità. Ma se il re potesse perdonarlo, il trasgressore andrebbe trattato come un servo[41].

---

[40] Ivi, p. 79 (NdC).
[41] Ivi, p. 157 (NdC).

Il re Erwig pronunciò un discorso all'assemblea della chiesa di Toledo che conteneva il seguente passaggio:

Con un fiume di lacrime imploro la venerabile assemblea che, con il suo zelo, la terra possa essere purificata dalla lebbra della corruzione. Alzatevi, alzatevi! Vi prego. Sciogliete i nodi colpevoli, il trasgressore cambi le abitudini di vita vergognose, indossi la cintura dello zelo, alleggerisca il peso e spazzi via la piaga degli ebrei, che costantemente genera una nuova follia! Esaminate le leggi recentemente promulgate da Nostra Maestà contro l'apostasia degli ebrei. Bisogna guardarsi dal rendersi partecipi della colpa degli ebrei infrangendo le leggi ecclesiastiche che furono promulgate con anatema contro i loro errori, soprattutto se non è amministrata quella legge con cui il nostro glorioso predecessore Sisebut maledisse tutti i suoi successori con un formula vincolata che non avrebbero permesso agli schiavi cristiani di essere sottomessi o di servire gli ebrei[42].

Erwig comunicò agli ebrei che se non avessero fatto battezzare i loro figli e i loro parenti entro un anno, i loro beni sarebbero stati confiscati, avrebbero ricevuto cento frustate e gli scalpi e la fronte sarebbero stati scorticati. Alle donne intenzionate a far circoncidere i propri figli sarebbe stato tagliato il naso.

Sotto re Egica, successore e genero di Erwig, gli ebrei spagnoli se la passarono anche peggio: dapprima tentò la strada della clemenza, ma poi proibì loro di possedere terre e case, di navigare e trafficare con i cristiani. Spinti alla disperazione, gli ebrei cospirarono con i maomettani d'Africa per rovesciare l'impero visigoto (694). Ma il piano fu scoperto e, di conseguenza, tutti gli ebrei di Spagna furono dichiarati schiavi, dati in mano ai padroni e sparsi in tutto il paese. I bambini di sette anni furono strappati ai genitori e consegnati ai cristiani per l'educazione. Si dice che re Witiza, figlio di Egica, richiamò

---

[42] Cit. ivi, p. 162 (NdC).

gli ebrei esiliati e abrogato le leggi ostili contro di loro; ma era troppo tardi. L'ultima ora dell'impero visigoto era scoccata. Nell'anno 711 gli arabi guidati da Tarik conquistarono il regno visigoto dopo la morte dell'ultimo re Roderich.

E ora vi chiedo, c'è da meravigliarsi se, quando gli arabi attaccarono l'impero visigoto in Spagna, gli ebrei li acclamarono, li salutarono e aprirono loro le porte e i catenacci delle città ovunque?

*

Nell'impero bizantino Leone Isaurico fu uno zelante persecutore di eretici ed ebrei. Nel 723 ordinò che tutti gli ebrei fossero battezzati e, di conseguenza, alcuni di loro emigrarono.

Nel regno dei franchi, invece, la loro situazione era favorevole al tempo di Carlo Magno e dell'imperatore Ludovico, finché il vescovo Agobardo non cominciò ad agitarsi. Proibì ai suoi cristiani di associarsi con gli ebrei, "perché era indegno che i figli della luce si contaminassero con i figli delle tenebre" e che "la Chiesa immacolata e senza macchia, che deve prepararsi agli abbracci dello sposo celeste, disonorasse stessa associandosi alla sinagoga contaminata, rugosa e rinnegata"[43]. Con questo tono e spirito continuò a scrivere e predicare di realizzare una completa separazione sociale tra cristiani ed ebrei. A quell'epoca risale anche una sua lettera sinodale in due libri e intitolata *Della superstizione degli ebrei*, che abbonda di accuse e insulti contro gli ebrei. Questa diatriba si muove esclusivamente sul terreno religioso. Tuttavia, ciò non impedì a un sacerdote e nobile di nome Bodo di convertirsi pubblicamente al giudaismo.

Un nuovo nemico sorse nel vescovo Amolo di Lione, come mostrano le sue missive. Grätz osserva:

La persecuzione del clero francese si spinse così lontano che il vescovo di Beziers, dalla domenica delle Palme al secondo giorno di

---

[43] Ivi, p. 255 (NdC).

Pasqua, implorò i cristiani in appassionate prediche di vendicarsi degli ebrei di questa città per la crocifissione di Cristo. In tali occasioni, la folla fanatica era solita lanciare pietre contro gli ebrei[44].

A Tolosa i conti locali avevano il diritto di schiaffeggiare duramente il capo della comunità ebraica ogni anno il Venerdì Santo. In una di tali occasioni la sfortunata testa sarebbe caduta esangue. Nella seconda metà del IX secolo Ansegiso, arcivescovo di Sens, espulse gli ebrei dalla città. Il re Carlo il Semplice donò alla Chiesa di Narbonne tutte le terre e le vigne degli ebrei. Un bel regalo fece alla Chiesa Boso, Re di Borgogna. Le diede tutti gli ebrei del suo ducato.

A Bisanzio l'imperatore Leone il Filosofo decretò che tutti gli ebrei dovessero vivere secondo le prescrizioni cristiane. Gli apostati andavano puniti con la morte. Quando Ottone il Grande costruì una chiesa a Magdeburgo e volle dotarla di mezzi di sussistenza, le diede i proventi degli ebrei e di altri mercanti. Ottone II regalò gli ebrei di Merseburg al vescovo di quella città. Anche Enrico II perseguitò gli ebrei.

12. Le Crociate

Le persecuzioni più terribili iniziarono con le Crociate. Sarebbe molto strano e inspiegabile se gli antisemiti avessero ragione nell'affermare che l'antisemitismo non abbia assolutamente nulla a che fare con la religione. Sciami di crociati, molti dei quali espulsi dalla Francia, dall'Inghilterra, dalla Lorena e dalle Fiandre, come dice Grätz, iniziarono l'opera di assassinio e di saccheggio verso gli ebrei, in

---

[44] Ivi, p. 270 (NdC).

mancanza di maomettani[45]. Migliaia furono massacrati. Se è vero che la storia del mondo è il giudizio del mondo, gli ebrei possono indicare trionfalmente il risultato delle Crociate. I loro successi furono temporanei e, alla fine, la Chiesa perse brillantemente la partita.

A Rouen i crociati condussero gli ebrei in una chiesa, puntarono loro la spada al petto e concessero loro la scelta tra la morte e il battesimo. A Treviri alcuni ebrei uccisero i loro figli e se stessi con i coltelli alla sola notizia che i crociati si stessero avvicinando. Le ragazze ebree si appesantirono con le pietre e si gettarono nella Mosella. Per salvarsi la vita, molti finsero la conversione al cristianesimo. A Speyer, i crociati trascinarono dieci ebrei in una chiesa, dando loro la scelta tra la morte e il battesimo. Scelsero il primo e morirono di martirio.

A Worms i crociati uccisero una moltitudine di ebrei che s'inchinarono coraggiosamente sotto i colpi dei loro assalitori e morirono dicendo: "Il Signore nostro Dio è uno". Solo pochi si fecero battezzare, la maggior parte decise di morire suicidandosi. Le madri massacrarono i loro figli per salvarli dal battesimo. Qui debbo osservare che il vescovo Auebrando – cosa che gli farà onore per sempre – sfruttò tutto il suo potere e la sua influenza per proteggere gli ebrei dalla furia delle bande fanatiche. Usò anche una parte nel suo palazzo, ma non riuscì a proteggerli. Disse loro che non poteva più aiutarli se non si sottoponevano al battesimo. Essi chiesero un breve periodo di consultazione; fuori infuriavano i pellegrini. Dato che per molto tempo non si mosse nulla, il vescovo fece aprire la porta. Nella stanza tutti gli ebrei nuotavano morti nel loro sangue, si erano uccisi l'un l'altro. Si dice che un totale di ottocento ebrei morirono a Worms in quel momento.

---

[45] Id., *Geschichte der Juden*, volume 6: *Vom Aufblühen der jüdisch-spanischen Cultur (1027) bis Maimun's Tod (1205)*, Leiner, Lipsia 1861, pp. 98 ss. (NdC).

A Magonza il massacro ebbe un divertente seguito. I crociati presero d'assalto le porte del palazzo della residenza episcopale in cui si erano rifugiati gli ebrei. Milletrecento corpi di martiri furono portati via dal palazzo in carri; l'arcivescovo custodiva i tesori degli ebrei. Solo pochi furono apostati o convertiti. Due uomini e due ragazze – Uria e Isaak con le sue due figlie – che erano stati battezzati per paura e debolezza, spinsero la loro coscienza a un atto terribile. Isacco uccise le sue due figlie nella sua casa e diede loro fuoco. Poi entrò con Uria nella sinagoga, le diede fuoco, ed entrambi morirono volontariamente al suo interno.

La persecuzione infuriò anche a Colonia. Mar-Isaak fu martirizzato volontariamente. Non volendo salvarsi, rimase in casa a pregare finché i crociati non lo trascinarono in chiesa. Quando gli fu teso il crocifisso, vi sputò sopra e fu trucidato. Qui bisogna ricordare che il nobile e dignitoso vescovo di Colonia Hermann III si prodigò per salvare gli ebrei; cosa che riuscì a fare per molti.

A Neuss i crociati massacrarono tutti gli ebrei rifugiati. A Wevelinghoven la stessa sorte toccò ai profughi ebrei di Colonia. Come riporta Grätz, Samuel ben Jechiel trucidò la sua figlia bella e forte nel mezzo di uno specchio d'acqua in cui era fuggita. Mentre lo faceva, pronunciò la benedizione e il sacrificio risuonò con la parola: "Amen", mentre gli astanti intonavano le parole: "Ascolta Israele, il Signore tuo Dio è uno" e si gettò in acqua. Poi il vecchio consegnò il coltello al servitore della sinagoga Menahem e si fece uccidere da lui. Un ebreo di nome Isaak Halevi, martirizzato dai crociati e battezzato mentre era privo di sensi, si annegò nel Reno. Nel villaggio di Altenahr tutti gli ebrei si uccisero a vicenda; l'ultimo salì su una torre e si gettò giù. A Sinzig gli ebrei furono massacrati nella sinagoga. Anche a Mors, molti si suicidarono, altri si battezzarono coercitivamente. A quel tempo gli ebrei furono massacrati a Kerpen e a Ratisbona. Si dice che in tutto dodicimila ebrei furono uccisi nelle città renane. In Boemia gli ebrei furono completamente saccheggiati e lasciati con il minimo indispensabile per sopravvivere.

Quando l'esercito crociato guidato da Goffredo di Buglione conquistò Gerusalemme nel 1099, provocò un terribile bagno di sangue, rinchiuse gli ebrei nella sinagoga, le diede fuoco e li arse vivi.

Raccomando agli antisemiti di studiare la storia della conquista di Gerusalemme e della Palestina da parte del califfo semitico e non battezzato Omar e la conquista da parte dell'indoeuropeo e battezzato Goffredo di Buglione per confrontare le azioni dei conquistatori indoeuropei e semitici. Sarebbe carino se compissero questa piccola fatica.

*

Nella II Crociata fu affermato il principio: se è un'opera buona uccidere i turchi miscredenti, non può essere un peccato massacrare gli ebrei miscredenti.

A quel tempo Pietro di Cluny scrisse:

A che serve cercare i nemici del cristianesimo in regioni lontane quando i giudei blasfemi, ben peggiori dei saraceni, possono insultare impunemente in mezzo a noi Cristo e i sacramenti? Il saraceno, come noi, non crede forse che Cristo sia nato da una vergine, eppure è maledetto perché nega la sua incarnazione, a maggior ragione lo sono gli ebrei che negano e deridono ogni cosa. Eppure non chiedo che quei perfidi siano messi a morte; poiché sta scritto: "Non ucciderli". Dio non vuole che siano sterminati, ma che siano conservati come il fratricida Caino per grandi tormenti, per maggior vergogna, per una vita peggiore della morte. Sono subordinati, miserabili, gementi, timorosi e fuggiaschi, e rimarranno tali fino a quando non si convertiranno alla loro salvezza. Non li ucciderai, ma li punirai in maniera consona alla loro malvagità[46].

Gli ebrei furono nuovamente massacrati a Würzburg. Tre ebrei furono martirizzati per essersi rifiutati di farsi battezzare.

---

[46] Ivi, pp. 176-177 (NdC).

A Carenton gli ebrei resistettero e furono infine massacrati. Poi l'imperatore tedesco si fece patrono degli ebrei; divennero servitori della camera, ma ovviamente dovettero pagare lautamente la protezione. A quel tempo ebbe luogo anche la persecuzione degli ebrei a Blois, il che è degno di nota perché si affermò per la prima volta che gli ebrei avessero bisogno del sangue cristiano a Pasqua. Il conte Theobald diede l'ordine di ardere vivi tutti gli ebrei di Blois. Furono posti su un'impalcatura di legno, e quando le pire stavano per essere accese, il ministro ingiunse loro di convertirsi al cristianesimo. Tuttavia perseverarono e trentaquattro uomini e diciassette donne morirono nel fuoco cantando le parole: "Ascolta Israele, il Signore tuo Dio è uno".

Nel 1191 Filippo Augusto fece ardere vivi quasi cento ebrei.

Nel 1189 gli ebrei furono espulsi dall'Inghilterra. A Canterbury molti ebrei furono uccisi, altri si uccisero per evitare il battesimo, la maggior parte delle case ebraiche fu arsa, mentre le sinagoghe furono distrutte. Nel 1190 gli ebrei di Stanford furono maltrattati. A York gli ebrei decisero di morire volontariamente, bruciarono tutti i loro tesori, diedero fuoco alle porte e poi si uccisero l'un l'altro. Il capo della comunità, Joceus, uccise appositamente sua moglie; in tutto si dice che morirono circa cinquecento persone, non un solo ebreo rimase a York. Il giorno seguente i crociati uccisero cinquantasette ebrei a Bury St. Edmund. Una congregazione di nient'altro che proseliti – venti famiglie – subì la morte per fuoco.

Durante il regno di Enrico IV, un ebreo pazzo sgozzò una ragazza cristiana a Neuss in presenza di molti testimoni. Fu poi ucciso, giustamente e naturalmente; ma questo non bastò all'uomo offeso. Alla madre, alla sorella e agli zii del reo fu data la possibilità di farsi battezzare o di morire. La sorella divenne cristiana, la madre subì tutte le torture e fu sepolta viva, mentre i fratelli furono legati alla ruota e messi in mostra. Qualcosa di simile accadde all'epoca a Speyer e a Vienna. Nel 1199 Papa Innocenzo III decretò che gli ebrei non dovessero essere battezzati con la forza, derubati, feriti o uccisi senza mandato, molestati da fruste e pietre lanciate durante le loro feste, che i loro luoghi di sepoltura fossero rispettati, che i loro cadaveri non fossero dissotterrati e profanati. Un periodo davvero molto difficile, in cui tali ordini erano inculcati dalla più alta autorità. Questa è la prova che tali oltraggi erano all'ordine del giorno. Innocenzo III osservò, nella costituzione *'Licet perfidia Iudaeorum'*, che gli ebrei non andavano sterminati per quel motivo, ma che andavano preservati affinché la profezia della loro conversione al cristianesimo possa un giorno realizzarsi. Anche durante la Crociata contro gli albigesi nell'anno 1209 furono uccisi circa duecento ebrei, altri furono arsi per via di dichiarazioni offensive nei confronti della Chiesa. In Inghilterra, nell'anno 1210, il re inglese Giovanni fece imprigionare tutti gli ebrei per estorcere loro del denaro. Nell'anno 1212 diversi ebrei furono uccisi dai crociati a Toledo. Il Sinodo di Parigi dello stesso anno decretò che non solo nessuna balia cristiana dovesse allattare un bambino ebreo, ma anche che nessuna ostetrica dovesse assistere una donna ebrea durante le doglie; la ragione addotta era che i cristiani potessero ottenere la preferenza per il giudaismo solo nelle case ebraiche.

*

Al IV Concilio Lateranense, sotto Papa Innocenzo III, fu stabilito che tutti i padri di famiglia ebrei dovessero pagare sei soldi all'anno per Pasqua. Inoltre il Concilio decretò che gli ebrei indossassero il proprio distintivo, la "toppa ebraica"; gli uomini sui loro cappelli, le donne sui loro veli.

Il professor Grätz scrive:

La più profonda umiliazione subita dagli ebrei in Europa, durante un periodo di sei secoli, risale al 30 novembre 1215. Gli ebrei si erano gradualmente abituati a una posizione umile, avevano perso l'autostima e il rispetto di sé, avevano anche gradualmente trascurato la loro lingua, avevano perso l'equilibrio e il coraggio, divennero a poco a poco spregevoli, come desideravano i loro nemici[47].

Nel 1217 la moglie di Simon de Montfort, la contessa Alix de Montmorency, fece arrestare tutti gli ebrei di Tolosa, compresi mogli e figli, e diede loro la scelta tra la morte e il battesimo. Battezzò con la forza tutti i bambini ebrei di età inferiore ai sei anni, e questi bambini in seguito non furono restituiti ai loro genitori. Così i regolamenti e le chicane antiebraiche, i discorsi di odio contro gli ebrei per via di presunti omicidi di bambini e profanazione di ostie, sono aumentati sempre di più. A Fulda, nel 1235, trentaquattro ebrei furono assassinati da crociati e cittadini della comunità perché sospettati di aver ucciso cinque giovani figli di un mugnaio.

Quando Papa Gregorio IX ordinò nel 1236 una nuova Crociata, i crociati attaccarono diverse comunità ebraiche in Aquitania, ne calpestarono molti sotto gli zoccoli dei loro cavalli, non risparmiarono né bambini, né donne incinte, lasciarono i loro cadaveri insepolti perché le bestie feroci li mangiassero, bruciarono le case degli ebrei e presero tutto ciò che possedevano. Più di tremila ebrei persero la vita, oltre cinquecento furono battezzati. Nel 1241 ci fu uno scontro tra ebrei e cristiani a Francoforte, in cui persero la vita ottanta ebrei. A Kissingen (Baviera) diversi ebrei furono torturati e sottoposti al supplizio della ruota nel 1243, probabilmente perché accusati di usare il sangue a Pasqua.

Nel 1246 l'assemblea della chiesa di Beziers decretò che i cristiani non fossero curati da medici ebrei. Quando Luigi IX di Francia intraprese la sua crociata, si procurò il denaro confiscando i beni degli ebrei. Il santo re tormentò gli ebrei il più possibile.

---

[47] Id., *Geschichte der Juden*, volume 7.1: *Von Maimuni's Tod (1205) bis zur Verbannung der Juden aus Spanien und Portugal*, Leiner, Lipsia 1863, p. 24 (NdC).

Alfonso X di Spagna dichiarò nella sua legge, il *codex*, che sebbene gli ebrei negassero Cristo, sarebbero stati tollerati in tutti i paesi cristiani solo per ricordare a tutti che sono membri della tribù che crocifisse Gesù. La legge imponeva la pena di morte per la conversione dei cristiani al giudaismo. A causa dei loro misfatti contro Gesù, nessun ebreo poteva ricoprire una carica pubblica in Spagna. Nel 1279 si riunì a Ofen un sinodo ecclesiastico, in cui fu emanato un gran numero di decreti antiebraici. Nel 1283 i cristiani massacrarono molti ebrei a Magonza e si sparse la voce che gli ebrei avessero ucciso un bambino per drenare il suo sangue. Lo stesso accadde a Brückenhausen. A Mellrichstadt una parte della comunità ebraica fu arsa. Più o meno nello stesso periodo gli ebrei di Monaco furono accusati di aver comprato un bambino cristiano da una vecchia e di averlo ucciso. Ci fu un tumulto, gli ebrei fuggirono nella sinagoga, i cristiani le diedero fuoco e centottanta persone morirono arse. Qualcosa di simile accadde a Oberwesel e a Boppard. Con l'accusa di aver ucciso un bambino cristiano, tredici ebrei, comprese donne e bambini, furono condannati a morte a Troyes nel 1288; morirono saldi, con la confessione ebraica sulle loro labbra.

Nel 1278, a seguito della scoperta di monete contraffatte, tutti gli ebrei inglesi furono arrestati e duecentonovantatre di loro impiccati. Nel 1279 molti ebrei furono calpestati a Londra dai cavalli e i cadaveri furono appesi al patibolo con l'accusa di aver crocifisso un bambino cristiano. Nel 1290 tutti gli ebrei furono espulsi dall'Inghilterra. Il capitano di una nave, che doveva portare diverse famiglie in mare sul Tamigi, condusse la nave su un banco di sabbia e le fece uscire finché la marea non si fosse alzata. Quando ciò avvenne, salì a bordo della nave con i marinai, partì e sogghignò ai disperati: "Volete invocare Mosè che ha condotto i tuoi antenati all'asciutto attraverso il mare, e chiedergli di portarti sulla terraferma?" I poveri ebrei annegarono.

Nell'anno 1298 gli ebrei furono nuovamente braccati in Germania. A Röttingen furono accusati di aver pestato un'ostia in un mortaio. Di conseguenza, sotto la guida di un certo Rinder, masse di ebrei furono uccise, la comunità ebraica di Würzburg fu completamente spazzata via e tutti gli ebrei di Norimberga furono assassinati. Molti genitori, temendo che i loro figli non conservassero la fede, li gettarono con le proprie mani tra le fiamme.

Lor signori antisemiti, secondo cui l'antisemitismo non avrebbe nulla a che fare con la religione, non sarebbero così gentili da spiegarci come mai, nonostante tutte queste persecuzioni, gli ebrei riuscirono sempre a salvarsi ricevendo il battesimo e che migliaia di loro si salvarono effettivamente solo così?

La sanguinosa persecuzione passò dalla Franconia e dalla Baviera all'Austria, distrusse oltre centoquaranta comunità e costò la vita a centomila ebrei, osserva Gottfried von Ensmingen, si dice che la carne bovina provocò la morte di centomila ebrei. Filippo IV di Francia confiscò gli ebrei dalla sua ricchezza e li cacciò fuori dal paese (1306). I suoi motivi non erano religiosi, ma pura avidità di denaro. Donò al suo cocchiere una sinagoga a Parigi. Sotto Luigi X (1315) furono autorizzati a tornare. A Verdun (1320) molti ebrei si uccisero a vicenda perché vessati dai crociati e minacciati di battesimo forzato. A Tolosa fu massacrata la maggior parte della comunità; in tutto, si dice che centoventi comunità ebraiche in Francia e nel nord della Spagna siano state distrutte dai crociati della "crociata dei pastori"[48].

---

[48] Nome di due insurrezioni popolari nel 1251 e nel 1310, avvenute senza l'appoggio dei ceti nobiliari (NdC).

13. Tardo Medioevo

Sospettati di aver avvelenato i pozzi con una miscela di sangue umano, urina, piante e un'ostia, centosessanta uomini e donne ebrei furono uccisi a Chinon nel 1321. Fu appiccato un incendio in una fossa, uomini e donne vi furono gettati e morirono cantando nel fuoco. Le madri vi gettarono per prime i figli per salvarli dal battesimo. Si dice che circa cinquemila persone morirono arse in tutto il paese.

Nel 1328 a Estalla avvenne una terribile strage di ebrei. La marmaglia, guidata da un certo Pedro Olligoyen, si gettò sugli ebrei gridando: "Morte agli ebrei o conversione!" Quasi tutti gli ebrei della città furono trucidati. Il massacro ripetuto si estese a molte altre città della Navarra, uccidendo seimila ebrei.

In Germania, dall'anno 1336-37, infuriò ancora un massacro di ebrei. Esisteva un gruppo appositamente organizzato che si faceva chiamare i "picchiatori degli ebrei". Il loro scopo era quello di vendicare la crocifissione di Cristo. A Deggendorf, nell'anno 1337, ebbe luogo un'importante strage di ebrei per via di un'ostia profanata. Nel 1348 l'Europa fu decimata dalla devastante peste nota come "peste nera". Si dice che uccise venticinquemilioni di persone in tutto il mondo. Naturalmente la popolazione cristiana incolpò gli ebrei per questa catastrofe, sostenendo che gli ebrei avessero avvelenato i pozzi. Né i mongoli, né i maomettani avevano pensato a una cosa del genere. Le persecuzioni degli ebrei ebbero luogo in Francia, Spagna, Italia, Svizzera, Germania e molti altri paesi. I massacri più orribili si ripeterono a Worms, Strasburgo, Oppenheim, Francoforte, Magonza, Colonia, Vienna, Augusta, Magdeburgo e Bruxelles; una macchia eterna sul Medioevo.

Innumerevoli ebrei morirono volontariamente con i loro figli nell'occasione. Durante la guerra di Castiglia sotto Don Pedro nel 1460, anche gli ebrei patirono indicibili sofferenze. Una sanguinosa persecuzione degli ebrei ebbe luogo a Praga nell'anno 1389, perché alcuni bambini ebrei avevano insultato un prete mentre si recava da un moribondo. Sempre la stessa storia! Agli ebrei è data la scelta tra la morte e il battesimo, molti sono massacrati, alcuni si suicidano.

Il massacro in Spagna nell'ultimo decennio del Trecento fu terribile. La conseguenza di ciò fu che gran parte degli ebrei si convertì al cristianesimo. Questi nuovi cristiani furono chiamati marrani o dannati (?). Professavano il cristianesimo in apparenza, ma naturalmente lo odiavano terribilmente in cuor loro. A Siviglia nel 1391 ebbe luogo un'altra sanguinosa strage di ebrei. Poco era rimasto della ricca comunità di venti-trentamila anime. Quattromila ebrei morirono, la maggior parte di loro fu battezzata. La maggior parte delle ventitre sinagoghe di Siviglia fu distrutta, mentre le altre furono trasformate in chiese. Da Siviglia la persecuzione si estese alle città e ai villaggi circostanti, a Carmona e a Ecija, dove non rimase un solo ebreo. Settanta comunità ebraiche furono colpite da questa persecuzione. A Valencia furono uccisi duecentocinquanta ebrei; rimase solo la comunità ebraica di Murviedro. La furiosa persecuzione raggiunse poi l'isola di Maiorca, dove trecento ebrei caddero vittime nella città di Palma. Poi fu la volta della comunità ebraica di Barcellona. Duecentocinquanta ebrei furono massacrati al primo tentativo, molti ebrei si suicidarono, mille ebrei furono battezzati. Poi fu la volta delle comunità ebraiche di Burgos e di Lerida. Gran parte degli ebrei scacciati fuggì in Portogallo. In questo periodo ebbe luogo una seconda espulsione di ebrei dalla Francia. Dal 1412 al 1414 gli ebrei in Spagna furono massimamente tormentati. Dovevano vivere nei loro quartieri, i ghetti, indossare il loro costume e non era permesso di radersi la barba. La miseria li attanagliò; i bambini morivano in grembo alle loro madri per il bisogno e la nudità. La sinagoga di Salamanca fu trasformata in una chiesa col nome di "La Vera Croce". Seguì una serie di leggi straordinariamente vessatorie. Si dice che, in totale, ventimila ebrei in Castiglia e Spagna furono costretti a convertirsi al cristianesimo. L'inizio della caccia cristiana contro il *Talmud* e gli scritti relativi cadde in questo momento.

Forse mai, da quando esiste il mondo, gli uomini si sono opposti alla frenesia dei loro simili con maggiore eroismo degli ebrei nella grande persecuzione del XIV secolo. Con rarissime eccezioni, evitarono di salvare famiglie e vite, pur di non rinunciare alla loro fede.

*

Papa Benedetto XIII emise una bolla antiebraica in 1415, che contiene un solo punto favorevole agli ebrei, e cioè che non erano costretti al battesimo con la forza e non andavano maltrattati o picchiati a morte, il che dimostra chiaramente che tali crimini erano all'ordine del giorno.

Durante le guerre ussite, i cattolici accusarono gli ebrei di fornire segretamente denaro e armi agli ussiti stessi. Nel 1420 l'arciduca Albrecht fece gettare in prigione tutti gli ebrei del suo paese perché tre ragazzi cristiani avevano camminato sul ghiaccio, si era spezzato ed erano annegati e sorse il sospetto che gli ebrei li avessero assassinati per scopi rituali. I beni degli ebrei furono confiscati, trecento ebrei furono arsi a Vienna, molti coraggiosi preferirono il suicidio al battesimo. L'arciduca Albrecht emanò un'ordinanza che, in futuro, nessun ebreo potesse rimanere in Austria. Fu battezzato un gran numero di ebrei, compreso un giovane che, in seguito, divenne uno dei preferiti del duca Federico, poi imperatore, e visse alla sua corte. Tuttavia, costui provò ben presto rimorso per la sua apostasia. Il duca Friedrich fece di tutto per impedirgli di tornare alla sua fede originaria. Mandò alcuni ecclesiastici per convincerlo a rimanere cristiano. Poiché non ci riuscì, passò all'ultimo argomento di teologia, alla pira, e lo arse rapidamente; morì con un canto ebraico sulle labbra. Nel frattempo, l'esercito crociato inviato contro gli ussiti infuriava contro gli ebrei.

Ma tutto questo non infastidisce minimamente gli antisemiti che continuano a sostenere bellamente che l'antisemitismo non abbia niente a che fare con la religione. Diamo loro questa gioia.

Nel 1435, sull'isola di Maiorca, ci fu un'altra persecuzione degli ebrei, durante la quale un gran numero di uomini, donne e bambini si convertì al cristianesimo sotto tortura. Dal patibolo gli ebrei furono condotti in processione in chiesa, battezzati e poi intonarono un *Te Deum*, ponendo fine alla comunità ebraica di Palma. Tutto molto divertente. Il monaco Capistran fu particolarmente ostile agli ebrei in quel frangente. Grazie alle sue attività, nel 1453 furono arsi vivi quarantatre ebrei per il presunto omicidio di bambini cristiani. A quel tempo la Polonia era governata dal re Casimiro IV, un principe illuminato che concesse molti privilegi agli ebrei. Ma decretò che se un cristiano si fosse fatto avanti contro un singolo ebreo con l'accusa di aver usato sangue cristiano, avrebbe dovuto provare la sua accusa con testimoni ebrei e cristiani credibili e, in tal caso, solo l'ebreo condannato avrebbe dovuto subire la pena, senza coinvolgere i suoi correligionari, e che se l'accusatore cristiano non avesse prodotto questa prova, lui stesso fosse punito con la morte.

Nel 1453 l'impero bizantino fu conquistato dai turchi. Si dice che un gran numero di ebrei fuggiti dalla Spagna diede assistenza all'esercito turco in questa occasione, così come avevano dato ogni possibile aiuto agli arabi nella loro conquista del regno visigoto in Spagna. Dopo questo trattamento, nessuna persona sana di mente può biasimarli. Gli ebrei prosperarono brillantemente nell'impero turco. Avevano già avuto il permesso di costruire una sinagoga a Sion quando il Papa emise una bolla secondo cui nessun armatore cristiano avrebbe dovuto aiutarli ad andare in Palestina.

A Toledo, nell'anno 1467, ebbe luogo un altro massacro di marrani, cioè del popolo ebraico costretto a farsi battezzare, durante il quale furono bruciati milleseicento edifici e arsi più di quattromila neo-cristiani. Poi giunse il regno di Ferdinando il cattolico, eterno anatema per gli ebrei. Si sparse la voce che gli ebrei della piccola comunità di Sepulveda avessero martirizzato e crocifisso un bambino cristiano. Ciò diede luogo a nuovi macelli e massacri. Nella settimana pasquale dell'anno 1475 si svolse il noto "processo di Trento": gli ebrei furono accusati di aver torturato, ucciso e gettato in acqua un bambino di tre anni; sotto tortura gli ebrei confessarono tutto ciò che volevano. Gli ebrei furono arsi, il medico ebreo Tobias finì per suicidarsi, quattro si convertirono al cristianesimo e furono così perdonati. Il seguito di questa storia furono l'incitamento all'odio a Regensburg e altrove e, naturalmente, ancora una quantità di accuse di omicidio di bambini cristiani rivolte agli ebrei.

A Passau, nell'anno 1478, il vescovo fece giustiziare un gran numero di ebrei per la profanazione dell'ostia della comunione.

14. Inquisizione

L'Inquisizione spagnola agì in modo orribile contro i marrani e gli ebrei. In un sobborgo di Siviglia fu allestito un sito apposito per ardere eretici ed ebrei. Il luogo dell'incendio fu chiamato "el Quemadero". Non appena fu istituita l'Inquisizione ebraica, iniziò il rogo. Grätz osserva: "Per più di tre secoli si assistette allo spaventoso spettacolo del fumo di innocenti carbonizzati che risaliva ripetutamente verso il cielo". Il pubblico rogo era chiamato *Autodafé*, atto di fede[49].

Ad Aracena furono arsi ventitre marrani. Nella sola Siviglia stesso destino toccò a duecentottanta marrani in meno di un anno; il motivo fu la loro confessione segreta dell'ebraismo e l'apparente vita cristiana esteriore.

---

[49] Id., *Geschichte der Juden*, volume 8.2: *Von Maimuni's Tod (1205) bis zur Verbannung der Juden aus Spanien und Portugal*, Leiner, Lipsia 1863, p. 291 (NdC).

L'Inquisizione obbligò tutti i cittadini del paese a nominare entro tre giorni tutte le persone a loro note che si fossero rese colpevoli di eresia ebraica o di ricaduta nell'ebraismo. Secondo Grätz, il punto di riferimento per il riconoscimento di questi crimini era il seguente:

Se gli ebrei battezzati nutrivano la speranza nel Messia, il decreto di salvezza di Mosè restava altrettanto efficace quanto quello di Gesù. Essi celebravano il Sabato o una delle feste ebraiche, praticavano la circoncisione ai loro figli, osservavano le leggi alimentari. Se qualcuno indossava di Sabato un camice pulito o un abito migliore, copriva la tavola con la tovaglia, non accendeva alcun fuoco quel giorno, camminava scalzo nel Giorno dell'Espiazione, chiedeva perdono a un altro, se il padre imponeva le mani sul capo dei figli in benedizione, – senza fare il segno della croce; inoltre, se qualcuno gira la faccia verso il muro durante la preghiera o muove la testa mentre lo fa, dice una benedizione (*baracha*) sopra una coppa di vino e la dà ai commensali perché la assaggino.

Naturalmente l'omissione delle usanze ecclesiastiche era il più forte sospetto per l'accusa. Se un neo-cristiano recita i *Salmi* senza aggiungere alla fine: "Lode al Padre, al Figlio, ecc." oppure se mangiava carne durante la Quaresima, se una donna non andava in Chiesa quaranta giorni dopo il parto, se i genitori hanno dato ai loro figli un nome ebraico. Anche atti innocenti, se avvenuti come usanza ebraica, erano considerati segni di grave eresia. Se, durante la festa ebraica dei tabernacoli, qualcuno riceve o invia doni dalla mensa degli ebrei, o bagna un neonato in acqua in cui sono stati posti oro e chicchi di grano, oppure se il morente, esalando l'ultimo respiro, rivolge la faccia al muro[50].

Gli ebrei se la passarono particolarmente male quando Tommaso de Torquemada fu nominato inquisitore generale. A Villareal furono arsi quaranta marrani, comprese donne deboli e un canonico nato cristiano, Pedro Fernandez de Alcaudete, poi convertito all'ebraismo. Ad alcuni marrani furono inflitte

---

[50] Ivi, p. 293 (NdC).

multe pesanti e a molti fu imposto di apparire pubblicamente nella veste di penitente per un anno o per tutta la vita. L'abito era di colore bruno rossastro e dipinto con una croce sul retro. I penitenti erano esposti al pubblico.

Nel 1487 furono arsi ventitre marrani, compreso un canonico. L'anno successivo, a Toledo, ci furono altri sacrifici: venti uomini e sette donne. Le ossa dei marrani defunti, ritenuti morti da cripto-giudei, furono dissotterrate e bruciate, come avvenne a Toledo con i resti mortali di oltre cento marrani in un solo giorno. Nei tredici anni in cui Torquemada rimase Grande Inquisitore, cioè dal 1485 al 1498, almeno duemila marrani furono arsi, più di diciassettemila furono proscritti. Ad Avila, a seguito della presunta crocifissione di un bambino, settanta marrani furono arsi nel giro di otto anni, alcuni di loro solo in effigie perché fuggiti in tempo. Simpatie e connessioni segrete esistevano naturalmente tra i marrani e gli ebrei. Nel 1492 ebbe luogo la famosa espulsione di tutti gli ebrei dalla Spagna. Il motivo addotto era che le loro azioni pericolose e oltraggiose andavano contro la fede cristiana. L'editto di Ferdinando e Isabella, in cui fu decretata l'espulsione, non li accusa di nessun altro crimine se non quello di rimanere fedeli al loro credo e di cercare di mantenerlo e garantirlo ai marrani. Furono, quindi, motivi esclusivamente religiosi quelli che indussero all'editto di espulsione. Come si può ancora sostenere che l'antisemitismo non abbia niente a che fare con la religione? Negli ultimi quattro anni prima dell'espulsione, più di quaranta uomini e più di venti donne furono arsi a Toledo, tra cui un chierico e due monaci. Una marrana professò ad alta voce sul rogo che voleva morire nella legge di Mosè, l'unica verità; la sua ultima parola fu "Adonai". Naturalmente molti ebrei furono battezzati con la forza, trecentomila ebrei lasciarono il paese.

Il capitano di una nave intendeva abusare della figlia di un migrante ebreo; la ragazza fu gettata in mare dalla sua stessa madre, che poi le saltò dietro con le altre figlie. Anche il re portoghese Giovanni II si comportò in modo estremamente crudele: schiavizzò molti ebrei e i bambini di età compresa fra i 3 e i 10 anni, furono sottratti ai genitori per farli educare cristianamente sulle "isole perdute". Una madre privata dei suoi sette figli si gettò ai piedi del re e lo pregò di lasciarle almeno il più piccolo. Il re la fece scacciare e lei pianse "come una cagna privata dei suoi cuccioli". Sotto il re Emanuele, agli ebrei fu proibito di praticare pubblicamente il culto e le loro sinagoghe furono chiuse. Nel 1497 ordinò che i bambini all'età di quattro anni dovessero essere strappati dalle loro genitori e battezzati con la forza. La disperazione dei genitori fu terribile. Si ripeterono di nuovo le famose scene di miseria: i disperati uccisero i loro figli e poi loro stessi. Migliaia di ebrei portoghesi divennero cristiani, alcuni morirono martiri, tra loro Simon Maimi. Nel 1498 Carlo VIII bandì gli ebrei dalla Provenza.

*

In Turchia gli ebrei vissero tempi migliori. I marrani spagnoli fabbricarono cannoni, fuoco e polvere per i turchi e insegnarono ai turchi l'arte della guerra. In questo modo i turchi impararono ad armarsi contro i cristiani: l'imperatore Massimiliano espulse gli ebrei dall'Alta Austria; sotto il suo governo ci furono molte persecuzioni degli ebrei. Nel 1499 gli ebrei furono espulsi da Norimberga e trovarono un'accoglienza favorevole in Polonia.

A inizio cinquecento si svolse la famosa disputa tra Reuchlin e Pfefferkorn sul *Talmud*. Poi giunse la Riforma. All'inizio Lutero fu amichevole con gli ebrei. Ma le cose presto cambiarono; ma dove Lutero non cambiò idea? Confrontate cosa scrisse l'agostiniano sulla Chiesa cattolica e sul Papato all'inizio della sua carriera con le parole che scagliò contro gli ebrei alla fine dei suoi giorni!

Nel 1506 ci fu un altro massacro di ebrei in Portogallo, che durò diversi giorni e in cui persero la vita cinque-seicento marrani. Le donne gravide furono gettate dalle finestre, colpite dagli sputi da coloro che stavano all'esterno, mentre il feto era spesso lanciato in lungo e in largo. Si dice che in questo periodo morirono ventiquattromila marrani. Anche in Italia, nella zona di Milano, ebbe luogo in quel periodo la persecuzione degli ebrei. Nell'anno 1532 l'ebreo Molcho, che si era convertito al cristianesimo e l'aveva poi disertato, fu condannato a morte nel rogo come eretico. Quando i carnefici furono pronti a gettare Molcho nel fuoco, con la bocca imbavagliata, giunse un messaggero dell'imperatore, che lo liberò e gli promise perdono se fosse tornato in seno alla chiesa cristiana. Molcho rispose che aveva desiderato ardentemente il martirio e che era felice di salire sull'altare del Signore come sacrificio. Si rammaricava solo di una cosa, essendo stato cristiano in gioventù, e sperava che la sua anima andasse a Dio. A Lisbona imperversava l'Inquisizione sotto il giudice Joan de Mello. Lo stesso de Mello riferì al re dello spettacolo della pira a Lisbona e lo descrisse con le seguenti parole:

Circa un centinaio di condannati componevano lo splendido corteo. Giunti sul luogo dell'esecuzione, cantarono l'inno: *Veni creator spiritus*. Un monaco salì sul pulpito. La predica fu breve, perché il lavoro della giornata era molto faticoso. Furono pronunciate le sentenze, prima quelle di esilio e di prigionia temporanea, poi quelle di carcere a vita e, infine, le condanne a morte. Venti furono condannati. Sette donne e dodici uomini furono legati al rogo e arsi vivi[51].

Il disumano giudice antiereticale de Mello osservò che il cielo era splendido nel giorno degli olocausti umani, rispetto ai giorni tempestosi precedenti, come se il cielo avesse graziosamente sorriso al tribunale di sangue. Aggiunse che c'erano ancora molti di questi peccatori nelle segrete, che presto sarebbero stati trascinati in una nuova pira. Il re era degno del suo servitore; si rallegrava della morte dei peccatori.

---

[51] Ivi, *Geschichte der Juden*, volume 9, p. 281 (NdC).

Un fatto suscitò una profonda impressione sull'insensibile de Mello. Le vittime non emisero un suono alla vista delle fiamme, né versarono lacrime, ma si congedarono l'una dall'altra, genitori dai figli, mogli dai mariti, fratello a fratello, come se si aspettassero di rivedersi presto. I padri impartirono la benedizione ai bambini nell'ultima ora e la coppia sposata si salutò con un bacio.

15. Epoca moderna

Nel 1550 tutti gli ebrei furono espulsi da Genova. Nel 1553 sorsero nuove accuse contro il *Talmud*, le cui copie furono bruciate a centinaia e a migliaia. Nel 1555 apparve la bolla di Paolo IV, dove furono ripristinate tutte le restrizioni canoniche ai diritti degli ebrei. Furono reintrodotti i ghetti, il divieto di tenere balie cristiane, il divieto di avere rapporti con i cristiani, di mangiare e d'intrattenersi con loro. Gli ebrei dovevano indossare berretti, le donne ebree veli verdi, agli ebrei non era permesso di essere chiamati "signori", i medici ebrei non dovevano assistere i pazienti cristiani e, naturalmente, c'era il duro lavoro religioso. I marrani furono arsi ad Ancona, morirono nuovamente al grido: "Il Signore nostro Dio è uno". Nel 1559 furono nuovamente bruciate masse di libri ebraici. Quando nel 1559 scoppiò un incendio a Praga nel quartiere ebraico, molti ebrei, anche le donne deboli, furono gettati nelle fiamme e i loro averi furono razziati. Nello stesso anno gli ebrei furono espulsi dalla Bassa Austria e da Gorizia, da Praga nel 1561. Nel 1570 gli ebrei furono espulsi dallo Stato Pontificio, la maggior parte di loro andò in Turchia e in Polonia Laggiù anche i cristiani divennero così entusiasti del giudaismo che molti di loro si convertirono. La vedova di un consigliere di Cracovia, Katharina Zelazewska, convertitasi al giudaismo, fu ovviamente bruciata a Cracovia e morì martire con entusiasmo. Nel 1603 un frate francescano, Fray Diego de la Asumçao, di sangue paleocristiano, si convertì al giudaismo. Dopo aver trascorso due anni in prigione, fu arso vivo a Lisbona alla presenza del viceré[52].

All'epoca ebbero luogo le numerose emigrazioni degli ebrei in Olanda, che divenne per loro un asilo dove poter fuggire dalle persecuzioni. In Germania, invece, gli ebrei erano trattati all'inizio del XVII secolo ancora come creature depravate, verso cui non vi era dovere di pietà, erano gettate a terra e le loro barbe erano incendiate. A quel tempo c'erano solo tre/quattro importanti comunità ebraiche in Germania: Francoforte con circa duemila, Worms con millequattrocento, Praga con diecimila, Vienna con tremila anime, che patirono ogni sorta di vessazione, di divieto di tenere servitori cristiani e balie e obbligo: indossare il marchio ebraico e il proprio copricapo. Questo fu applicato in particolare a Francoforte, dove dovevano esibire cartelli speciali con nomi e segni strani sulle loro case, per esempio: "All'aglio", "All'asino", "All'insegna verde", "Al segno bianco", "All'insegna rossa" ecc.[53]

Nel 1614 gli ebrei furono espulsi da Francoforte dopo che tutti i loro beni erano stati loro sottratti. Gli ebrei di Worms non furono meno tormentati. A Vienna fu inventato un mezzo per utilizzare gli ebrei quale finanziatori delle guerre. Gli ebrei ricchi furono nominati ebrei di corte e ottennero una posizione eccezionalmente favorevole. Si può immaginare a quale prezzo. Quando Praga fu conquistata dai protestanti e poi da Wallenstein, agli ebrei non accadde nulla di spiacevole.

*

In Polonia gli ebrei erano del tutto depravati e immersi nella più profonda immoralità. Erano fedeli alla nobiltà e al clero e

---

[52] Cfr. ivi, p. 483 (NdC).

[53] Id., *Geschichte der Juden*, volume 10: *Von der dauernden Ansiedelung der Marranen in Holland (1618) bis zum Beginne der Mendelssohnischen Zeit (1760)*, Leiner, Lipsia 1868, p. 31 (NdC).

opprimevano i poveri – specialmente i cosacchi – nel modo più crudele. Ciò portò a sanguinosi massacri degli ebrei. Un certo Zinwii Bogdan Chmielnickij si mise a capo dei cosacchi, infiammò l'intera Ucraina con una guerra fanatica contro la Polonia, e a questo scopo si alleò con i tartari, comandati da Tugai Bey. Chmielnickij sconfisse i polacchi, poi saccheggiò la terra a est del Dnepr tra Kiev e Poltava e massacrò gli ebrei in massa. Si dice che diverse migliaia di ebrei morirono in quel frangente. Molti ebrei finsero di abbracciare il cristianesimo ortodosso greco, altri si arresero ai tartari, furono venduti alla Turchia e riscattati dagli ebrei turchi.

Un terribile massacro ebbe luogo anche a Tul'čyn nel 1648. Dopo che i polacchi avevano depredato completamente gli ebrei, offrirono loro la scelta tra la morte e il battesimo, ma nessun ebreo apostatò il proprio credo. Circa millecinquecento ebrei furono martirizzati alla presenza dei nobili polacchi e morirono per la loro fede. Gli ebrei morirono altrettanto fermamente a Homel', dove furono martirizzati anche millecinquecento uomini, comprese donne e bambini. Simili massacri ebbero luogo in vari luoghi della Polonia, le singole comunità furono completamente spazzate via. Questa persecuzione si estese non solo agli ebrei, ma anche ai cattolici. In Spagna, invece, la persecuzione religiosa imperversò in maniera imponente all'inizio del XVII secolo. Nell'anno 1632 Filippo IV fece celebrare un grande *Autodafé* alla presenza della corte e degli inviati per via del presunto maltrattamento di un'immagine di Gesù. Anche a Lima, in Perù, nel 1639, sessantatre ebrei furono condannati dall'Inquisizione, e diciassette marrani furono arsi vivi, compreso un medico, Francisco Maldoliad da Silva, che non solo aveva professato pubblicamente l'ebraismo, ma l'aveva anche predicato.

Anche in Messico fu martirizzato allora un marrano, così come un nobile cristiano di nome Don Lope de Vera y Alarcon di San Clemente. Aveva vent'anni quando si convertì dal cristianesimo al giudaismo. Fu imprigionato, abbandonò il suo nome nobiliare e si fece chiamare Giuda il Credente. Vane furono le suppliche dei suoi genitori e sedici giuramenti di conversione del clero. Dopo aver languito in prigione per diversi anni, fu arso il 25 luglio 1644. Tra le fiamme fece riecheggiare le parole dei *Salmi* (XXX): "Nelle tue mani, o Signore, rimetto la mia anima". L'inquisitore Moscosco scrisse in quel tempo una lettera a una contessa; "Mai prima d'ora si è visto un tale bisogno di morire, una tale fiducia nella salvezza, come con Lope". Il giovane marrano Isaac de Castro Tartas morì altrettanto fermamente a Lisbona nel 1647, che pare decise di morire martire per la gloria della sua fede. Anch'egli gridò in mezzo alle fiamme: "Ascolta Israele, il tuo Dio è uno"[54].

Nel 1654 dieci marrani furono bruciati a Cuenca in Spagna e dodici a Granada.

*

Celebre è il grande *Autodafé* madrileno del 30 giugno 1680. Si dice che sedici maestri e i loro garzoni lavorarono per diverse settimane alla costruzione di pedane e quinte per la corte, la nobiltà, il clero e il popolo. Quattro settimane prima, la data dell'allegra festa era stata annunciata in città. Grätz scrive quanto segue al riguardo:

Finalmente arrivò il giorno tanto atteso dai madrileni e dagli spettatori accorsi dall'estero (domenica 30 giugno 1680). Era da tempo che non si vedeva riunito un numero così elevato di vittime dell'Inquisizione. Centodiciotto persone di tutte le età e i generi! I vari tribunali avevano fornito settanta o più colpevoli giudaizzanti; il resto erano streghe, uomini con più di una moglie, un prete sposato e criminali simili. Di buon mattino, tutti questi malcapitati, scalzi, in camici e berretti di carta, dipinti di diavoli e fiamme, con in mano ceri accesi, venivano condotti in processione, accompagnati da ecclesiastici e monaci di tutti gli ordini, cavalieri e parenti dell'Inquisizione con bandiere sventolanti e croci. Carbonai con

---

[54] Cfr. ivi, pp. 101-102 (NdC).

alabarde aprivano il corteo secondo l'antico costume e privilegio. Immagini di eretici defunti e fuggitivi, etichettati per nome, e bare contenenti le ossa degli impenitenti furono portate dagli scagnozzi dell'Inquisizione. Il re malato di mente, la giovane regina Maria Luisa d'Orléans, le dame di compagnia, i dignitari, l'alta e la bassa nobiltà, tutti costoro furono riuniti sulla scena dalla mattina e resistettero al caldo opprimente fino a tarda serata. La defezione immotivata di personalità importanti, anche di donne, era sospettata di eresia. Il clero sfoggiò tutti gli abiti per rendere lo spettacolo impressionante e memorabile. Vedendo i sacrifici, tutto il popolo gridò di nuovo, come c'era da aspettarsi: "Viva la fede!" All'improvviso si udì la voce supplichevole di una marrana di meravigliosa bellezza, appena diciassettenne, che si accomodò vicino alla Regina esclamando: "Regina magnanima! Abbi pietà della mia giovinezza! Come posso rinunciare alla religione che ho succhiato con il latte materno?" Maria Louise de Bourbon, lei stessa non molto più anziana, soffocò le lacrime. Il Grande Inquisitore Diego de Sarmento non si lasciò sfuggire l'occasione solenne di ammonire il re al suo dovere di legalissima maestà del vangelo e della croce: perseguitare gli infedeli e gli eretici, punirli senza distinzione di sorta, tendere il braccio a la santa Inquisizione e vuole sostenerli con il suo potere regale» disse Carlo a gran voce: "Lo giuro sulla mia dignità regale. I grandi dignitari, i cavalieri e la cittadinanza ripeterono lo stesso giuramento, e la folla lo confermò con un ampio Amen clamoroso". Il re aggiunse il fatto alla parola e accese per primo la pira con una fiaccola consegnatagli, e così furono condannati diciotto marrani che avevano apertamente professato l'ebraismo. Tra di loro vi era una vedova di 60 anni con due figlie e un genero di 66 anni che aveva trascorso otto anni in prigione. Altre due donne, una delle quali aveva solo 30 anni, la maggior parte degli uomini di età robusta tra i 27 e i 38 anni, gente comune, filatori di tabacco, lavoratori orafi, commercianti, morirono tutti con fermezza alle fiamme. Alcuni si sono gettati nelle braci. Non ho avuto il coraggio di assistere a questa orribile esecuzione degli ebrei. Era uno spettacolo terrificante, mi hanno detto. Tuttavia, si poteva essere dispensati dalla frequenza solo con un certificato medico. Non posso descriverti quale crudeltà si vide alla morte di questi disgraziati... Così riferisce la marchesa de Villars a suo marito. Ne ha parlato un'altra signora francese. "Non sono andato all'esecuzione, ero già addolorata quando vidi il condannato alla luce del giorno. Uno spettacolo terribile, mi dissero. Tuttavia, si poteva essere dispensati solo dalla presenza con un certificato medico. Non posso descriverti a quali crudeltà assistetti alla morte di questi poveracci". Così riferisce al marito la marchesa de Villars. Un'altra signora francese riferì: "Non sono andata all'esecuzione, già soffrivo nel vedere i condannati alla luce del giorno... Ma non bisogna credere che un esempio così severo possa convertire gli ebrei. Non ne sono per nulla toccati e anche a Madrid ci sono molti ebrei che sono rimasti nelle loro posizioni di funzionari fiscali". I restanti cinquantaquattro marrani furono condannati in parte alle galere, in parte alla reclusione per diversi anni e alcuni al carcere a vita[55].

Nel 1682 tre martiri ebrei furono bruciati a Lisbona.

Quando Vienna fu assediata dai turchi, gli ebrei furono sospettati di cospirare segretamente con gli infedeli. A Brod la popolazione ungherese massacrò per questo motivo una piccola comunità ebraica; per lo stesso motivo gli ebrei furono perseguitati a Padova. È notevole che in questo frangente, ad Amsterdam, tre cristiani si convertirono al giudaismo. Ma la luce dell'illuminismo stava già albeggiando e, prima della sua luce, quella delle pire si affievolì e si spense. Ma l'odio per gli ebrei continuò e continua tuttora. Ovunque appaia, però, assume solo il carattere di puro arbitrio e non più quello giuridicamente legittimo.

16. Nazione di martiri

Scrive Lecky nella sua *Storia dell'illuminismo* (1866):

Certamente l'eroismo dei difensori di ogni altra fede impallidisce dinnanzi a questo popolo martire che, per tredici secoli, affrontò tutte le sofferenze che il fanatismo più sfrenato potesse immaginare,

---

[55] Ivi, pp. 280-282 (NdC).

che preferì la vergogna, la privazione, l'ingiuria, i vincoli più duri e i più terribili tormenti piuttosto che l'abbandono della propria fede. L'amore era diventato tanto più vivo per via della ristretta cerchia in cui gli ebrei erano confinati. L'entusiasmo e le strane manifestazioni estatiche, che hanno esercitato una così grande influenza nella storia della persecuzione, che hanno temprato tanti martiri con un coraggio sovrumano, e hanno infranto o annientato la paura di tante orrende prove, qui erano quasi sconosciuti. La persecuzione si abbatté sugli ebrei nelle forme più terribili, ma circondata da ogni tipo di piccolo tormento che li privava della loro grandezza, e così avvenne per secoli. Ma, nonostante tutto, lo spirito di questa gente meravigliosa salì in cielo. Mentre tutti quelli intorno strisciavano nelle tenebre e nell'ignoranza ingannevole, mentre miracoli ingannevoli e reliquie bugiarde erano gli argomenti su cui quasi tutta l'Europa dibatteva, mentre lo spirito del cristianesimo era sprofondato in un rigore mortifero sotto il giogo di una sconfinata superstizione ed era stato abbandonata ogni indagine e ogni ricerca della "verità", gli ebrei perseverarono nel cammino della conoscenza, accumulando nozioni e stimolando il progresso con la stessa intrepida perseveranza che avevano dimostrato nella loro fede: furono i più abili medici, i più abili finanzieri e tra i filosofi più profondi, mentre furono secondi solo ai mori nella coltivazione delle scienze naturali e furono anche i principali interpreti della scienza araba per l'Europa occidentale, è il mantenimento in vita dell'attività mercantile, di cui sono stati quasi soli per secoli[56].

*

La storia registra pochissime misure che abbiano prodotto sofferenze così straordinariamente grandi, – tribolazioni così terribili, che uno storico antico non esagerò nel descrivere le sofferenze degli ebrei spagnoli come simili a quelle dei loro antenati dopo la distruzione di Gerusalemme. Entro tre mesi tutti gli ebrei non convertiti dovettero lasciare il suolo spagnolo, pena la morte. Sebbene fosse loro permesso di

---

[56] W.E.H. Lecky, *History of the Rise and Influence of the Spirit of Rationalism in Europe*, volume 2, terza edizione, Longmans & Green, Londra 1866, p. 307 (NdC).

vendere i loro beni, era loro proibito di portare fuori dalla Spagna oro o argento, e questa misura li rese quasi impotenti di fronte alla rapacità dei loro persecutori. Molti di coloro che caddero nelle mani del mare brulicante di pirati furono depredati dei loro beni e condotti in schiavitù. Molti morirono di fame o di peste, o furono assassinati con terribile crudeltà, o martirizzati dai selvaggi africani, o respinti dalle tempeste alle coste spagnole. Donne delicate, cacciate da splendide case in mezzo agli aranceti di Siviglia o di Granada, bambini appena svezzati da madri povere, vecchie malate e sofferenti, caddero a migliaia. Circa ottantamila, basandosi sulla promessa del re, fuggirono in Portogallo, ma l'odio degli spagnoli li perseguitò anche laggiù. Fu organizzata una missione. I sacerdoti spagnoli incitarono i portoghesi alla violenza e il re fu incaricato di emanare un editto che faceva impallidire persino quello di Isabella. Tutti gli ebrei adulti furono banditi dal Portogallo, ma, prim'ancora, tutti i loro figli di età inferiore ai quattordici anni furono portati via per essere cresciuti cristianamente. Allora, in verità, la coppa dell'amarezza fu colma fino all'orlo. La serena fermezza con cui gli esuli avevano sopportato tante e così dolorose tribolazioni svanì e, al suo posto, subentrò il peggior parossismo. Grida strazianti di paura riempirono la terra. Le donne getterebbero i loro figli in pozzi profondi o li farebbero a pezzi piuttosto che consegnarli ai cristiani. Quando infine, senza figli e con il cuore spezzato, esse cercarono di lasciare il paese, scoprirono che le navi erano state deliberatamente trattenute e, poiché il tempo stabilito era trascorso, furono condotti in schiavitù e battezzati con la forza. Grazie alla graziosa mediazione di Roma, la maggior parte di loro riacquistò finalmente la libertà, ma i loro figli furono loro strappati per sempre. Un grande boato di gioia riempì la penisola, proclamando che il trionfo degli spagnoli era completo.

"Tutte le leggi", dice Herder, "che trattano gli ebrei peggio delle bestie, non si fidano di loro e, quindi, li rimproverano disonorevolmente ogni giorno, anche ogni momento, testimoniano la continua barbarie dello Stato, che dall'età barbarica tollera queste leggi. Montesquieu ha ragione sul fatto che la barbarie passata in Europa contribuì alla corruzione della tribù e del carattere ebraici con un comportamento inequivocabilmente violento e brutale da parte della maggioranza cristiana. Quindi è dovere dell'europeo ripagare i debiti dei suoi antenati e restituire onore e dignità a tutti i disonorati"[57].

17. Abissinia

Anche la Chiesa abissina, negli anni sessanta del secolo passato, pensò improvvisamente di perseguitare gli ebrei (falascià) per motivi religiosi. Gli ebrei poterono ricoprire cariche statali fino all'ascesa al potere del re Teodoro. Teodoro, che si batteva per l'unità del culto, li rimosse con la forza. Poi vennero, come riporta Halevy, i missionari cristiani che fecero di tutto per convertire gli ebrei al cristianesimo, per sterminare la religione ebraica, e per annunciare in Europa la notizia della caduta dell'ebraismo abissino, la cui ultima ora sembrava essere suonata. Molti sacerdoti ebrei furono convocati al palazzo del negus di Gondar, per sottoporsi a una disputa religiosa con i cristiani presenti. Ci fu molta agitazione contro la religione ebraica, il panico si diffuse tra i falascià: centinaia di fedeli avevano accompagnato i sacerdoti nel palazzo, la discussione era iniziata e gli animi erano agitati. I sacerdoti ebrei insistono nelle loro affermazioni e non sono persuasi dagli argomenti dei loro oppositori. Il negus, indignato per la resistenza dei sacerdoti ebrei, ordina ai suoi soldati di puntare contro di loro i

---

[57] J.G. Herder, *Fortsetzung. Über die politische Bekehrung der Juden in Europa zur Ehre*, in Id., *Sämtliche Werke*, parte 10: *Zur Philosophie und Geschichte*, Bureau der deutschen Classiker, Karlsruhe 1820, p. 112 (NdC).

fucili. In quel frangente tutti i falascià si alzano, si scoprono il petto e gridano al sovrano infuriato: "Spara, re, siamo tutti pronti a morire per la nostra religione". Il cavalleresco Teodoro congedò quindi i sacerdoti ebrei con doni.

Temendo che tali atti potessero ripetersi, migliaia di falascià lasciarono subito le loro case diretti a Gerusalemme. L'esodo, ovviamente, fallì completamente; la maggior parte perì, solo una piccola parte, esausta, tornò alle loro vecchie abitazioni. Halévy, che pubblicò un rapporto molto interessante sui falascià di Abissinia nel 1868, osserva su questa persecuzione: "L'Europa non ha idea fino a oggi di quali fiumi di lacrime e sangue fecero scorrere in queste lontane regioni gli apostoli della salvezza"[58].

*

Così si conclude il mio racconto sulle terribili persecuzioni che gli ebrei patirono per mano cristiana. Il venerabile lettore si rallegrerà con me nel voltare le spalle a questi spaventosi luoghi di sangue e lacrime. Gli ebrei fedeli al loro credo durante queste sanguinose persecuzioni, durante lo scherno, il disprezzo, il soggiorno nel ghetto, il vergognoso marchio, la restrizione di tutti i diritti civili, già, la schiavitù, la persecuzione, la povertà, la miseria, torture e tormenti, già, anche la morte più dolorosa, furono certamente poco accorti. Come molti dei loro compagni, avrebbero potuto convertirsi al cristianesimo e continuare a credere nella loro religione mosaica, poiché nessuno conosce il cuore altrui. Ma non lo fecero e soffrirono. Non fu molto saggio e me ne rammarico sinceramente. Ma la loro fermezza dimostra un eroismo così grande, una grandezza così soprannaturale, una tale maestà di carattere che non posso evitare di inchinarmi riverentemente di fronte a questi sofferenti con sconfinata ammirazione e, invece

---

[58] Cfr. J. Halévy, *Excursion chez les Falacha, en Abyssinie*, Martinet, Parigi 1869 (NdC).

di gridare come fanno gli antisemiti: "Ebreo, ebreo, hep hep hep", io dico: "Ebreo, ebreo, hip hip urrà!"[59]

---

[59] Secondo la versione più consolidata, Hep sarebbe l'acronimo dell'espressione latina "Hierosolima est perdita" (Gerusalemme è in rovina), usata dai romani quando avvisarono della distruzione della città nel 135 d.C. L'espressione fu poi utilizzata durante gli omonimi pogrom scoppiati in Germania nel 1819. Hip, l'interiezione onomatopeica che designa un grido collettivo di esultanza e incitamento, deriverebbe proprio dallo Hep antisemita (NdC).

Capitolo 4. Ebrei nei paesi non cristiani

1. Maometto

Analizziamo ora i rapporti degli ebrei con i popoli non-cristiani. La nostra indagine ha mostrato che l'antisemitismo greco-romano aveva la sua ragion d'essere nel comportamento e nell'atteggiamento degli ebrei di allora e che tale comportamento era frutto esclusivamente della loro religione. Nella storia dei rapporti degli ebrei con i popoli cristiani ho mostrato che le persecuzioni dei primi nascevano esclusivamente dal fanatismo religioso.

Restano ora da analizzare i sentimenti che i popoli non-cristiani ebbero e nutrirono nei confronti degli ebrei nel Medioevo e nei tempi moderni: partiamo dalla storia degli ebrei nei paesi islamici, passando poi a quella delle comunità ebraiche in India e in Cina.

*

Abbiamo accennato alla diffusione degli ebrei in Arabia nel primo capitolo. Le tribù ebraiche si differenziavano ben poco dalle numerose tribù arabo-pagane all'epoca della comparsa di Maometto. Il Profeta trasse gran parte del suo insegnamento dal giudaismo e si può dire che l'islam non sia altro che ebraismo talmudico riformato dal suo annuncio divino. Maometto trasse dapprima il contenuto principale del suo *Corano* dal *Talmud*, poi dalla *Torah* e, infine, dai vangeli apocrifi. I suoi primi insegnamenti, in particolare, furono ebraici. All'inizio della sua carriera folgorante, il Profeta non lasciò nulla d'intentato per conquistare a sé gli ebrei. Fece loro capire che intendeva aiutare l'ebraismo a diffondersi in tutta l'Arabia. Quando giunse a Yathrib, poi Medina, nel 622, fuggendo dai qurayshiti della Mecca, Maometto concluse un'alleanza formale con gli ebrei locali: per far loro piacere designò Gerusalemme come "qibla", cioè direzione da seguire nelle preghiere, e trasformò il giorno ebraico dell'espiazione (*Yom Kippur*) in un giorno di digiuno maomettano (*Ashura*).

Ma, man mano che gli ebrei e Maometto si conobbero sempre di più, crebbe la delusione reciproca. In particolare, l'insaziabile lussuria e il lassismo del Profeta suscitarono negli ebrei alcuni dubbi circa l'autenticità della sua profezia. "Per Dio", dissero gli ebrei, "non è mai sazio e non ha altre preoccupazioni che le donne". Anche il fatto che gli ebrei credessero che un vero profeta di Dio potesse manifestarsi solo in Palestina, così come il fatto che lui si nutrisse di carne e formaggio di cammello, li rese molti prudenti verso l'islam. I principali oppositori di Maometto furono gli ebrei Fineas ibn 'Azura della tribù dei Qaynuka, Ka'b ibn al-Asharaf, nato da padre arabo e madre ebrea, e il poeta Abu 'Afak, un anziano centenario che lo scherniva e cercò di bistrattarlo. Maometto fece buon viso a cattivo gioco e sopportò inizialmente il disprezzo degli ebrei con apparente indifferenza. Alcuni passaggi del *Corano* hanno un tono piuttosto amichevole nei loro confronti. Ma quando gli ebrei cominciarono a soffiargli i seguaci e i suoi adepti lo sollecitarono a esprimere la sua opinione sull'ebraismo, dicendogli: "Se la *Torah* è un libro divino, osserva anche i suoi precetti", Maometto dovette mettere le carte in tavola. Rivelò diverse *Sure*, inclusa la seconda, intitolata *Bakarah* (la mucca), dove insultava gli ebrei; designò la Mecca come "qibla" al posto di Gerusalemme; abolì il digiuno dell'*Ashura* del Giorno dell'Espiazione; infine, affermò che nella *Torah* era stato predetto come profeta, ma che gli ebrei falsificarono e cancellarono questi passaggi[1].

---

[1] Sebbene i maomettani affermino che sia le scritture cristiane sia quelle ebraiche siano falsificate, ammettono tuttavia che nei testi pervenuti siano presenti ancora profezie che si riferiscono al profeta Maometto. I passaggi teologicamente preferiti sono i seguenti: *Deuteronomio* XVIII,17-22; *Deuteronomio* XXXII,21; *Deuteronomio* XXXIII,2; *Genesi* XVII,20;

Inoltre, Maometto sostenne che gli ebrei onorassero Esdra quale figlio di Dio. Dopo la vittoria di Badr, il Profeta divenne ancora più drastico contro di loro: una poetessa di nome Asma, di una tribù ebraica, fu uccisa di notte sul suo letto da un uomo di nome Omeïr perché aveva composto satire contro Maometto, dove lodava l'assassino per aver "reso un servigio a Dio e al suo profeta". Pochi giorni dopo, il vecchio ebreo Abu 'Afak fu assassinato dal figlio di Omeïr e, in seguito, anche lo stesso Ka'b ibn al-Asharaf, perché aveva pianto in un'elegia i qurayshiti morti nella battaglia di Badr contro Maometto.

Subito dopo, Maometto invitò la tribù ebraica dei Qurayza, cui apparteneva il suo nemico Fineas, a convertirsi all'islam. Ne seguì uno scontro, Maometto fece legare tutti gli ebrei della tribù e avrebbe voluto massacrarli, ma gli fu impedito di farlo e si accontentò di costringerli a emigrare in Palestina. Così l'odio

---

Genesi XLIX,10; *Salmo* XLV,1-18; *Salmo* CXLIX,1-9; *Isaia* XLII,9-17; *Isaia* LIV,1-17; *Isaia* LXV,1-6; *Daniele* II,31-45; *Lettera di Giuda* XIV,15; *Matteo* III e VI; Matteo X,7; *Luca* I,2; *Matteo* XXI, 33-45; *Apocalisse* II,26-29; *Giovanni* XIV,15-30.
Anche qui abbiamo la riprova che ciascuno trova ciò che vuole nelle Scritture, cioè pensa di poter trovare ciò di cui ha bisogno a favore della propria argomentazione. Il principio protestante, secondo cui tutti possono leggere la Bibbia, è probabilmente la ragione principale della frammentazione del protestantesimo in innumerevoli sette. Nel libero esame della Bibbia risiede l'impossibilità di raggiungere l'unità nel protestantesimo.
Quanto è più saggia la Chiesa cattolica romana! Col dogma secondo cui spetta esclusivamente alla Chiesa spiegare e interpretare il significato delle Sacre Scritture e col dogma dell'infallibilità papale, l'unità dell'insegnamento è assicurata per l'eternità. L'importanza dei due dogmi e la loro utilità nel mantenere l'ordine, l'unità e la disciplina, e l'enorme supremazia che la Chiesa romana ottenne in tal modo su tutte le altre chiese, sono evidenti. Si confronti, a tal proposito, il contenuto dell'enciclica leonina *Providentissimus Deus* (1893), dove la continua "ispirazione reale" e la continua inerranza delle Sacre Scritture e di tutte le sue parti sono ancora una volta espressamente dichiarate e inculcate (NdHCK).

tra Maometto e gli ebrei aumentò a dismisura: quanto più il Profeta rafforzava la sua posizione, tanta maggiore antipatia nutriva verso i figli d'Israele. Nella "battaglia del fossato" (o battaglia di Medina) riuscì a porre sotto il suo controllo la tribù Qurayza. Quasi settecento ebrei furono trucidati in pubblica piazza a Medina e gettati in una fossa, naturalmente nel nome di Dio (*Sura* XXIII). Le donne furono scambiate con armi e cavalli, e una bellissima ebrea di nome Rihana fu tenuta dallo stesso Profeta. Nel 628 Maometto sconfisse gli ebrei a Khaybar, distruggendo l'ultima tribù libera di ebrei in Arabia.

In seguito a questa guerra, Maometto condusse nel suo harem due bellissime donne ebree: Safiyya e Zaynab. Quest'ultima si finse amichevole e amorevole, gli promise il soddisfacimento dei suoi desideri e delle sue voglie più ardenti e pose davanti a lui e ai suoi commensali un cosciotto di montone avvelenato. Uno dei commensali morì. Maometto sputò il boccone giusto in tempo e riuscì a salvarsi la vita, ma non si riprese mai del tutto dall'assaggio del cosciotto. Sentì gli effetti del veleno anche nell'ora della morte. Maometto chiese a Zaynab la ragione del suo gesto. La donna rispose: "Hai arrecato sofferenze indicibili al mio popolo, quindi ho pensato che se sei un semplice tiranno, posso vendicare il mio popolo avvelenandoti. Ma se sei un vero profeta, il veleno non potrà farti alcun male". Maometto diede l'ordine di giustiziarla. Ordinò alle sue truppe di non usare gli utensili da cucina requisiti agli ebrei finché non fossero stati bolliti nell'acqua. Gli ebrei intrigarono come potevano e incitarono tutti i malcontenti alla ribellione contro Maometto. La casa dell'ebreo Simailim a Medina fu il punto di raccolta di tutti gli scontenti; quando la congiura fu scoperta, la casa fu data alle fiamme. Dopo la morte di Maometto, Omar bandì tutti gli ebrei dalla penisola arabica e motivò le sue misure dichiarando che il sacro suolo dell'Arabia non doveva essere profanato da un infedele. Gli ebrei ottennero in cambio terreni a Kufa sull'Eufrate.

2. Califfato arabo

Quando gli arabi attaccarono la Palestina, gli ebrei li aiutarono ovunque e facilitarono la loro conquista, ben lieti di scambiare il dominio bizantino con quello arabo. Nel 636 Omar conquistò Gerusalemme, ma non permise agli ebrei di dimorarvi. Decretò che gli ebrei non potessero costruire nuove sinagoghe senza autorizzazione e dovessero officiare le cerimonie in silenzio. Non furono autorizzati a ricoprire alcuna carica, ad amministrare la giustizia sui maomettani, ad andare a cavallo e a usare anelli con sigillo. Dovevano indossare il proprio costume e pagare un testatico e una tassa fondiaria. Nonostante tutte queste limitazioni, che però colpivano anche i cristiani, troviamo sempre gli ebrei dalla parte degli arabi nelle lotte fra maomettani e cristiani; accolsero i musulmani ovunque come loro liberatori dal giogo cristiano e aprirono loro porte e i cancelli in diverse città dell'Asia e dell'Egitto. Sotto Omar, un discendente della casa di Davide di nome Bostanai fu riconosciuto quale capo degli ebrei, e Omar gli diede persino in moglie una figlia del re persiano Cosroe II, di nome Dara.

Inutile dire che furono i motivi religiosi a dare origine all'antisemitismo del "semita" Maometto e dei suoi seguaci "semiti". Ottimo esempio di antisemitismo semita!

La posizione degli ebrei nel califfato era generalmente buona. Kremer scrive nella sua *Storia culturale dell'oriente*:

Occupiamoci degli ebrei, il cui capo spirituale, il principe dell'esilio, risiedeva anch'egli a Baghdad. Secondo il rabbino Benjamin de Tudela, che visitò Baghdad intorno al 1170, il principe dell'esilio era tenuto in grande considerazione quale capo spirituale di tutti gli ebrei. Un discendente di Davide, chiamato Rabbi Daniel Ben Chisdai, deteneva tale dignità all'epoca. Sotto l'autorità del califfo, egli aveva il comando supremo su tutte le congregazioni ebraiche, di cui il primo gli aveva dato il sigillo. Qualunque ebreo o maomettano doveva sottomettersi a lui. Ogni volta che si recava in udienza presso il califfo, era sempre accompagnato da uno stuolo di cavalieri: egli stesso appariva tutto in un abito di seta ricamato, con un turbante bianco ornato di diademi, e davanti a lui gli araldi gridavano a gran voce: "Largo al figlio di Davide!" Il suo potere si estese su Mesopotamia, Persia, Khorasan, Sud Arabia, Diarbekir, Armenia, Georgia fino all'Oxus, all'India e al Tibet. Concedeva alle comunità locali la scelta dei rabbini e dei servitori del tempio che ottenevano prima di lui la consacrazione e il permesso di operare, per cui riceveva doni preziosi dai paesi più lontani. Il principe dell'esilio possedeva edifici, giardini, piantagioni di alberi e grandi proprietà in Babilonia, ereditate dai suoi antenati, e riceveva anche entrate dall'ostello ebraico, dai mercati e riscuoteva un dazio sulle merci. Un gran numero di israeliti mangiava quotidianamente alla sua tavola. Tuttavia, alla sua investitura dovette pagare ingenti somme al califfo e ai prìncipi della sua casa. Il suo insediamento e la confermazione avvenne mediante l'imposizione delle mani da parte del califfo nel suo palazzo, dopodiché tornò alla sua residenza con l'accompagnamento della musica e lì consacrò i membri e i capi della sua numerosa comunità mediante l'imposizione delle mani[2].

Lo stesso viaggiatore ci dice che Baghdad era abitata da molti ebrei ricchi e colti. Vi erano ventotto sinagoghe, una parte in città e una parte nel sobborgo di Karkh. La sinagoga principale era adornata con colonne di marmo colorato, riccamente ornate d'oro e d'argento, e sulle colonne vi erano iscrizioni e passaggi dei *Salmi* in lettere dorate. L'altare su cui si trovava il rotolo della *Torah* aveva dieci gradini di marmo, in cima ai quali vi era la tribuna del principe dell'esilio e degli altri prìncipi della casa di Davide.

Da queste parole si capisce quanto fossero più tolleranti gli arabi nei confronti del popolo di Israele rispetto ai cristiani.

---

[2] A. von Kremer, *Culturgeschichte des Orients unter den Chalifen*, volume 2, Braumüller, Vienna 1877, p. 176 (NdC).

3. Califfato spagnolo

La massima fioritura della poesia e della filosofia ebraiche si ebbe nella Babilonia e nella Spagna governate dai maomettani. A Granada, nel 1027, un ebreo di nome Samuel Ibn Nagrela divenne ministro di stato del re Habus. Suo figlio Abu Hasseim Yosef gli succedette in tutti i suoi incarichi; fu rabbino e visir allo stesso tempo. Mentre era alla guida della Spagna maomettana, avvenne la prima persecuzione degli ebrei, che però non fu di carattere religioso, ma esclusivamente politico. Il re berbero Badis aveva escogitato il piano di far massacrare tutti gli arabi nella sua capitale e il visir ebreo lo avvertì segretamente dell'attacco. Questo progetto creò alcune complicazioni che determinarono l'espulsione degli ebrei e il massacro di millecinquecento famiglie ebraiche in un solo giorno.

Dal 1105 al 1145 visse in Spagna il famoso poeta Jehuda Halevi, il più grande di tutti i poeti ebrei medievali. In Asia Minore, Siria e Palestina, la popolazione ebraica aumentò rapidamente. Nelle parti di questi territori governate dai cristiani al tempo delle Crociate vi erano poche comunità ebraiche; nella Palestina cristiana poco più di mille famiglie. Dove regnava la mezzaluna ve n'erano molte di più ed erano in uno stato fiorente. Si dice che nel XII secolo a Samarcanda vi fossero circa cinquantamila ebrei e nell'isola di Ceylon circa ventitremila, pari a tutti gli altri abitanti. Il re di quest'isola aveva sedici ministri; quattro della sua stessa religione, quattro cristiani, quattro ebrei e quattro maomettani. Gli ebrei erano immigrati nuovamente in Arabia; nell'Arabia settentrionale e nello Yemen. Anche in Egitto gli ebrei vissero periodi tranquilli.

La seconda metà del XII secolo è l'età del grande rabbino Maimuni (Maimonide), l'Aristotele ebreo, quel grande pensatore che, come dice Grätz, resse sulle sue robuste spalle il futuro dell'ebraismo[3]. Riteneva suo compito assicurare che l'uomo fosse fatto a immagine di Dio. Nel profondo dell'anima odiava ogni menzogna. Si spinse a tal punto da non apprezzare l'arte poetica, perché gran parte di essa si basava sull'invenzione. Rigorosamente autocritico, era indulgente nel trattamento e nel giudizio altrui. Combatteva ogni errore senza mai odiare chi lo commettesse. La modestia, l'umiltà, la cordialità, la veemente fermezza, l'intelletto acuto e chiaro, l'instancabile diligenza e la vasta conoscenza erano le qualità che lo contraddistinguevano. La sua tomba recava l'iscrizione: "Qui giace un uomo che non fu uomo; se eri umano, gli esseri celesti adombrarono la tua Madre Celeste". Tali righe furono poi cancellate e sostituite dalle seguenti parole: "Qui giace Mosè Maimuni, l'eretico bandito". Secondo i suoi adoratori, dai tempi del profeta Mosè non era apparso nessun altro che somigliasse a Mosè Maimuni. Maimuni fu così illuminato da spiegare in una famosa missiva esortativa alle comunità ebraiche che chi accetta l'islam sotto pressione e lo professa solo in apparenza, ma resta fedele all'ebraismo in cuor suo, non va considerato un apostata. Chi si sacrificava come martire per non riconoscere la profezia di Maometto, aveva una lauta ricompensa. Ma se qualcuno gli chiedeva se fosse obbligato a morire piuttosto che a pronunciare la confessione dell'islam, rispondeva con un secco no.

Molto interessanti e tipiche di tutte le religioni sono le affermazioni di Maimuni nella sua missiva alle comunità ebraiche nello Yemen sulla ragione della persecuzione degli ebrei da parte di cristiani e maomettani. Egli afferma che i profeti vaticinarono le persecuzioni perché Dio aveva distinto specialmente i figli d'Israele con la Sua grazia e li aveva resi portatori della vera religione, della vera sapienza; i popoli li odiano, non per se stessi, ma per il divino in loro, per "contrastare" il disegno divino. Sin dalla rivelazione della legge

---

[3] H. Grätz, *Geschichte der Juden*, volume 6, cit., p. 288 (NdC).

sul Sinai, il giudaismo fu sempre oggetto di persecuzione, sia con la spada, come ai tempi di Amalek, Siserà, Sennacherib, Nabucodonosor, Tito, Adriano; sia con le sofisticate arti della menzogna, che portarono all'apostasia dalla vera fede (persiani, greci, romani) o alle false rivelazioni divine che contraddicono il giudaismo. Le nuove rivelazioni di Nazaret e della Mecca sono legate all'ebraismo come l'immagine dell'uomo, abilmente eseguita, a una vita umana vigorosa che solo i bambini e gli sciocchi possono confondere. L'ostilità contro Israele, che si manifesta in tre diverse forme, fu predetta dai profeti, in particolare da Daniele, che profetizzò anche la vittoria della religione ebraica su tutte le altre. Dio ha permesso tutte le sofferenze che si sono abbattute su Israele solo per testimoniare che solo gli ebrei sono in possesso della vera religione.

Il venerabile lettore ricorderà, forse, di aver sentito affermazioni simili altrove... Nulla di nuovo sotto il sole.

4. Turchia

La Turchia aveva accolto con ospitalità anche gli ebrei espulsi dall'Europa. Il sultano Solimano permise loro di stabilirsi a Rodi. Quell'isola era per lo più abitata da ebrei spagnoli, che, come dice il famoso scrittore di viaggi Breuning, "sfidavano, disprezzavano e schernivano i cristiani, – specialmente gli ordini cavallereschi"[4]. Secondo Schweiger, laggiù gli ebrei praticavano il commercio, l'usura e il tradimento, quest'ultimo ai confini, dove si dice che servissero in foggia zigana i turchi quali spie contro i cristiani. Come giocolieri, comici e musicisti itineranti avevano accesso anche alle stanze più segrete del serraglio. Gli ebrei erano spesso i

---

[4] H.J. Breuning von Buchenbach, *Orientalische Reyss*, Johann Carolo, Strasburgo 1612 (NdC).

medici personali dei sultani, le donne ebree erano generalmente apprezzate dalle mogli del sultano, presumibilmente per via di certe arti magiche. Gli ebrei conseguirono presto ricchezza e prestigio nell'impero ottomano[5]. Senza il loro aiuto, osserva Zinkeisen, difficilmente si sarebbe potuto ottenere alcun risultato diplomatico e, quindi, era alquanto saggio che i rappresentanti dei paesi cristiani cercassero il loro favore[6].

Quando il sultano Orkhan conquistò Brussa e v'invitò mercanti e lavoratori dei paesi vicini, molti ebrei bizantini risposero al suo appello. Quando il sultano Murad I prese Adrianopoli, le comunità ebraiche accolsero con entusiasmo i turchi. Anche il sultano Murad II amava molto gli ebrei e prese un ebreo come suo medico personale. Allo stesso modo, Maometto II, il conquistatore, fu molto ben disposto nei confronti degli ebrei. Soldati ebrei combatterono nel suo esercito quando era in guerra in Transilvania. Si dice che, durante questa campagna, cadde il rabbino Samuel Soncino, che spaccò la testa del monaco Capistran. Maometto II aveva anche un ebreo quale medico personale. Un altro, Mose Capsali, un ebreo devoto e colto, un'asceta, fu elevato ai ranghi più elevati dell'impero dallo stesso Maometto II. Sotto Bayezid II, gli ebrei espulsi dalla Spagna immigrarono in Turchia. Lo stesso sultano emise un firmano a tutti i suoi governatori non per non respingere gli ebrei, ma addirittura per accoglierli ovunque in modo amichevole. Gli ebrei insegnarono ai turchi a fondere i cannoni e a fabbricare la polvere da sparo. Questa fu la vendetta per il trattamento crudele subito dai cristiani. Il sultano Solimano I fece ricostruire le mura di Gerusalemme e Tiberiade con somma gioia degli ebrei e si dice che pose una

---

[5] A. Freiherr von Schweiger, *Der Orient*, Hartleben, Vienna-Pest-Lipsia 1882, pp. 195 ss. (NdC).

[6] J.W. Zinkeisen, *Geschichte des Osmanischen Reichs in Europa*, terza parte: *Das innere Leben und angehender Verfall des Reiches bis zum Jahre 1623*, Friedrich Andreas Perthes, Gotha 1855, pp. 368 ss. (NdC).

delle mura della città sotto la loro protezione. Da tutto ciò si evince quanto fossero molto più tolleranti i maomettani nei confronti di Israele e quanto fossero più "cristiani" degli Stati cristiani del Medioevo. Quindi non c'è davvero da meravigliarsi se nelle numerose guerre tra cristianesimo e islam gli ebrei si schierarono sempre e ovunque a favore di questi ultimi. I più grandi nemici degli ebrei nell'impero ottomano furono sempre i greci che sollevarono ripetutamente l'accusa del sangue, tanto che ben tre sultani, vale a dire Solimano I, Abdul Medjid e Abdul Aziz, si sentirono in dovere di spiegare la falsità dell'accusa di sangue nei loro firmani. Una posizione principesca fu ricoperta sotto i sultani Solimano e Selim II dall'ebreo Josef Nassi, che ricevette il titolo di duca di Naxos e delle altre undici isole del Dodecaneso e al quale l'imperatore tedesco pagò un affitto annuo di 2.000 talleri.

Sotto Murad III, gli ebrei se la passarono male. In un momento di cattivo umore, il sultano diede l'ordine di uccidere tutti gli ebrei dell'impero perché era stato infastidito dallo sfoggio del lusso. Ma non mise mai in pratica quest'ordine sanguinoso. In generale, si può dire che gli ebrei erano trattati incomparabilmente meglio in Turchia che negli Stati cristiani. Poiché non erano trattati alla pari con i maomettani ed era proibito loro di ricoprire cariche statali – salvo rare eccezioni, – gli ebrei commerciavano avidamente e molti di loro ottennero un grande successo acquisendo ricchezze. Ogni volta che una comunità diventava ricca, di solito accadeva in Turchia quella che era una misura governativa. Si spremeva la spugna come un limone, cioè i ricchi ebrei erano terribilmente oberati, anche piuttosto spesso, ma, se si ribellavano, erano massacrati. Spesso la ragione dei massacri era anche l'apparizione di fanatici ebrei religiosi che immaginavano, rielaborando i testi cabalistici come la *Zohar*, di essere il Messia annunciato nell'Antico Testamento e, quindi, suscitavano disordini nell'impero. I turchi fuono sempre maestri nel rovesciare uomini così indisciplinati. Il più famoso di questi impostori fu lo smirniota Juda Shabbatai Zevi, che ha tuttora seguaci. Sotto il sultano Maometto II, che fece impiccare a Costantinopoli il patriarca greco Gregorio perché alcuni greci avevano saccheggiato una nave che trasportava pellegrini maomettani diretti alla Mecca, i greci compirono un massacro contro gli ebrei in Morea, uccidendone cinquemila, perché laggiù si era sparsa la voce che l'esecuzione del patriarca greco fosse avvenuta su istigazione di ebrei.

Sotto il sultano Abdul Medjid, gli ebrei ricevettero la parità dei diritti civili. Nel 1860 Damasco fu teatro di sanguinosi tumulti contro gli ebrei, accusati di aver ucciso ritualmente Padre Thomas e il suo servitore. Alcuni ebrei confessarono sotto tortura. Grazie alla mediazione di Montefiore e Cremieux, essi furono poi rilasciati.

5. Persia e Marocco

Diamo un'occhiata alla situazione degli ebrei in Persia e in Marocco. In entrambi i paesi le cose vanno davvero male. Ci sono forse pochi paesi in cui gli ebrei si trovino in una condizione così deprecabile come nella Persia indoeuropea, dove il fanatismo dei mullà sciiti aizza costantemente la popolazione contro gli ebrei. Ancora nel 1892 ci furono numerosi atti di persecuzione degli ebrei, in particolare ad Hamadan, dove la popolazione intendeva imporre 22 leggi eccezionali agli ebrei. Eccole:

Divieto di uscire quando piove o nevica.

La donna ebrea è obbligata a camminare per le strade senza velo e a indossare un mantello bicolore.

Agli uomini ebrei è permesso di vestirsi solo di cotone blu, di non indossare bei vestiti o scarpe e devono cucirsi un pezzo di stoffa rossa sul petto.

Nessun ebreo può precedere un maomettano sulla pubblica strada, né parlargli ad alta voce.

Se un ebreo esige il pagamento di un debito, questo deve essere fatto solo con tono timoroso e rispettoso.

Un ebreo, quando compra la carne, deve nasconderla alla vista del maomettano.

L'ebreo non deve costruire belle case.

La sua casa non deve essere più alta di quella del suo vicino musulmano.

Non deve imbiancare le sue stanze.

La porta d'ingresso della sua casa deve essere bassa.

Non deve avvolgersi nel mantello, radersi la barba, lasciare la città, né fare escursioni in campagna.

Ai medici ebrei non è permesso di andare a cavallo.

Un ebreo sospettato di aver bevuto una bevanda alcolica non può uscire per strada, pena la morte.

I matrimoni ebraici vanno celebrati in silenzio.

Agli ebrei non è permesso di mangiare frutta buona.

Quando queste leggi furono scritte, i musulmani corsero per la città urlando e appellandosi ad Allah, chiedendo che gli ebrei fossero uccisi o convertiti. Per quaranta giorni gli ebrei di Hamadan furono assediati nelle loro case e morirono di fame e paura. L'ideatore di questo movimento fu un sacerdote musulmano di nome Abdullah; un secondo fanatico simile fu Seyed Abdul Medjid. Alle donne ebree furono strappati i veli per strada, degradandole così al rango di meretrici. Il sessantenne rabbino Abraham fu bastonato da Abdul Medjid perché non indossava il marchio ebraico. Si arrivò al punto che il governo fu costretto a inviare truppe ad Hamadan per riportare la calma.

Rivolte simili scoppiarono a Kirmanshah nel 1896, dove il quartiere ebraico fu saccheggiato. Poiché era imminente un massacro generale di ebrei, molti si convertirono all'islam. Una legge stabilì che, quando un ebreo muore, tutti i suoi beni andranno ai suoi parenti che professano l'islam. Sono sempre stati i mullà ad aizzare il popolo.

Nel 1897 si verificarono disordini simili a Teheran. L'istigatore fu il sacerdote Seyed Rihan Allah, che costrinse gli ebrei a portare il marchio e un'acconciatura diversa da quella musulmana. A quel tempo il corrispondente da Baghdad dell'Alleanza israelita universale scrisse:

In Persia si osserva il fatto costante che ogni volta che un sacerdote desidera uscire dalla sua oscurità e farsi un nome come uomo pio, comincia a predicare la guerra santa contro gli ebrei.

La popolazione ebraica di Teheran è povera; solo due o tre ebrei posseggono almeno trenta-quarantamila franchi. Così anche in Persia i disordini antisemiti hanno un carattere esclusivamente religioso.

*

La situazione degli ebrei in Marocco non è molto migliore. Anche laggiù la violenza contro di loro è all'ordine del giorno. Solo due anni fa, il sultano Mulay Hassan I si sentì in dovere di ordinare al suo caid di Scechuan, Mohammed Ben Ahmed, di porre fine delle fatiche antisemite. Nel 1892 il sultano ordinò al suo ministro degli affari esteri di scrivere alla comunità ebraica esprimendo il suo rammarico per le numerose ingiustizie e abusi cui gli ebrei erano stati sottoposti, e che, in futuro, avrebbero dovuto sempre indirizzare le loro lamentele al sultano.

Quando nel 1894 morì il sultano Mulay Hassan I e gli succedette sul trono suo figlio, allora quasi bambino, costui riprese la persecuzione degli ebrei perché mancava la mano protettrice del vecchio sultano. Molte tribù dell'interno si ribellarono contro il nuovo sultano, e tutti questi disordini cominciarono con la persecuzione degli ebrei: notizie di assassini, saccheggi, casi di stupro, bastonate e conversioni forzate giungono ogni settimana dal Marocco. Ma qui devo dichiarare espressamente che questi crimini non sono l'esito del fanatismo religioso, che esercita un ruolo minore nel Marocco semitico rispetto alla Persia indoeuropea, e che il furto e la rapacità sono le ragioni principali di tali obbrobri. Solo nei tribunali il fanatismo esercita ancora un ruolo importante. Qui agli ebrei è solitamente negata la giustizia perché non sono maomettani.

6. Antica Persia, India, Cina

Sulla condizione degli ebrei nei paesi non monoteisti, cioè nei "paesi pagani", disponiamo solo di scarne informazioni. Ma è indubbio che qui furono meno perseguitati. Il re persiano Jezdegerd III, che governò dal 440 al 457, perseguitò manichei, cristiani ed ebrei allo stesso modo. Così fece il re Firuz, che uccise metà degli abitanti ebrei di Esfahan e fece allevare coattivamente i bambini ebrei nel tempio di Horvan al culto del fuoco. Poiché per secoli agli antichi persiani non venne mai in mente di disputare con gli altri sulle loro questioni metafisiche, e fecero il primo tentativo in tal senso solo dopo aver acquisito maggiore familiarità con le due religioni "monoteiste", l'idea suggerisce che gli zoroastriani copiarono la persecuzione religiosa da cristiani ed ebrei.

*

L'emigrazione di una parte dell'ebraismo babilonese in India avvenne probabilmente allora. Qui esistono ancora oggi due classi di ebrei, che differiscono per il colore della pelle, i lineamenti del viso e le usanze: i bianchi e i neri. Non c'è nulla che indichi che furono mai oggetto di persecuzione. Allo stesso modo, non ho trovato alcun riferimento alla persecuzione degli ebrei in Cina.

*

Una comunità ebraica esiste anche in Cina fin dai tempi antichi. Quando sia immigrata non possiamo dirlo, così come gli ebrei nel Caucaso, a Bukhara, nello Yemen e in India. È probabile da alcuni indizi che gli ebrei si trapiantarono già dopo la conquista della Samaria da parte assira e quella di Gerusalemme da parte babilonese. Gli ebrei cinesi residenti oggi a Kaifeng si sono ridotti a una piccola manciata. La prima notizia su questa comunità proviene da Trigalzio che, nel 1617, riporta che un ebreo della città giunse da Padre Ricci a Pechino, pare, per far conoscenza di uno dei suoi correligionari. L'interessante conversazione di questo ebreo cinese con Padre Ricci ci è conservata da Trigalzio. Padre Ricci mostrò all'ebreo un'immagine di Cristo e Maria, davanti alla quale Giovanni s'inginocchiò. L'ebreo scambiò quest'immagine con quella di Rebecca e dei suoi due figli, Giacobbe ed Esaù. L'ebreo scambiò un gruppo di apostoli con i dodici figli di Giacobbe. Quando gli fu chiesto: "Sei un giudeo?", lui rispose: "Sono un israelita". Lui credeva che i nazareni osservassero la legge mosaica e non aveva mai sentito parlare dell'esistenza di un Nuovo Testamento. Nel 1704 furono visitati dal missionario gesuita Padre Gozani, secondo cui gli ebrei si stupirono quando udirono dalle sue labbra il nome di Gesù il Messia. Ne avevano sentito parlare, ma questo Gesù era il figlio di Sirach e non l'uomo di cui parlava Gozani. Quindi non avevano mai sentito parlare di Gesù Cristo in vita loro. Quanto sarebbe interessante sapere se anche questi ebrei fossero sotto la maledizione che il giudaismo subisce per via della crocifissione di Cristo. Vorrei illuminare i miei venerabili lettori sulla faccenda, ma non posso farlo, poiché mi mancano totalmente le nozioni teologiche in materia. Gli ebrei cinesi hanno da tempo abbandonato il loro servizio liturgico e rischiano di fondersi molto presto nel maomettanesimo e nel buddismo se gli sforzi dell'Alleanza israelita universale non riusciranno a preservarli nel giudaismo. Quarant'anni fa morì l'ultimo dei loro rabbini che capiva ancora un po' di ebraico. I bambini non sono più circoncisi, spesso sposano donne cinesi e poi accettano la loro religione.

I resoconti sono molto divergenti sul numero degli ebrei cinesi. Il signor von Brandt li considera infinitamente pochi;

secondo altri, si dice che siano mezzo milione, addirittura un milione[7]. Questo è estremamente improbabile e può essere dovuto alla confusione con i maomettani. Sembra che non furono mai perseguitati nella tollerante Cina; almeno non mi è stato possibile scoprire nulla al riguardo.

La tolleranza cinese si dimostra anche col fatto che gli ebrei cinesi giunsero di propria iniziativa ad adorare Confucio tanto quanto i cinesi – la cosa più intelligente che potessero fare.

---

[7] Maximilian August Scipio von Brandt (1835-1920), diplomatico tedesco, pubblicista esperto di Asia orientale (NdC).

Capitolo 5. Accuse contro gli ebrei

1. Usura

Non è vero che la *Torah* permetta l'usura tra gli ebrei. La famosa espressione del *Deuteronomio* (XXIII,20-21) dice solo che è proibito fare prestiti a interesse al proprio fratello, cioè all'ebreo, ma che è permesso farlo agli stranieri. Anche altri passi dell'Antico Testamento (*Ezechiele* XVIII,8-9, e *Salmi* XV,5) lodano chi non esige interesse. C'è grande differenza tra l'interesse e l'usura.

I rabbini consigliano di prestare denaro senza interesse anche agli idolatri. Nello *Shulchan-Arukh Choshen Mishpat* (XXXIV,29) si legge:

Se un usuraio vuole riconquistare la capacità di rendere testimonianza, deve strappare le sue cambiali di propria iniziativa e abbandonare la sua condotta malvagia, in modo da non desiderare nemmeno di riscuotere l'interesse da un non-ebreo[1].

E Rabbi Isserles dice:

Non devi ricevere dal non-ebreo più interesse di quanto non ti occorra per il tuo sostentamento.

E, difatti, nella storia degli ebrei prima di Cristo, così come in tutta la storia della diaspora, non incontriamo alcun caso di usura ebraica. Nessuno scrittore romano, nessuno scrittore greco, nessuno di quelli che schernirono gli ebrei e rivolsero loro tante espressioni odiose e false, parla di usurai ebrei. Anzi,

---

[1] *Pettorale del giudizio*, codice halakhico del XVI, compilato dal rabbino sefardita Yosef Caro, glossato dal rabbino askenazita Moshe Isserles (NdC).

Gerusalemme e poi l'impero romano cadono, gli ebrei si disperdono in tutto il mondo, e passa un millennio senza che se ne senta parlare. Ho già menzionato nel terzo capitolo che i Padri della Chiesa del primo millennio d.C., un gran numero dei quali trattarono a fondo gli ebrei e su cui annotarono tutto ciò loro sfavorevole, non riferiscono nulla circa la pratica dell'usura. Anche il *Catechismo antisemita*, che ha accuratamente raccolto tutto ciò che è stato detto sull'usura degli ebrei, non ha nulla da riportare prima della XII secolo. Da questo silenzio plurisecolare di tanti dotti nemici degli ebrei si può concludere con apodittica certezza che gli ebrei prima del XII secolo non praticassero l'usura.

*

Gli antisemiti devono ammettere il solo fatto che l'usura divenne e rimase l'autentico vizio nazionale degli ebrei per circa sei secoli e lo è tutt'ora. La percentuale di usurai è in proporzione ben maggiore tra gli ebrei che tra i non-ebrei. Chi oggi ha bisogno di denaro e vuole prenderlo in prestito sa a chi rivolgersi. Innumerevoli vite sono state rovinate dagli usurai ebrei, una verità innegabile, ma che merita una spiegazione. Ma la spiegazione è molto semplice ed è particolarmente evidente l'educazione usuraia di tanti figli di Giacobbe. Furono i cristiani a costringere gli ebrei a praticare l'usura. Dico costringere e non indurre. Gli ebrei del Medioevo furono messi in condizione di praticare l'usura oppure di morire di fame; erano esclusi da tutte le cariche, le onorificenze, i gradi accademici, erano esclusi dalle arti e mestieri, dall'artigianato e dalla maggior parte dei rami del commercio. Se non volevano morire di fame, non avevano altra strada che dedicarsi al baratto e all'usura, perché alle altre poche occupazioni consentite loro (cambiavalute e deposito, commercio di gemme) solo un piccolo numero poteva dedicarvisi. Inoltre, le leggi di diversi stati consentivano espressamente agli ebrei di praticare l'usura. Tuttavia, i grandi sovrani non solo consentirono agli ebrei di praticarla, ma lasciarono anche che gli ebrei lo facessero a proprie spese. Lasciarono agli ebrei l'odio suscitato dall'usura, ma ne intascarono essi stessi i frutti costringendo gli ebrei a finanziarli quando avevano bisogno di denaro. Com'è noto, il diritto canonico vieta espressamente la pratica dell'interesse, con riferimento al passo dell'Antico Testamento sopra citato. Per questo motivo, per non violare questa legge, agli ebrei fu permesso di praticare l'usura e, quando ebbero tanto denaro, fu loro confiscato con il motivo che quel denaro fosse stato acquisito illegalmente e fosse stato sottratto ai poveri cristiani con l'usura. Ma i poveri cristiani cui fu sottratto quel denaro non lo rividero più, naturalmente, perché finiva in altre tasche, in quelle dei protettori degli ebrei. Vorrei richiamare l'attenzione del venerabile lettore sul fatto che l'astensione dall'interesse comandata dal diritto canonico e la conseguente formazione degli ebrei a riscuotere interessi in luogo dei cristiani derivano direttamente dal *Deuteronomio*. Quindi il tutto è ancora una conseguenza della *Torah* ebraica, cioè della religione ebraica.

È facile immaginare come gli ebrei fossero incoraggiati all'usura quando sentivano costantemente dai cristiani le parole: "Purtroppo a noi cristiani non è permesso di praticare l'usura, mentre a voi sì; quindi fatelo (poi divideremo equamente i proventi)". Per inciso, va detto che anche i cristiani praticarono l'usura su vasta scala in passato. Leggete l'interessantissimo capitolo sul cambiavalute e sull'usura nella *Storia del popolo tedesco* di Johannes Janssen. Qui scrive:

Lo spirito usuraio non fu affatto sradicato con l'espulsione degli ebrei, ma passò agli usurai cristiani e si trasformò in una vera e propria usura nelle loro mani per via del commercio mondiale e del lusso generale[2].

---

[2] J. Hanssen, *Geschichte des deutschen Volkes seit dem Ausgang des Mittelalters*, volume 1: *Die allgemeine Zustände des deutschen Volkes beim Ausgang des Mittealters*, Herder, Friburgo in Bresgovia 1878, p. 476 (NdC).

Il professor Baum aggiunge:

Quasi mille anni trascorsero dall'origine del cristianesimo senza che ci fosse traccia di usura fra gli ebrei. Perché, da un lato, erano tornati agli statuti del divino insegnamento di Mosè attraverso i colpi punitivi del destino, che la provvidenza giustissima e reggitrice del mondo trasforma sempre nel suo messaggero punitivo. Dall'altro lato, però, non avevano quasi alcun contatto stretto con i non-ebrei e non avrebbero osato farlo, data la posizione assunta nella fase iniziale, subordinata e priva di diritti[3].

Il dottor Schleiden osserva nella sua opera *Romanzo del martirio fra gli ebrei nel Medioevo*:

Quando gli ebrei furono derubati dei loro beni, depredati dei loro patrimoni, quando la più folle tirannia delle leggi cristiane proibì loro ogni occupazione con cui potessero guadagnarsi da vivere, quando perfino le leggi stesse indicavano nell'usura l'unico commercio permesso, la disperazione li spinse a indulgere verso questo rimedio[4].

Stobbe dice molto giustamente:

L'ebreo nel Medioevo doveva all'usura, nonostante tutto l'odio nazionale e l'intolleranza religiosa, la possibilità di vivere quasi ovunque, ma anche i periodici e terribili scoppi d'intolleranza[5].

Bisogna criticare gli ebrei, ma non – come spesso si fa – accusarli. Ma chi lasciò loro quest'unico ramo d'affari o li incoraggiò a perseguirlo per interesse personale, merita un duplice biasimo. "Prìncipi secolari e spirituali gareggiarono in

---

[3] Baum, *op. cit.* (NdC).
[4] M.J. Schleiden, *Die Romantik des Martyriums bei den Juden im Mittelalter*, Engelmann, Lipsia 1878, p. 28 (NdC).
[5] O. Stobbe, *Die Juden in Deutschland während des Mittealters in politischer, socialer und rechtlicher Beziehung*, Schwerschke, Braunschweig 1866, p. 104 (NdC).

ogni genere di ricatto e, in tal modo, esortarono gli ebrei a guadagnare denaro". "È veramente" – lamenta uno scrittore del XIII secolo – "un'abitudine consolidata che i governanti cristiani chiedano all'ebreo dieci volte quello che possiede, per spaventarlo e intimorirlo, in modo che affretti il suo riscatto". – "Preferiscono uccidere ebrei", dice un suo contemporaneo, "piuttosto che liberarli inutilmente". A chi avesse indugiato troppo nel riscatto di un ebreo, disse il "signore" che lo teneva prigioniero: "È morto e ho ordinato che il suo cadavere fosse gettato ai cani". Quindi gli ebrei arricchirsi solo per proteggere le loro vite e la loro libertà. Per quanto poco si possa approvare che gli ebrei cedettero alla tentazione, in uno scritto che, come questo, ha lo scopo di condurre un'osservazione comparativa, distribuiremmo in modo diseguale luci e ombre se passassimo sotto silenzio che l'usura era praticata eccezionalmente anche dai cristiani, che, in generale, l'avidità e l'avarizia si erano impadronite di tutti gli ambienti, perché, dopo le Crociate, con l'arte della guerra e l'esteriorizzazione della religione si era consolidata una barbarie etica, ammessa e flagellata dagli scrittori e dai poeti contemporanei. Quando nel 1146 Bernardo da Chiaravalle mise in guardia contro la persecuzione degli ebrei durante la II Crociata, fece notare che gli usurai cristiani, che non si potevano veramente chiamare cristiani, se la cavavano anche peggio degli altri.

Lutero dice grossolanamente in *Gesù Cristo è nato ebreo* (1523):

I nostri sciocchi, i papisti, i vescovi, i sofisti e i monaci, hanno finora trattato gli ebrei in modo tale che chiunque fosse stato un buon cristiano avrebbe potuto desiderare di diventare un ebreo. E se fossi stato un ebreo e avessi visto tali idioti e imbecilli governare e insegnare la fede cristiana, avrei preferito diventare una scrofa piuttosto che un cristiano[6].

---

[6] Cit. H. Grätz, *Geschichte der Juden*, volume 9, p. 221 (NdC).

2. Ricchezza

Nessuno dubita che ci siano ebrei ricchi. Ma non è vero che la ricchezza degli ebrei sia maggiore di quella dei cristiani. Le più grandi fortune planetarie, quelle americane, sono appannaggio di non-ebrei. Consiglio a chi ne dubita di leggere l'interessante studio di Charles de Varigny *Le grandi fortune negli Stati Uniti e in Inghilterra*[7]. L'autore fornisce una lista delle dodici persone più ricche al mondo, pubblicata in Inghilterra nel 1884[8]. Contiene quattro grandi speculatori americani, un solo banchiere, – al tempo stesso l'unico ebreo della lista, – un giornalista americano, due grandi uomini d'affari americani e quattro membri della nobiltà inglese. La lettura di questi articoli è caldamente consigliata sia agli antisemiti, sia ai socialdemocratici, poiché devono trarne tre lezioni – a condizione che cerchino seriamente la verità:

1. La maggior parte delle più grandi fortune private del mondo appartiene a non-ebrei;

2. La maggior parte dei grandi milionari è costituita da uomini che, all'inizio, erano molto poveri e che, con diligenza, industria e onestà, hanno acquisito la loro enorme ricchezza;

3. La maggior parte di loro proviene dal popolo e non dalle classi superiori.

Ci concentriamo sui Cresi ebrei non molto numerosi e tuoniamo contro i ricchi ebrei! Nessuno parla dei milioni di poveri ebrei che vivono nella miseria più nera, dei cocchieri, dei braccianti a giornata (a Marmaros ci sono ebrei che prestano

---

[7] C. de Varigny, *Le grandes fortunes aux États-Unis et en Angleterre*, Hachette, Parigi 1889 (NdC).

[8] Il rapporto fra la ricchezza ebraica e quella non-ebraica si è nel frattempo evoluto a scapito degli ebrei. Vedi parte I, capitolo 1, paragrafo 4 (NdRCK).

servizio a giornata per i contadini ruteni), dei facchini ecc. ecc. Chi vuole convincersi della miseria e della spaventosa povertà degli ebrei si rechi a Varsavia e in altre città della Russia e della Polonia. Se questi sfortunati sono esclusi da un certo numero di professioni, resta loro la piacevole scelta fra il morire di fame o il fare soldi con qualsiasi mezzo. La maggioranza, ovviamente, sceglie quest'ultima soluzione, come farebbe peraltro la maggioranza dei cristiani, solo con molta meno capacità. In questo silenzio si annida una distorsione, una mezza verità, cioè una falsità.

Gli ebrei non sono più abili (o più disonesti, come direbbero gli antisemiti) dei greci e degli armeni, dei parsi, degli arabi, dei bania e dei cinesi; anzi, sembrano più deboli di quei popoli mercantili. Pertanto, se i nostri cristiani, per odio e antipatia, non possono o non vogliono fare lo stesso mestiere degli ebrei, consiglio loro di fare lo stesso dei greci e degli armeni, e nessun ebreo potrà mai far loro del male.

Ma per quanto riguarda la maggiore disonestà degli ebrei, chiedo a ogni casalinga, a ogni proprietario terriero, a ogni uomo d'affari se, nel complesso, i cristiani differiscano in qualcosa dagli ebrei. Si pensi al furto di legname e al bracconaggio, all'emissione di cambiali false, alle provvigioni nascoste e a cose simili, e si tornerà alla semplice verità: "Ci sono persone buone e cattive, cristiani ed ebrei in egual misura". Che le colpe, i peccati e i crimini di un popolo di commercianti abbiano un nesso causale con il commercio è pacifico.

Gli antisemiti sono abituati a guardare solo agli ebrei ricchi, e poi immaginano che la ricchezza o la prosperità sia la regola tra di loro. Ma si tratta di un errore colossale. Almeno la metà degli ebrei, come il dottor Theodor Herzl [*sic!*] ammise al Congresso di Basilea, non ha un giaciglio su cui appoggiare la testa, non uno straccio con cui coprire le propria nudità[9]. Al Congresso sionista che si riunì a Basilea alla fine di agosto 1897, erano presenti gli ebrei di tutto il mondo. Qui tennero molti interventi sulle condizioni degli ebrei nel loro paese. Le immagini di terribile miseria spiegate dai giornalisti nell'occasione furono spaventose.

Complessivamente, in Galizia vivono 772.213 ebrei, il 71% dei quali vive in città. Alcuni anni fa, il deputato del consiglio imperiale, il dottor Rappaport, istituì un comitato di soccorso per gli ebrei bisognosi in Galizia e avviò un sondaggio sulla condizione economica degli ebrei in 126 località. La conseguenza della miseria degli ebrei galiziani è un calo significativo della loro moralità. L'affermazione del *Catechismo antisemita*, secondo cui la famigerata tratta delle bianche sia praticata quasi esclusivamente da ebrei, è corretta[10]. Solo che Fritsch avrebbe dovuto aggiungere: da ebrei galiziani, polacchi e rumeni. Purtroppo è un dato di fatto che le case malfamate delle grandi città del Sud America, di Costantinopoli, del Levante, in parte anche in India, in Siberia, in Egitto, fino a Singapore e Hong Kong, siano popolate da ebree galiziane e che gli ebrei polacchi dall'Europa forniscano a queste case di piacere "merci vive", quasi esclusivamente ebraiche. Ma se pensiamo alla colossale miseria degli ebrei russi e galiziani, se pensiamo che la tratta delle bianche, insieme all'usura, rappresentano le due degenerazioni tipiche del commercio, l'orrore che proviamo di fronte a tutto ciò sarà molto attenuato dalla pietà per quegli sfortunati che hanno intrapreso questo mestiere, per timore di morir di fame in patria.

Qui devo rilevare l'omissione del *Catechismo antisemita*. Nell'anno 1898 i rabbini Zadoc Kahn (Parigi), Hildesheimer

---

[9] Cfr. M. Nordau, *I. Kongressrede (Basel, 29. August 1897)*, in Id., *Max Nordau's Zionistische Schriften*, a cura del Comitato d'azione sionistico, Jüdischer Verlag, Colonia-Lipsia 1909, p. 55 (NdC).

[10] Fritsch, *op. cit.*, p. 23 (NdC).

(Berlino), Hirsch (Amburgo), Horowitz (Francoforte), Ehrenreich (Roma) e Güdemann (Vienna) emisero una lettera di monito in ebraico contro la tratta delle bianche! La missiva fu indirizzata a tutti i rabbini e amministratori di Galizia, Romania e Russia, che s'impegnarono ad avvertire tutti i genitori di non affidare le proprie figlie a persone di dubbia reputazione, che, con promesse di lucrosi lavori allettanti, le trasportavano in America o in Africa per scopi immorali. Nella lettera si chiedeva al destinatario di espellere dalla comunità chiunque si occupasse di tratta delle bianche e si esprimeva, infine, la fiducia che in questo modo il male sarebbe stato estirpato[11].

In Algeria ci sono quarantacinquemila ebrei, di cui più di trentamila vivono nella miseria più nera. Anche in Romania e Bulgaria la loro condizione è miserrima. Gli ebrei in Bucovina non se la passano molto meglio. A Vienna, su venticinquemila famiglie ebraiche, quindicimila sono esentate dalla tassa cultuale per via della loro indigenza. Se la passano meglio in Inghilterra, America, Italia, Francia, dove però sono pochi; meglio in Ungheria. Ma c'è davvero da temere che l'antisemitismo covi sotto la cenere anche in Ungheria e che sia solo questione di tempo prima che le sue fiamme divampino.

In Francia e in Germania gli ebrei devono sbarcare il lunario, ma sono costantemente esposti a offese e a insulti. Quindi la misera degli ebrei è particolarmente deprecabile, nonostante i numerosi milionari che vi siano tra loro.

Figlia dell'estrema miseria e della nobile umanità è anche la tanto vituperata Alleanza israelita universale, fondata dagli ebrei liberi emancipati per venire in aiuto dei loro fratelli oppressi, specialmente nei paesi non liberi. L'associazione riuscì, tra l'altro, a conservare l'ebraicità degli ebrei abissini e cinesi.

---

[11] Cit. in *Antisemiten-Spiegel: die Antisemiten im Lichte des Schriftentums, des Rechtes und der Wissenschaft*, a cura del Verein zur Abwehr des Antisemitismus, Kafemann, Danzica 1900, p. 102 (NdC).

3. Il dominio ebraico

Gli antisemiti dicono che gli ebrei governano il mondo e la politica. Questo non è vero, per una ragione molto semplice: perché è impossibile. Complessivamente ci sono solo quindici milioni di ebrei[12]: un milione in Asia o Africa, poi quattordici milioni, circa cinque in Russia e Polonia, un altro milione nel resto dell'Europa, America e Australia. Se togliete donne e bambini, rimangono al massimo quattro milioni, tra cui migliaia di poveri, anche indigenti, che dovrebbero dominare ben cinquecento milioni di cristiani in Europa, America e Australia! Per ogni singolo ebreo al potere ci sarebbero centoventicinque cristiani governati. Ma quanto devono essere deboli questi cristiani! Gli ebrei devono insegnarli qualcosa.

Gli enormi progressi in Ungheria coincidono in modo così sorprendente con l'emancipazione e con la libertà degli ebrei che potremmo essere tentati di creare un nesso causale. La Gran Bretagna godeva di una prosperità e di una potenza di prim'ordine sotto il ministero del "semita" Lord Beaconsfield. La Spagna prosperò quando vi prosperarono gli ebrei; quando furono scacciati, iniziò il suo declino.

*

L'antisemitismo è un fenomeno patologico, ed è molto deplorevole che faccia parte del programma dell'altrimenti competente ed eccellente Partito cristiano-sociale[13]. Mi sembra che il suo lato morboso consista nel fatto che coloro che professano i suoi princìpi considerano un gran numero di fenomeni e di avvenimenti della vita sociale come effetti di una sola causa invece che di moltissime cause differenti. Nel nostro

---

[12] Le cifre sono ricavate dalle più recenti statistiche (NdRCK).

[13] Partito conservatore sorto nel 1891 nella Cisleitania, a coloritura antisemita (NdC).

caso, l'ebraismo è ritenuto la causa di una moltitudine di mali sociali. Ciò è dovuto all'indolenza o all'incapacità di pensare, poiché è molto più semplice e conveniente pensare di ricondurre alla stessa causa tutto ciò che non può essere spiegato immediatamente, tutto ciò che appare incomprensibile.

Quante volte incontriamo persone poco istruite che sono ossessionate dallo strombazzare come opera del clero, specialmente dei gesuiti, tutto ciò che accade nel mondo e che non sembra loro buono e giusto?

Quali bugie non furono rivolte contro il più glorioso e importante ordine della Chiesa cattolica, contro il principale di tutti gli ordini, al quale la Chiesa romana deve il fatto di non esser stata travolta dalla Riforma in Austria, Francia, Spagna, Portogallo e Italia, e che nel XVII secolo avrebbe conquistato l'intero impero cinese senza colpi di spada e spargimento di sangue per la Chiesa romana se i suoi avversari, per gelosia e ignoranza, non lo avessero fermato?! Se muore un sovrano, un cardinale poco gradito all'ordine, si vocifera e si sparge la voce: "Certo, l'hanno ucciso i gesuiti". Coloro che oggi diffondono tali falsità hanno i loro motivi per farlo, ma trovare migliaia e migliaia di persone che ci credano, ecco la cosa incredibile.

Ora, per chi non è anticlericale e antiecclesiale, gli ebrei per gli uni, i massoni per gli altri vanno sempre bene per spiegare tutto ciò che accade. Muore un capo di stato che non era apprezzato dagli ebrei: chi può averlo avvelenato? Gli ebrei, ovviamente. Si verifica una serie di incidenti ferroviari, omicidi e disordini popolari. Chi c'è dietro? I massoni. Ora, com'è noto, ebrei e massoni sono la più grande antitesi immaginabile con i gesuiti e il clero, ma ciò non disturba quei "pensatori"! Ecco un'altra prova di quanto facilmente l'intelletto di un uomo creda ciò che vuole il suo cuore e la sua aspirazione. Se è avverso a qualsiasi società religiosa o di altra natura, attribuisce tutto, assolutamente tutto, alle loro presunte macchinazioni.

Come i popoli infantili personificavano le forze naturali, le virtù, i vizi, ecc., a riprova del forte tratto politeistico nella natura umana, così oggi gli analfabeti personificano le loro gioie e dolori, la cui origine non possono che antropomorfizzare, facendo risalire la loro origine a persone o società particolari.

*

Esiste un antisemitismo della ragione. Consiste nell'educare le persone in modo che siano perfettamente eguali agli ebrei negli affari. Diamo un'occhiata agli armeni. Nessun ebreo può eguagliare un armeno. Sono grandi uomini d'affari. Qui va detto che a Costantinopoli ogni armeno, ogni bambino armeno, parla almeno tre lingue: l'armeno, l'odiato turco e il greco, la lingua delle loro pericolose controparti. È noto che in Inghilterra e nel Nord America l'ebreo non può competere con anglosassoni, così come in Grecia e nel Levante con i greci. Ma, non essendo inglesi, non dovremmo elevarli al livello della cautela economica e della routine di greci e armeni?

Se gli ebrei sono innocui per armeni, anglosassoni, greci, bania, cinesi, arabi, ma dannosi per tedeschi, magiari, polacchi, russi, francesi, slovacchi, cechi, ecc., allora, secondo tutte le leggi della logica, la condizione del danno non può dipendere dagli ebrei, ma da caratteristiche molto specifiche della parte lesa. Se Edouard Drumont e i suoi compagni di partito e di convinzione hanno ragione, la Francia è interamente governata da ebrei, cioè quarantadue milioni e mezzo da 206.000 persone[14]. Ma vorrei chiedermi perché i centoventimila ebrei di Costantinopoli esercitano un ruolo così secondario e perché i centonovantamila ebrei dell'impero turco sono così poco potenti?

---

[14] Cfr. É. Drumont, *La France juive. Essai d'histoire contemporaine*, Flammarion, Parigi 1886 (NdC).

Secondo lo "Statesman's Year Book" per l'anno 1900 e l'*Encyclopaedia Britannica*, il numero e la distribuzione degli ebrei nel mondo sono i seguenti:

Paesi	Numero di ebrei
Polonia	3.150.000
Unione Sovietica	2.580.000
Romania	1.100.000
Germania (Saar inclusa)	490.000
Ungheria	460.000
Cecoslovacchia	365.000
Austria	190.000
Gran Bretagna (inclusa Gibilterra)	300.000
Stati baltici	261.000
Stati balcanici	215.000
Francia	240.000
Paesi Bassi	110.000
Turchia europea	60.000
Italia	75.000
Belgio e Lussemburgo	60.000
Svizzera	21.000
Stati scandinavi	14.000
Stati iberici	15.000
Stato libero d'Irlanda	4.500
Stati Uniti d'America	4.300.000
Argentina	320.000
Canada	175.000
Brasile	100.000
Messico	15.000
Altri paesi americani	18.000
Palestina	370.000
Stati asiatici sovietici	121.000

Iraq	80.000
Turchia asiatica	20.000
Stati arabi del Vicino Oriente	63.000
Persia	70.000
Abissinia	40.000
India	30.000
Afghanistan	30.000
Asia orientale	40.000
Marocco francese	125.000
Algeria	70.000
Tunisia	65.000
Egitto	50.000
Libia	35.000
Tangeri e Marocco spagnolo	35.000
Unione Sudafricana	85.000
Restanti paesi africani	5.000
Australia	20.000
Totale	15.982.500

Secondo la stessa fonte, il popolo ebraico si divide così sui singoli continenti:

Europa	9.700.500
America	4.928.000
Asia	864.00
Africa	470.000
Australia	20.000
Totale	15.982.500

Sarebbe interessante sapere quanti di questi ebrei siano dominanti e quanti non lo siano in ciascun paese; donne e bambini vanno annoverati tra questi ultimi. Per inciso, forse è superfluo entrare nel dettaglio sull'argomento del "governo ebraico" esaminando quest'elenco[15].

Durante una festa si parlò una volta di un marito virgulto nel fiore degli anni, di cui si diceva che la moglie piccola, debole e navigata lo tradisse, lo picchiasse e lo schiaffeggiasse quotidianamente. I presenti erano dispiaciuti per lo sfortunato marito tormentato e non riuscivano a trovare le parole per esprimere la loro comprensione, anzi alcuni erano sul punto di versare delle lacrime; solo uno della compagnia non mostrava la benché minima emozione. Rimproverato per la sua durezza di cuore, disse con tutta calma: "È un peccato per ogni colpo fallito!"

4. Stampa ebraica

Qui è il momento di svelare uno stratagemma popolare insito nel termine di "stampa ebraica", espressione che ricorre in molti scritti clericali.

Esiste una stampa ebraica, scritta da ebrei per ebrei, ma non pensi mai a loro quando usi quell'espressione nei circoli antisemiti. Solo i giornali pubblicati in ebraico, yiddish e spagnolesco possono essere descritti come appartenenti alla stampa ebraica, così come quei giornali pubblicati nella lingua nazionale, ma deliberatamente da ebrei. Ne esistono molti in tutti i paesi.

Ma ciò che gli antisemiti chiamano "stampa ebraica" non è affatto il prodotto letterario qui menzionato. Il cristiano credente intende con quest'espressione tutti quei periodici che, a suo avviso, sono basati sull'incredulità, sulla filosofia, sulla

---

[15] *The Statesman's Year Book. Statistical and Historical Annual of the State of the World for the Year 1900*, a cura di J.S. Keltie e S.H. Steinberg, Macmillan, Londra 1900 (NdC).

negazione di ogni genere di rivelazione, sull'antipatia verso la religione positiva in generale. Quindi non dovrebbe parlare di stampa ebraica, ma di stampa atea, filosofica, razionalista, miscredente, pagana. Se parla di stampa ebraica, commette una confusione terminologica.

Gli scrittori delle riviste razionaliste, infedeli, pagane possono essere d'origine ebraica, ma per fede (cristiana o ebraica) non lo sono; sono semplicemente infedeli, razionalisti, teisti o atei. Queste pagine diffondono incredulità sull'Antico e sul Nuovo Testamento. È noto che gli ebrei credenti ortodossi nutrono solo sentimenti di odio furioso per il salvatore cristiano, come raffigurato nel famigerato *Toledòt Yeshu*[16], mentre gli ebrei illuminati e razionalisti lo ammirano e lo ritengono uno dei fiori più elevati della nazione ebraica, pur detestando ogni chiesa esistente.

Un devoto ebreo, uno dei *chassidim*, non sarà meno indignato per gli articoli di un giornale incredulo che un devoto cattolico. Quando andai a trovare il rabbino di Sadagora nel 1881 e sedevo con i suoi figli nella loro biblioteca, mi chiesero a quale partito appartenesse mio padre. Risposi che era membro del partito conservatore, lo stesso partito cui apparteneva allora il rabbino polacco S. nel consiglio imperiale. Poi osservarono: "Sì, certo. Tutti i credenti devono restare uniti". I matrimoni civili in Ungheria furono in gran parte organizzati dagli "ebrei", ma gli ebrei veri, devoti e ortodossi sono nondimeno estremamente ostili a questa istituzione, che rappresenta un tentativo di fondere Israele con i "gentili". Si legga il capitolo XIX del libro di *Esdra*! Schröder, nei suoi *Statuti e costumi del giudaismo rabbinico-talmudico*, scrive:

---

[16] Letteralmente *La vita di Gesù*, testo anonimo di ambiente ebraico del II-III secolo d.C., contenente racconti diffamatori contro Gesù Cristo, in chiave anticristiana (NdC).

Nel caso di fidanzamenti con persone di un'altra religione, la questione è decisa dai rabbini: se il fidanzamento è corretto anche sotto tutti gli altri aspetti, ma lo sposo dell'altra religione ha promesso di farsi circoncidere, e viceversa, se la sposa di altra religione ha promesso di farsi ebrea senza mantenere la promessa, il fidanzamento è nullo[17].

Non si dimentichi mai questo: se chiedessimo agli ebrei ortodossi cosa preferiscano fra la completa uguaglianza con i cristiani sulla base dell'assoluto aconfessionalismo o la persecuzione di ogni tipo, la stragrande maggioranza di loro sceglierebbe quest'ultima opzione. Se chiedessimo loro se sarebbero disposti a rinunciare anche solo all'unica convinzione che Dio scelse gli ebrei solo per se stesso, che si mostrò faccia a faccia solo con Mosè, che parlò solo con lui, che compì miracoli solo a lui, che gli diede una rivelazione diretta, la *Torah*, loro risponderebbero: "No, mai e poi mai, preferiremmo morire fra tormenti e torture, puoi prenderci a calci e sputarci, inseguirci, cacciarci via e bruciarci, non rinunceremo a nessuna di queste espressioni. Ma per evitare che i nostri bambini diventino cristiani li uccidiamo nel seno materno, come abbiamo fatto innumerevoli volte in passato".

La maggior parte degli articoli della "stampa ebraica" sarebbe maledetta dai rabbini credenti.

La "stampa ebraica" osteggiata dal clero non è la stampa ebraica, ma è la stampa dell'incredulità, degli spiriti liberi, degli "illuministi", ed è per questo che è osteggiata. I clericali non sono affatto attaccati. Se lo chiedi a un ecclesiastico, ti risponderà: "Eh sì, ci sono cristiani che sono peggio degli ebrei: sono i cristiani 'ebrei', come si suol dire".

Ma chi diavolo costringe i cristiani a leggere la "stampa ebraica"? Se i cristiani non la leggessero, la "stampa ebraica"

---

[17] J.F. Schröder, *Satzungen und Gebräuche des talmudisch-rabbinischen Judenthums. Ein Handbuch für Juristen, Staatsmänner, Theologen und Geschichtsforscher*, Geisler, Brema 1851, p. 463 (NdC).

scomparirebbe presto; non la vera stampa ebraica di cui abbiamo parlato, scritta solo per un pubblico ebraico. Del tutto imperdonabile e particolarmente ingiusta è la nota espressione: "Gli ebrei hanno corrotto i cristiani!" Ed è un gioco di prestigio scaricare la responsabilità della propria cattiveria su un altro gruppo religioso; è vergognoso e ignobile.

Dovevo dirlo poiché dimostra che la lotta contro l'ebraismo è quasi interamente religiosa. Non si applica agli ebrei in quanto tali, ma agli "infedeli" più in generale.

5. Altre accuse

Un'altra accusa mossa dagli antisemiti agli ebrei è la loro mancanza di patriottismo. Quest'accusa è tanto più curiosa in quanto, purtroppo, è fin troppo noto che in molti paesi vi sono centinaia di migliaia, se non milioni di cittadini che non solo sono del tutto privi di patriottismo, ma che odiano il loro paese e, persino, la loro dinastia regnante. È evidente che gli ebrei non possono amare particolarmente la popolazione di un paese in cui sono perseguitati, presi a calci e sputati, e se si sostiene ripetutamente che non sono riconosciuti quali tedeschi, francesi, russi, ecc., è naturale che non vogliano considerarsi membri di quei paesi. Peraltro, gli ebrei sono sempre stati fedeli a un capo di stato che renda loro giustizia, il che è del tutto naturale, dal momento che lo ritengono il loro più elevato e spesso unico protettore. Il patriottismo ebraico si concentra quasi esclusivamente nella lealtà e nella devozione al sovrano che, dopotutto, è la cosa più importante.

*

L'affermazione antisemita che gli ebrei siano inetti nel settore agricolo, artigianale e manuale, si basa su un grande errore. Essi non erano ammessi alle corporazioni, come abbiamo visto, per motivi religiosi. Inoltre, non erano autorizzati a possedere terreni. Dove avrebbero potuto apprendere il desiderio e la conoscenza dell'agricoltura se ne furono esclusi per secoli per via dei pregiudizi religiosi? Dove avrebbero potuto coltivare la terra, la coltivarono. Nei paesi in cui ne furono esclusi, l'avversione si sviluppò di certo per abitudine ed eredità.

Consiglio ai miei venerabili avversari di andare a Salonicco. Laggiù incontreranno miriadi di facchini, barcaioli e artigiani di origine ebraica. Laggiù il pigro turco fa il meno possibile, mentre il greco (ariano!) ha saputo procacciarsi tutti gli affari più facili e fisicamente meno impegnativi. A Londra i garzoni dei sarti e dei calzolai, a New York gli operai dei calzaturifici sono quasi esclusivamente ebrei. In Russia, Romania e Stati Uniti, i lavoratori e gli artigiani ebrei sono centinaia di migliaia. Gli antisemiti non potrebbero fare affermazioni del genere se si prendessero la briga di studiare la vita ebraica nelle città russe e rumene, così come a Salonicco, Londra e New York.

*

Per quanto riguarda la "crudeltà ebraica", non c'è nulla da dire. Dio ci perdoni; spaventosi esempi di crudeltà si sono verificati presso tutti i popoli, e con eccessiva frequenza.

Anche qui va detto che, nella stragrande maggioranza dei casi in cui incontriamo la crudeltà ebraica, la loro religione ne fornì il motivo. Per inciso, molti resoconti sulle atrocità commesse dagli ebrei, come lo sterminio di interi popoli con le loro mogli e figli per comando divino, sono del tutto insostenibili. Nella *Torah* vi sono molte ingiunzioni nobili e umane sul trattamento degli stranieri in Israele, persino degli animali; ingiunzioni che faranno sempre onore agli ebrei.

La benevolenza degli ebrei è ben nota ed è stata più volte riconosciuta anche da molti antisemiti.

Per quanto riguarda il loro "smodato desiderio sessuale", nessun popolo dovrebbe scagliare una pietra contro l'ebreo neanche a questo riguardo. Per me queste accuse sono unicamente la prova del grande imbarazzo dei nemici degli ebrei, che fanno assai spesso affermazioni indimostrabili. Da questo punto di vista, gli ebrei non sono certamente né migliori, né peggiori degli altri figli di Adamo. In Abissinia esiste addirittura un ordine monastico ebraico tra i falascià ebrei, come ci racconta il missionario Martin Flad. Il fondatore di quest'ordine, Aba-Zebra, visse nella provincia di Armachoho nel IV secolo d.C. in una grotta chiamata Hoharewa. Era un devoto asceta che si dice abbia miracolosamente guarito i malati attraverso l'imposizione delle mani e la preghiera. Sin dai tempi di Aba-Zebra, coloro che desideravano diventare membri di quest'ordine andavano castrati. Quest'ordine ebraico esiste da millequattrocento anni e fornisce una prova convincente che ci sono molti uomini tra gli ebrei che hanno la forza morale per rinunciare per sempre all'amore sessuale.

*

"All'ebreo", dice il *Catechismo antisemita*, "appare virtuoso solo ciò che procura vantaggio o godimento personale"[18]. Nulla è più ingiusto di tale accusa. È palesemente ingiusta. Se così fosse, gli ebrei non avrebbero mai sopportato le terribili persecuzioni cui furono sottoposti nei paesi cristiani e non avrebbero massacrato i loro figli, i beni, la famiglia, la reputazione e, persino, la loro vita per la loro fede. Ancora oggi, almeno in molti paesi, bisogna essere eroici per professarsi ebreo e non essere battezzato all'apparenza o per esserne aconfessionali. Mi è del tutto incomprensibile come un cristiano possa scrivere frasi come quelle appena citate dal *Catechismo antisemita*. La mia coscienza, almeno, non mi avrebbe lasciato riposare un momento finché non avessi ritrattato una simile affermazione.

Il ministro rumeno Carp pronunciò una volta in parlamento le seguenti parole: "Vuoi combattere con il popolo contro la

---

[18] Fritsch, *op. cit.*, p. 21 (NdC).

concorrenza ebraica? Sii industrioso, sobrio e parsimonioso come loro, e non dovrai temerli"[19].

Certo, l'odio religioso sempre latente ha bisogno di una ragione per manifestarsi. Questa ricorrenza molto spesso non è di carattere religioso, ma profano e volgare. Molto spesso sono gli interessi materiali che accendono il fanatismo religioso latente.

*

S'incontrano spesso oppositori dell'antisemitismo che affermano che il fenomeno non è radicato nel fanatismo religioso, ma nell'invidia, nella gelosia e nel senso d'inferiorità. La religione è solo la maschera che l'invidia utilizzerebbe per non apparire troppo meschina in pubblico. Questo punto di vista è certamente vero per molti casi; quantomeno per una minoranza. Che, in generale, solo il fanatismo religioso e non l'invidia sia la fonte principale dell'antisemitismo, è evidente dal fatto che troviamo l'odio per gli ebrei tra centinaia di migliaia di persone che non hanno nulla a che fare con loro, che non conoscono alcun ebreo, in una parola che non affrontano alcun ebreo. Per esempio, in Paraguay gli ebrei sono molto odiati, anche se laggiù non ve ne sono. Quindi l'odio religioso è il prius.

Ma se l'antisemitismo non fosse una questione religiosa, non sarebbe altro che gelosia commerciale e invidia affaristica. Ma di solito ci vergogniamo di ammetterlo e preferiamo ammantare moralmente la nostra invidia, la gelosia e sfacciataggine.

Una vecchia litania, certo, che resta sempre attuale tanto quanto è ingiusta e mendace. Arraffa il denaro e predica la moralità!

*

---

[19] Petre Carp (1837-1919), politico rumeno di orientamento liberale, primo ministro in due occasioni (1900-1901 e 1910-1912) (NdC).

Gli antisemiti accusano gli ebrei anche di vigliaccheria. Se intendono usare questo termine per esprimere una mancanza di coraggio morale, l'intera storia degli ebrei, il loro coraggio eroico durante la persecuzione e l'oppressione, dimostra esattamente il contrario. Se intendono esprimere la mancanza di coraggio, l'affermazione è vera ai nostri giorni e può essere facilmente spiegata da secoli di schiavitù che hanno piegato il coraggio individuale. Tuttavia, abbiamo alcune prove di coraggio tra gli ebrei di oggi. Gli ufficiali inglesi elogiarono ripetutamente l'abilità militare degli ebrei Bnei Israel in India. Nella guerra del 1870-1871 si distinsero con particolare coraggio gli ebrei Otto Bibo, Saul Daus e Alexander Hirschmann. Inoltre, il coraggio degli ebrei bulgari nella battaglia di Pirot valse loro le lodi del principe Alessandro, che disse loro: "Ebrei coraggiosi, oggi col vostro atteggiamento eroico vi siete dimostrati quali veri discendenti dei maccabei". Ma una cosa è certa. Il coraggio mostrato dagli ebrei nelle battaglie del periodo dei maccabei e nelle guerre contro Tito e Adriano è semplicemente ammirevole e assicurò loro la gloria imperitura.

*

Il catechismo antisemita ha raccolto tutta una serie di massime di grandi uomini sfavorevoli agli ebrei, apparentemente con l'intenzione di indurre il lettore a credere che le persone più istruite e intelligenti siano antisemite. Tuttavia, questo libro non solo nasconde le numerose massime di altri grandi uomini favorevoli agli ebrei e che il venerabile lettore può ritrovare nel *Martello antisemita* (Düsseldorf 1894), scritto da Josef Schrattenholz. Ma omette anche dichiarazioni filo-ebraiche di uomini che, una volta, scrissero o dissero qualcosa di sfavorevole sugli ebrei, ma che, in seguito, cambiarono idea e scrissero e parlarono in modo diverso. Il libro riporta solo le loro massime ostili, non quelle favorevoli. Per esempio, il *Catechismo antisemita* riproduce parte del discorso dove il giovane trentaduenne Bismarck si oppose all'emancipazione degli ebrei nel parlamento riunito nel 1847[20], ma omette tutte le dichiarazioni sugli ebrei che il grande e maturo cancelliere tedesco, il principe Bismarck, fece su di loro. Non menziona affatto che gli antisemiti accusarono ripetutamente il principe Bismarck di essere un amico degli ebrei. Alcune delle accuse mosse dalla stampa antisemita contro il principe Bismarck per la sua amicizia con gli ebrei sono raccolte nello *Specchio antisemita* (stampato e pubblicato da A.W. Kafemann a Danzica)[21]. Per esempio, il *Catechismo antisemita* riporta le dichiarazioni ostili di Lutero contro gli ebrei, ma non quelle favorevoli. Riproduce le dichiarazioni ostili che il feldmaresciallo von Moltke scrisse sugli ebrei quando era ancora tenente, ma che avrebbe cancellato negli anni successivi. Ciò non significa affatto negare che uomini molto intelligenti, dotti e arguti, siano e fossero antisemiti. Nutrivano "solo" antipatia.

Sarebbe interessante conoscere la fonte di tale antipatia. Per moltissimi non sono altro che esperienze personali e spiacevolissime con usurai, giornalisti scandalistici, ecc., per molti altri l'odio per le "religioni rivelate", in Europa soprattutto contro il cristianesimo, e poiché non si attacca il cristianesimo direttamente, s'inveisce contro l'ebraismo in generale.

Per altri, l'antisemitismo nasce dalla pura invidia, gelosia e senso d'inferiorità; per altri ancora – questi sono alcuni studiosi – l'antisemitismo è un cavallo di battaglia scientifico, come per esempio coloro che insistono sull'equazione semiti-nomadi, ebrei-semiti e che poi usano questo cavallo di battaglia con alti e bassi fino alla morte.

Vorrei che ogni antisemita si chiedesse in quale occasione nutrì per la prima volta l'odio verso gli ebrei; nella stragrande maggioranza dei casi ciò avvenne nella più tenera infanzia, in

---

[20] Fritsch, *op. cit.*, pp. 60-63 (NdC).
[21] *Antisemiten-Spiegel*, cit., pp. 162-165 (NdC).

un'epoca in cui non era ancora entrato in contatto con gli ebrei. Vorrei anche che si chiedesse chi furono le persone che per prime lo resero antisemita.

6. Fatti

Così si chiude la trattazione di tutte le accuse antisemite contro gli ebrei. Cosa resta di vero?

Nient'altro che questo: in alcuni paesi gli ebrei rappresentano ancora una percentuale relativamente maggiore di usurai, ruffiani e truffatori rispetto ai cristiani. Tuttora! È un fatto innegabile e che va semplicemente accettato. – Forse non domani!

Questo fatto è una conseguenza necessaria della posizione in cui i cristiani indussero gli ebrei. Quei difetti non erano innati negli ebrei; iniziarono a svilupparsi solo a partire dal XII secolo d.C. e possiamo affermare, quindi, con apodittica certezza che la disparità tra cristiani ed ebrei nella percentuale di quegli errori sarà appianata con la libertà e l'illuminismo. Che la mia affermazione sia corretta deriva logicamente da due deduzioni:

1. Poiché un popolo che ha acquisito certi difetti, vizi e cattive qualità, che non aveva da secoli, per via della pressione delle circostanze esterne, scarta questi difetti e vizi esattamente come li ha assunti, può e si rifiuterà certamente di coltivarli quando le condizioni che li hanno creati cesseranno di esistere.

2. Poiché i vizi sopra menzionati, come l'usura, il favoreggiamento, la frode, sono più spesso fonti di guadagno – che, fino a poco tempo fa, era di esclusivo appannaggio ebraico – rispetto ad altre professioni e, quindi, diminuiranno nella misura in cui non solo altre professioni e occupazioni saranno rese accessibili agli ebrei, come già avviene oggi, ma non appena essi si saranno anche abituati ad abbracciarle con maggiore frequenza.

Tuttavia, i vizi e difetti degli ebrei sono ampiamente compensati dalle loro numerose virtù e nobili qualità, come la diligenza, la parsimonia, la sete di conoscenza, la pazienza, lo spirito di famiglia, la sobrietà, l'operosità, la carità. Quindi se l'ebraismo in alcuni paesi mostra un segno positivo nei tre vizi sopra menzionati, mostra a sua volta un segno negativo in altri crimini e delitti. Se cerchiamo di ottenere il saldo dalla somma delle virtù e dei vizi e lo confrontiamo con quello delle altre nazioni e popoli, arriviamo nuovamente all'ingegnosa, originale e conclusione sulla falsariga del 2x2=4, cioè che ci sono persone buone e persone cattive in ogni religione.

Renan dice:

Abbiamo più volte attirato l'attenzione sul fatto curioso che il popolo ebraico abbracci nel proprio seno gli estremi e, se così posso dire, la lotta tra il bene e il male. Infatti, nessuna malvagità è eguale alla malvagità ebraica e, tuttavia, l'ebraismo ha saputo far maturare dall'interno l'ideale della bontà, della disponibilità al sacrificio e dell'amore. Gli uomini migliori furono ebrei, così come i peggiori[22].

Ciò che vale per il popolo ebraico vale anche per i suoi scritti, alcuni dei quali si presentano come i più sommi e infimi che siano mai stati scritti, come il *Libro di Giobbe*, l'*Ecclesiaste* e molti passaggi della *Torah* e dei *Profeti*, cioè il libro di *Isaia*. D'altra parte, incontriamo anche funghi velenosi della peggior risma, che hanno ospitato in sé i germi da cui germogliarono l'intolleranza, il fanatismo, le guerre di religione, l'eresia, l'inquisizione, ecc.

Gli ebrei sono straordinariamente grandi nel bene e nel male. Che questo popolo differisca da tutti gli altri in tanti modi non sorprenderà chi sa che Cristo nostro Signore nacque da questo popolo.

---

[22] E. Renan, *Histoire des origines du Christianisme*, volume 4: *L'Antechrist*, Michel Lévy, Parigi 1873, p. 258 (NdC).

Ma è vergognoso che ci siano ebrei che negano la loro appartenenza a questo grande popolo, invece di vantarsene come il grande (battezzato) Lord Beaconsfield gridò con orgoglio con Uriel Acosta: "Potete maledirmi perché sono ebreo"[23].

---

[23] K. Gutzkow, *Uriel Acosta (Trauerspiel in fünf Aufzügen)*, terza edizione, Hermann Costenoble, Jena 1866, p. 47 (NdC).

Capitolo 6. L'emancipazione e il sionismo

1. La nazione artificiale

Johannes Scherr scrive nella sua *Storia culturale e morale della Germania*: "Indubbiamente, il motivo fondamentale del massacro degli ebrei fu, lo ripetiamo, la follia religiosa"[1]. E questa follia religiosa continua tuttora.

Uno studio approfondito dell'*Antico Testamento* di Reuss sarebbe un rimedio radicale per cristiani ed ebrei. Ma l'ebreo ortodosso sarà il più veloce a scattare in avanti e a far cadere la torcia dalla mano dell'investigatore, perché crede che la salvezza, il regno messianico, possa realizzarsi grazie alla *Torah* e al rispetto della Legge. Un male incurabile! Dunque la colpa è sia degli ebrei, sia dei cristiani. Un ebreo credente non può nemmeno mangiare alla stessa tavola con un non-ebreo; ebrei credenti e cristiani credenti non possono sposarsi, *mensa, connubium negatur*. Cosa ne consegue? È vero, peraltro, che gli ebrei sono un popolo a se stante, costretto a restare unito e così maltrattato che è impossibile aspettarsi che finché esisteranno una fede ebraica e una cristiana, gli ebrei possano perdonare ciò che i cristiani fecero loro. Vi è un grande rischio insito in tutto ciò. L'antisemitismo ha fatto un buon lavoro nel rendere i cristiani e gli ebrei consapevoli dell'inconciliabilità delle rispettive differenze, finché entrambi si aggrappano alla loro fede.

L'antisemitismo ebbe anche la conseguenza che la popolazione non-ebraica dovette rendersi conto che, per competere con gli ebrei, bisognasse essere sobri, laboriosi e frugali come gli ebrei. In tal senso l'antisemitismo ha funto da "sprone" salutare. Nessuno biasimerà i cristiani se

---

[1] Scherr, *op. cit.*, p. 310 (NdC).

combatteranno più energicamente gli ebrei laddove si raggruppano, monopolizzando i rami degli affari e formano dei circoli. Ma questa lotta non significa che li odino, li disprezzino o evitino qualsiasi contatto sociale con loro.

*

Il miglior termine utilizzato per definire gli ebrei resta ancora, come dice il grande Schopenhauer, quello di "nazione"[2]. Una nazione esiste anche quando, come ovviamente accade, i suoi membri, non importa quanti siano, la abbandonano e si uniscono ad altre nazioni; permane, non importa quanti nuovi elementi vi siano incorporati. È vero che agli ebrei manca l'elemento linguistico tipico della nazione, perché non esiste una lingua viva comune a tutti loro. Ovunque parlano la lingua dei popoli tra cui vivono o vissero, cioè il tedesco, lo spagnolo e l'arabo. Ma le lingue delle loro Sacre Scritture (ebraico e aramaico) suppliscono a tale mancanza. Vi sono anche altri usi e costumi comuni che hanno origine dalla loro religione.

Tuttavia, pochissime sono le caratteristiche comuni rintracciabili tra gli ebrei per via della grande diversità dei singoli gruppi a noi noti, e queste caratteristiche derivano dalla loro religione. Tra gli ebrei spagnoli e arabi (i sefarditi) e gli ebrei tedeschi e polacchi (gli ashkenaziti), tra i resti dell'ebraismo cinese che si possono ancora rintracciare in Hannan, e gli ebrei bianchi e neri di Cochin sulla costa indiana del Malabar, poi ancora fra tutti questi e gli ebrei falascià di Abissinia, il più zelante antisemita dispererebbe nello scoprire e dimostrare tratti caratteriali comuni indipendenti dalla religione. L'ebreo tedesco e polacco è noto per il suo spirito mercantile e commerciale. I sefarditi in Oriente e gli ebrei arabi, indiani, cinesi e abissini sono molto diversi. Chi degli antisemiti intende provare l'impresa di riunire tutti questi ebrei sotto un unico tetto? Provateci pure.

---

[2] Schopenhauer, *op. cit.*, p. 223 (NdC).

Supponiamo, anche se non è ammissibile, che tutte le cattive qualità caratteriali e i vizi che gli antisemiti imputano agli ebrei (da me citati) siano veri, ciò riguarderebbe solo gli ebrei polacchi e tedeschi, ovvero solo una parte, non tutto l'ebraismo. Questo è così chiaro ed evidente che non ha bisogno di essere logicamente dimostrato. Ma se gli antisemiti non intendono ammetterlo, ma devono farlo, mi chiedo da dove provenga la differenza e perché gli ebrei che hanno vissuto per secoli nell'islam e in paesi non cristiani, siano così diversi dagli ebrei che hanno sempre vissuto nei paesi cristiani. Il venerabile lettore capisce che il punto è proprio questo. Da dove proviene la differenza tra i vari rami dell'ebraismo, la differenza e la differenziazione degli ebrei nelle diverse epoche storiche?

Gli ebrei di oggi sono in gran parte ciò che li hanno resi i popoli tra cui vivevano. Se una volta ebbero buone e grandi qualità che conservano, se acquisirono vizi e abitudini che prima non avevano, ciò è l'effetto dell'influenza dei popoli ospitanti.

Cosa sono dunque gli ebrei? *Gli ebrei sono una nazione artificiale costituita da un miscuglio di numerose nazionalità, che formano una comunità religiosa, creata sia dall'isolamento volontario, sia dall'esclusione forzata da altri popoli e dalla proibizione dei matrimoni misti, tutti l'esito di princìpi religiosi.* L'esclusione o l'isolamento, combinati con uno stile di vita molto specifico prescritto dalla loro religione (circoncisione, matrimonio, leggi alimentari, mercatura, usura, ecc. ecc.), hanno impresso a questa nazione un tipo fisico e morale ben preciso. La definizione degli ebrei sarebbe quindi: una nazione artificiale creata da prescrizioni religiose e composta da numerosi elementi razziali.

*

Questa definizione ben si adatta a tutti i gruppi ebrei, agli ebrei polacchi e ai falascià, agli ebrei indiani e a quelli cinesi; essa sola spiega i presunti tratti caratteriali ebraici e il tipo fisico diverso da noi. Per circa mille anni, tuttavia, l'ebraismo non assorbì quasi nessun elemento straniero. Peraltro, da allora affluirono nelle nazioni cristiane interi flussi di sangue ebraico per via delle conversioni. Renan afferma specificamente che esistono diverse razze ebraiche. Ho già dimostrato nel primo capitolo che non esiste una "razza ebraica". Chi vuole applicare il concetto di razza agli ebrei non può che farlo con l'espressa riserva di voler utilizzare questa parola per designare quella nazione artificiale composta da numerose razze, che cominciò a esistere nel momento in cui finì il proselitismo ebraico (conversione cazara) e da allora, per effetto del divieto dei matrimoni misti, dell'esclusione e dell'isolamento, ecc., si conservò pura. Questa nazione è solo in piccolissima parte imparentata per via sanguigna con l'antico popolo di Israele, per via della massa relativamente immensa di sangue alieno che assorbì. Se ora eliminiamo la piccola frazione dell'antico sangue ebraico dall'ebraismo attuale e ci chiediamo che cosa rimanga, la risposta è: nient'altro che una comunità religiosa sviluppatasi in diverse nuove razze, l'esito di prescrizioni religiose di circa milleduecento anni. Ma chi parla di razza ebraica pensa sempre alla progenie delle tribù di Giuda e di Beniamino sorte per procreazione, perché le altre dieci tribù scomparvero senza lasciar traccia dopo la caduta del regno d'Israele nel 722 a.C., proprio come le centinaia di migliaia di ebrei che, nel corso del tempo, furono costretti a convertirsi al cristianesimo e all'islam. Quindi, se parliamo di una razza ebraica, questo termine può avere senso solo se non intendiamo la parola "ebraica" in senso etnografico e antropologico, ma ci riferiamo alla confessione mosaica attraverso cui la nuova razza fu creata. Va da sé che anche al tempo di Cristo il numero dei seguaci non-ebrei del giudaismo superava il numero dei veri ebrei e che, sotto Tito e Adriano, forse la metà, se non tutti gli ebrei palestinesi furono sterminati. Da quanto detto ne consegue che la massa di sangue ebraico presente nei popoli cristiani e maomettani dell'Europa, dell'Asia occidentale e del Nord Africa è maggiore di quella che scorre nelle vene degli ebrei attuali.

2. L'emancipazione

L'emancipazione degli ebrei operata dalla rivoluzione francese, misura ben presto imitata anche dalla maggior parte degli altri stati europei, sembra rivelarsi sempre più un fiasco per entrambe le parti. In un discorso al Congresso sionista di Basilea, il dottor Herzl [*sic!*] osservò giustamente:

Devo esprimere un pensiero doloroso: i popoli che avevano emancipato gli ebrei si fecero ingannare dai propri sentimenti. Per esercitare il suo pieno effetto, l'emancipazione avrebbe dovuto essere effettuata emotivamente prima che legislativamente. Ma così non fu. Avvenne esattamente il contrario. La storia dell'emancipazione degli ebrei è uno dei capitoli più importanti della storia del pensiero europeo. L'emancipazione degli ebrei non è l'esito della consapevolezza che una tribù fu gravemente offesa, che le furono inflitte cose terribili e che fosse tempo di espiare mille anni di ingiustizia; fu l'esito del modo di pensare geometrico del razionalismo francese del XVIII secolo. Questo razionalismo costruì i princìpi della determinazione di un assioma matematico su basi puramente logiche, senza tener conto del sentimento vivente, e insistette nel traslare queste formazioni della ragione pura al mondo reale. "Le colonie dovrebbero scomparire prima di un principio!" è la nota esclamazione che mostra l'applicazione del metodo razionalistico alla politica. L'emancipazione degli ebrei rappresenta un'altra "applicazione automatica" del metodo razionalistico. La filosofia di Rousseau e degli enciclopedisti condusse alla dichiarazione dei diritti dell'uomo. Dalla dichiarazione dei diritti dell'uomo, la ferrea logica degli uomini della grande rivoluzione dedusse l'emancipazione degli ebrei. Essi stabilirono un vero e proprio sillogismo: ogni essere umano ha per natura certi diritti; gli ebrei sono esseri umani; quindi gli ebrei hanno diritti umani[3]. In Francia fu proclamata l'uguaglianza degli ebrei, non per un

---

[3] "Barbara", primo modo della prima figura del sillogismo in cui le premesse e la conclusione sono proposizioni universali affermative (NdC).

sentimento fraterno verso gli ebrei, ma perché lo esigeva la logica, il sentimento popolare era contrario, ma la filosofia della rivoluzione imponeva di anteporre i princìpi ai sentimenti. Perdonatemi l'espressione che non implica ingratitudine: gli uomini del 1792 ci emanciparono per principio[4].

Credo di poter aggiungere che quell'emancipazione fu operata soprattutto per infastidire la Chiesa, cui oggi è lecito ridere sotto i baffi per l'esito comico di questo gesto. "Gli ebrei sono esseri umani", cantavano i liberali dell'epoca dell'emancipazione; "per così dire" è il ritornello degli antisemiti di oggi. "Gli ebrei hanno gli stessi diritti di tutti gli altri cittadini", dice la legge; "sulla carta" è la risposta della nostra epoca illuminata. Infatti, gli ufficiali sbattono le porte in faccia ai candidati ebrei ovunque possano, e le professioni aperte a un ebreo sono sempre meno numerose.

*

L'emancipazione giunse quando era già troppo tardi. Quando gli Stati emancipatori abbatterono i cancelli del ghetto e proclamarono eguali diritti per tutti i cittadini, tutto Israele si rallegrò. Gli ebrei si gettarono felicemente nella società cristiana; gran parte di loro, gli assimilatori, fecero quello che potevano per diventare il più possibile simili ai loro concittadini cristiani nell'abbigliamento, nei modi, negli usi, nei costumi e nelle passioni. Diventò per loro una questione di principio non essere scambiati per ebrei nella società; si vergognavano della loro tribù, anzi molti di loro divennero i primi antisemiti, ebrei antisemiti, praticamente il non plus ultra della meschinità!

Ma che delusione! Oggi si fa loro intendere chiaramente che, battezzati o meno, che parlino correttamente o meno il tedesco, sono e rimarranno sempre ebrei disprezzati, ricchi o poveri, bravi cavalieri, bravi ballerini, bravi tiratori o filistei —

---

[4] Nordau, *I. Kongressrede*, cit., p. 45 (NdC).

non importa. "L'ebreo resta ebreo! Non fa parte della nostra comunità".

Un tempo i cristiani liberali erano perfettamente disposti ad accettare gli ebrei nella loro comunità. Perché non lo sono più? L'ebreo divenne straordinariamente antipatico al cristiano, anche al più liberale. Come mai?

Per via dei reciproci pregiudizi religiosi, ebrei e cristiani avevano vissuto per secoli nella più completa separazione reciproca: per via di quest'isolamento, esito della differenza religiosa, nel ghetto sorse un certo tipo sociale, cioè una casta con usi, gerghi, gesti, movimenti, maniere e costumi del tutto peculiari, con idee particolari di onore e tatto. Quale esito delle leggi ebraiche sulla dieta e sulla purezza, oltre all'essere stipati in ghetti sporchi e allo stile di vita sedentario, si sviluppò un tipo ebreo fisicamente diverso dai cristiani in molti modi. Gli assimilazionisti ebrei credevano inizialmente che, se lo avessero voluto, avrebbero potuto liberarsi in un colpo solo dell'essenza ebraica del ghetto e scambiarla con l'essenza della società cristiana.

Ma quanto si sbagliavano! La foggia esteriore di una civiltà non può essere dismessa come un soprabito e scambiata con quella altrui. Nel ghetto gli ebrei parlavano il loro gergo. Naturalmente tutti quelli che lo avevano parlato nella loro infanzia conservavano quest'accento e solo gli ebrei "degiudaizzati" lo perdevano col tempo e con l'educazione in circoli non-ebreaici sin dall'infanzia. Lo sradicamento del gergo esigeva ulteriori generazioni – almeno due (cioè diversi decenni) e la separazione dai membri delle tribù ebraiche durante l'infanzia. La situazione è analoga per quanto riguarda il tatto. Certi gesti, movimenti delle mani e delle dita erano innati e naturali negli ebrei del ghetto, perché, come quasi sempre accade, erano strettamente legati al loro modo di vivere e al loro abbigliamento. Non c'è dubbio che anche l'ereditarietà e l'atavismo esercitarono un ruolo importante. Non si possono scartare arbitrariamente e accettare modi estranei al loro posto.

Bisogna reimparare ogni cosa daccapo, compresi l'andatura, la camminata, la seduta, il saluto, il modo di socializzare, il modo di accomiatarsi, il modo di mangiare, di bere, in una parola tutte le innumerevoli sfumature della vita sociale quotidiana. Chi ha vissuto a lungo nei paesi islamici e nell'Asia orientale sa quanta fatica ci voglia per adottare i costumi e le maniere di un popolo colto straniero: un europeo probabilmente non riuscirà mai a imitare completamente il modo aggraziato del saluto giapponese; anche l'abito giapponese è necessario per poterlo eseguire con garbo, negli abiti europei sarebbe grottesco e ridicolo comportarsi come un musulmano in abiti arabi: ci vogliono anni di pratica! Lo stesso vale per l'etichetta cinese e coreana, così simile. Cinesi e coreani considerano gli europei zotici per via dei loro modi e dei loro gesti, sebbene si concedano comportanti nella società e, persino, durante il pasto che sono considerati in Europa come il culmine della rozzezza. Qualcosa di simile avviene nell'Oriente islamico. Gli ebrei avevano le proprie regole di comportamento sociale nei ghetti. Questo comportamento era assolutamente asiatico, dignitoso. Ebbi più volte l'opportunità di osservarlo io stesso nelle case e come ospite di ebrei ortodossi in Bosnia e Bucovina. Laggiù l'etichetta, il comportamento dei bambini verso i loro genitori, dei subordinati verso i superiori, del più giovane verso il più anziano, era molto dignitoso, cerimoniale e corretto, ma del tutto diverso dal comportamento nelle moderne famiglie cristiane.

*

Poi caddero i cancelli dei ghetti. Gli ebrei entrarono nelle società cristiane con le loro abitudini. Alcuni di loro, almeno i più bravi e i più intelligenti, conservarono gli abiti ebraici e il dignitoso contegno asiatico, che però era spesso interpretato come forma di servilismo. Gli altri cercarono di imitare la popolazione cristiana. Adottarono l'abito cristiano e imitarono come meglio poterono costumi e contegno. Naturalmente, la prima generazione emancipata non ci riuscì, la seconda solo in minima parte e solo quei pochi che, fin dall'infanzia, furono educati e istruiti come quei concittadini cristiani. Proprio come un europeo che, cercando d'imitare i modi esotici in costumi arabi, cinesi o giapponesi, diventa estremamente ridicolo, così fu per agli ebrei. All'inizio si vestivano molto male e con pessimo gusto, afferravano con entusiasmo cappelli a cilindro dalla forma più bislacca, insomma si vestivano nel modo meno pittoresco possibile, i loro movimenti e i gesti, adatti al lungo caftano, li mantennero in redingote e frac e così fecero un'impressione terribile sui loro concittadini cristiani. È, in particolare, il movimento danzante dei piedi, così tipico degli ebrei, l'alzare i palmi delle mani verso l'esterno con le dita aperte all'altezza delle spalle e la postura spesso piegata, che fa uscire dai gangheri gli indoeuropei.

È facile constatare che, molto spesso, le persone che non sanno comportarsi in società, cadono in grande imbarazzo e, per mascherarlo, diventano sfacciate, saccenti e impertinenti. Questo accade spesso agli ebrei quando entravano per la prima volta nella società cristiana. All'inizio non toccavano quasi mai la nota giusta e come avrebbero potuto farlo? Non certo nel loro ghetto! Pensavano di dover parlare in società di cose che interessavano alla società in cui si trovavano. Spesso non sapevano di cosa parlare e, quindi, facevano domande o toccavano argomenti scomodi e imbarazzanti per gli altri.

Com'è noto, ci sono molti argomenti di conversazione leciti e inopportuni nei vari circoli culturali. Nell'Oriente maomettano è considerato scortese menzionare gli argomenti di conversazioni delle donne di casa. In altri paesi lo è parlare del capo di stato e pronunciare il suo nome, ecc. Per il cinese è un atto di cortesia. Queste sono tutte sfumature sociali nel tatto e nei modi, che variano anche tra i diversi popoli europei. Quanto sono diversi la vita sociale, le regole della decenza, le buone maniere in Russia e in Inghilterra! Possiamo ora immaginare quali errori sociali dovettero compiere gli sfortunati ebrei quando uscirono per la prima volta dal ghetto e furono ammessi nella società cristiana.

È sorprendente che gli ebrei non li abbiano più commessi e che abbiano saputo assimilarli nella misura in cui lo fecero. Oggi, naturalmente, la giovane generazione cresciuta fuori del ghetto ed educati interamente in modo cristiano, che pratica la ginnastica e altri sport, soprattutto in Inghilterra, Francia e America, difficilmente è distinguibile dai vicini cristiani. Sarebbero bastate al massimo due generazioni e l'ebraismo dell'Europa occidentale e centrale si sarebbe sciolto come lo zucchero nell'acqua con i popoli cristiani e ne sarebbe stato assorbito.

*

Ma così non fu. L'antisemitismo divampò nuovamente, allontanando gli ebrei dalla società cristiana e costringendoli più che mai a riavvicinarsi.

Ora gli ebrei hanno chiaramente capito di non essere ben voluti, di non essere ritenuti tedeschi, francesi, austriaci, ecc. Tornano, quindi, da dove sono venuti e gridano ai cristiani: "Voi non volete ritenerci compagni di tribù, gridate che siamo stranieri ed ebrei! Bene così, dunque. Lo saremo, saremo ebrei come voi dite". L'antisemitismo ha come necessaria conseguenza il sionismo. Entrambi i fenomeni hanno lo stesso nucleo, la stessa essenza e sono solo espressioni diverse dello stesso fenomeno, anche se ovviamente non può esserci alcuna intesa tra sionisti e antisemiti. Entrambi i gruppi sono reciprocamente alieni e indifferenti e sono proprio gli antisemiti a considerare il sionismo una ridicola utopia; si confronti l'interessante scritto *Rabbinismo e sionismo* del dotto professore antisemita Adolf Warmund[5]. Con questo, però, anche l'emancipazione degli ebrei dalla rivoluzione francese ha sancito il suo completo fallimento, e le varie Chiese cristiane

---

[5] A. Wahrmund, *Rabbinismus und Zionismus*, in "Bayreuther Blätter", XXI, 1898, pp. 293-310 (NdC).

che ora possono ridere a crepapelle dell'onta dei loro oppositori, restano in campo da vincitrici. – Almeno per ora!

3. Il sionismo

In tutto il mondo vediamo nuovamente divampare il fanatismo religioso e nazionale; vediamo il fanatismo nazionale che si serve del particolarismo religioso – come nella questione del *Movimento Via-da-Roma*[6], nel culto di Hus, nei numerosi provvedimenti del governo russo contro le altre fedi – e viceversa, le società religiose fanno uso di illusioni nazionali per raggiungere i loro fini, come vediamo in Francia e nell'atteggiamento di una parte della sua popolazione nei confronti dell'affare Dreyfus. Molto spesso è persin difficile distinguere chi induca e chi sia indotto, che si tratti di politica o di religione. Ma laddove, come nella questione ebraica, gli opposti non si conciliano, il carro è già così incagliato da non poter più essere estratto dal fango, l'odio e l'avversione aumentano a dismisura, nonostante i tentativi di guarigione, allora la separazione è la cosa migliore per entrambe le parti. Il sionismo, movimento che si sta diffondendo sempre più tra gli ebrei di tutto il mondo, mira a rendere possibile l'emigrazione degli ebrei di tutti i paesi per formare una nazione unificata in un determinato paese (Palestina o Argentina), per formarvi uno stato ebraico. Questo è l'unico mezzo di salvezza radicale, l'unico momentaneamente possibile. Questo o nessun altro; perché la conoscenza e la pace non sono mezzi su cui contare data la scarsa lungimiranza dell'umanità di oggi. Fuori gli ebrei! Questo sentiamo ovunque negli ambienti antisemiti. Bene, ma dove? Non sono affari nostri, gridano gli antisemiti, sono affari degli ebrei, dovrebbero provvedere loro stessi, non sono affari

---

[6] Movimento politico protestante e anticattolico, fondato a Linz nel 1882 dal deputato pangermanista Georg von Schönerer (NdC).

nostri. Ma è molto preoccupante, perché anche lo Stato vicino grida: "Fuori gli ebrei!", e se uno stato li caccia via, lo Stato vicino li respinge e, forse, alcuni dei suoi stessi ebrei sono entrati clandestinamente, e siamo al punto di partenza! Quindi ogni stato deve pensare a rispondere a questa domanda: "Dove vanno?" E vale la pena di farlo e di consultarsi vicendevolmente. Una volta individuato un posto, tutti gli ebrei saranno dichiarati cittadini di laggiù, solo allora saranno davvero estranei, solo così si potranno promulgare le volute leggi eccezionali senza calpestare il progresso e l'illuminismo, l'umanità e la carità, solo così potremo, senza essere crudeli, scoraggiarli a restare in un paese straniero, solo allora l'anti-giudaismo sarà poco saggio, certamente gretto, ma non più crudele. Ma soprattutto molto, molto poco saggio. Perché non bisogna dimenticarsi che gli ebrei sono una delle nazioni più ingegnose e talentuose del pianeta. In primo luogo, per via dell'ibridazione con sangue straniero, che è capitata loro così frequentemente, che quasi sempre si traduce in una progenie più dotata; in secondo luogo, perché la loro situazione nel Medioevo li costrinse a spremere le loro meningi per poter sopravvivere, per cui l'ereditarietà e la formazione svilupparono una capacità intellettiva spesso stupefacente, cui si aggiungono la loro diligenza e sobrietà. Che miriade di uomini grandi e famosi in tutti i ceti sociali ci hanno consegnato gli ebrei nonostante la pressione che grava su di loro! Qui cito solo nella musica: Bizet, Halevy, Brüll, Meyerbeer, Mendelssohn, Offenbach, Rubinstein, Goldmark, Auer, Joachim, Remenyi; nella recitazione: Sonnenthal, Sarah Bernhardt, Dawison, Ascher, Rothmühl, Robert; nella pittura: Jacoby, Junker, Liebermann, Oppenheim, Sichel, Kaufmann, Possart, Horowitz; nella poesia: Heine, Börne, Auerbach; nella letteratura: Herzl, Nordau, Saphir, Wolff; nelle scienze: Halevy, Derenbourg, Geiger, Goldziher, Grätz, Neander, Lazarus, Mendelssohn, Vambery, Grünhut, Emin Pascha; nell'arte statista e nella politica: Lord Beaconsfield, Cremieux, Kuranda,

Lasker, Marx, Lassalle. Tuttavia, questa è solo una piccola parte degli ebrei famosi del nostro tempo. Chiunque sia interessato a ciò che si scrive sugli ebrei, legga il lavoro del dottor Adolf Kohut *Uomini e donne israeliti famosi nella storia culturale dell'umanità*[7].

E questi concittadini vanno messi alla porta! Così lo Stato espellente ci perde e quello accogliente ci guadagna!

Ma sono convinto che il grande e meraviglioso popolo ebraico (l'ebraismo riformato, ovviamente, mai e poi mai quello ortodosso) porterà ancora una volta salvezza e benedizione a tutta l'umanità!

La persecuzione degli ebrei e le leggi eccezionali hanno sviluppato massimamente la mente ebraica a scapito di tutti gli altri organi, vale a dire dell'efficienza fisica. Ma allora gli Stati cristiani dovrebbero cercare almeno di trarre profitto da queste intelligenze che essi stessi hanno coltivato, imbrigliandole a favore del progresso del paese invece di gettarle fuori, sopprimerle e, quindi, coinvolgendole ancor meglio nelle transazioni commerciali, dove, come dicono i cristiani, agiscono in modo così pernicioso.

*

L'ebraismo nel suo insieme è interessato in sommo grado all'attuazione degli obiettivi del sionismo. Tutti gli ebrei del mondo sono pronti a emigrare immediatamente nello stato ebraico da fondare. È un grave errore quando gli antisemiti affermano che gli ebrei non se ne andrebbero, perché allora dovrebbero ingannarsi a vicenda e non dovrebbero utilizzare i cristiani. Quindi provateci, signori, a sostenere il sionismo e vedrete come gli ebrei se ne andranno e in che numero. A dire il vero, quando l'idea sorse per la prima volta, una parte significativa degli ebrei era ancora contraria, ma molti di coloro che opposero hanno cambiato idea. Menzioniamo, per

---

[7] A. Kohut, *Berühmte israelitische Männer und Frauen in der Kulturgeschichte der Menschen*, 2 volumi, Payne, Lipsia 1900-1901 (NdC).

esempio, un ebreo francese, J. Bahar, che per primo combatté strenuamente il sionismo in un opuscolo intitolato *Restons* nel 1897, ma che già oggi è conquistato alla sua causa[8]. Ora questo movimento sta crescendo sempre di più tra gli ebrei e aumenterà perché, con il dilagare dell'antisemitismo, crescerà sempre di più anche la miseria delle masse ebraiche che devono prendere in mano il bastone da viaggio oppure perire. Gli antisemiti, per come stanno le cose ora, non possono fare un gran ché per gli ebrei. Non possono più massacrarli, espropriarli sarebbe un pericoloso precedente e avrebbe come conseguenza che, prima o poi, anche altri ricchi s'impossesserebbero dei loro beni. Una volta toccata la proprietà, tutto il nostro ordine sociale crollerebbe. Anche se requisissimo il denaro ai ricchi milionari ebrei, resterebbero ancora i milioni dei proletari ebrei, e se distribuissimo il denaro dei milionari ebrei – diciamo mille con una fortuna totale di diecimila milioni di corone – a circa diecimilioni di ebrei poveri, ogni ebreo povero riceverebbe 1000 corone e presto ci sarebbero solo ebrei poveri che diverrebbero un peso per la carità cristiana, e non più ebrei ricchi capaci di aiutarli. La miseria sarebbe rimasta la stessa, e i tanti cristiani al servizio di ricchi ebrei sarebbero rimasti senza pane, come i loro padroni. Leggi eccezionali con cui vietare agli ebrei di ricoprire qualsiasi carica, servizio civile, ecc., che non abbiano alcun nesso con il commercio, come sostengono gli antisemiti, non farebbero altro che indurre ulteriormente le masse ebraiche a trafficare, e poiché qui sono migliori dei cristiani, diventerebbero ancora più ricchi e il loro crescente odio per i loro aguzzini li indurrebbe a usare il loro denaro a scapito dei cristiani. Se il sionismo fallisce, assisteremo probabilmente a sanguinose catastrofi, di cui nessuno può dire se resteranno circoscritte agli ebrei. La plebaglia, una volta scatenata, non farà più distinzione

---

[8] J. Bahar, *Restons! Réponse au projet d'exode des juifs*, Société libre d'édition des gens de lettres, Parigi 1897 (NdC).

tra capitale ebraico e capitale cristiano, e quando si tratterà degli ebrei possessori, saranno gli ebrei a far sfogare la plebaglia anche sui cristiani. Diranno, e chi può biasimarli: "Non saremo i soli a fallire; no, voi ricchi cristiani ci seguirete" e sapranno come farlo.

*

Quindi lasciamo che gli ebrei se ne vadano via, se lo vogliono, ma non frapponiamo loro alcun ostacolo e sosteniamo l'idea sionista.

Altrimenti, se creiamo loro difficoltà nei piani migratori, se neghiamo loro il necessario sostegno diplomatico, è impossibile prevedere che cosa succederà. La disperazione, la rabbia, che rafforza enormemente, s'impossesseranno degli ebrei. Ma ciò potrebbe essere estremamente pericoloso, quindi è necessario guardarsi intorno quando sarà il momento. Certo, non hanno il potere di mettere in atto una tale minaccia, solo gli antisemiti si fidano di loro. Cosa penseremmo di una persona che rinchiude i rifugiati che vanno da lui chiedendo l'elemosina e mendicando in seminterrati soffocanti, che interrompe ogni contatto con loro e li costringe a dedicarsi alle occupazioni più meschine, sporche e vili per guadagnarsi da vivere! Dopo anni questi sfortunati reclusi sarebbero rovinati fisicamente e moralmente. Avrebbero adottato un gergo ridicolo, gesti comici, abiti trascurati, occhi piangenti, spine curve, aspirazioni basse e meschine. Questo crimine sarebbe orrendo, ma sarebbe comunque spiegabile con la cattiva natura umana. Ma se i tormentatori prendessero a calci i degenerati, si prendessero gioco dei loro disturbi fisici e morali e li deridessero, allora quest'atto non sarebbe più umano; sarebbe diabolico. Ma la cosa peggiore dell'antisemitismo è che lotta contro la propria madre, non contro degli estranei.

*

Una volta che la maggior parte degli ebrei se ne sarà andata, i cristiani andranno particolarmente d'accordo con gli ebrei rimasti in Europa per via del loro numero esiguo; così l'antisemitismo si sarà estinto. Il sionismo è il rimedio, la liberazione, la salvezza per gli ebrei. Realizzarlo con ogni mezzo dovrebbe essere l'obiettivo comune di tutti i filantropi ebrei e cristiani. Perché i rimproveri, le spacconate, le imprecazioni, gli insulti, i sospetti non cambiano le cose; se agiremo con calma, ponderazione, sistematicamente e coerentemente, anche questo problema sarà risolto, in qualche misura.

Conclusione

Credo di aver dimostrato che l'essenza dell'antisemitismo non è altro che l'odio fanatico per la religione, quali che siano le maschere che indossa o i mutati connotati che ha assunto oggi. Sono convinto di aver dimostrato con l'evidenza che non può esserci odio razziale perché non esiste una razza ebraica, né esiste una razza o un essere semitico, tutte mere illusioni. Ho anche mostrato che il gruppo di persone che oggi costituisce l'ebraismo e che differisce in molti modi da come noi pensiamo, agiamo, desideriamo, sentiamo e ci comportiamo, è l'esito di una selezione artificiale, il risultato di trattamento ed educazione, e che i princìpi che hanno determinato questa differenziazione si radicano esclusivamente nella religione. Sia gli ebrei, sia i cristiani ne sono responsabili; l'antisemitismo non è solo un fenomeno religioso nel senso che gli ebrei sono passivi e sono – o erano – l'oggetto su cui i non-ebrei applicavano le loro convinzioni religiose; gli ebrei non erano un impasto inerte modellato dall'antipatia religiosa. No, gli ebrei vi furono coinvolti molto attivamente, in modo più offensivo negli ultimi secoli prima e dopo Cristo, poi in modo più difensivo nel Medioevo e nei tempi moderni. Per arrivare al nocciolo della questione, gli ebrei sono da biasimare per il male ricevuto, esito di princìpi che alcuni dei loro autori biblici hanno stabilito; princìpi che sono stati poi ritenuti veri e corretti da cristiani e musulmani. È il principio che esista una sola vera religione, che Dio sia un dio geloso da adorare in un unico modo, per cui il culto di altri dèi sarebbe un abominio e un crimine perseguibile; è il principio che non si debba avere altro Dio all'infuori di Lui, rivelato in un certo modo a certe persone, e adorato in quell'unico modo e in nessun altro; il principio di non doversi prostrare ad altri dèi, di non poter partecipare a nessun altro culto – nessuna *comunio in sacris* con persone di altre fedi, dato che tale condotta è un peccato grave, punito con la dannazione eterna all'inferno, ma che si debba sacrificare la propria vita sotto le più torture orribili piuttosto che rinnegare l'unica vera religione, senza cui non vi è salvezza, e riconoscere un'altra confessione con parole e opere, sia solo per autoconservazione o per cortesia.

Questi soli princìpi, princìpi ebraici, resero possibile il martirio nell'ebraismo, nel cristianesimo e nell'islam. Senza di loro il martirio sarebbe del tutto impensabile e, quindi, gli scrittori ebrei sono indubbiamente responsabili del martirio di ebrei, cristiani e musulmani di tutti i tempi, dai maccabei ai martiri cinesi dei nostri giorni. A ciò si aggiunga l'idea che il massacro del credente sia un sacrificio gradito a Dio, che reca benedizione a se stesso e agli altri; idea che alcuni liberi pensatori hanno chiamato "molochismo"[1]. Ma anch'esso ha un rapporto stretto con l'idea ebraica che Dio gradisca il sangue sacrificale degli animali. Infatti, gli ordinamenti rituali giuridici relativi al fatto che un animale sacrificale debba essere puro, nobile, giovane e sano, portano facilmente alla conclusione che quanto sia più nobile il sacrificio, tanto più sia gradito a Dio. Ma la creatura più nobile è l'uomo, è l'essere più nobile, più

---

[1] Il molochismo ebraico è una tesi sviluppata in Francia e Germania nella seconda metà del XIX secolo, secondo cui Moloch-Jahvé e Gesù sarebbero la stessa persona. Alla radice dell'ebraismo e del cristianesimo ci sarebbe una specie di cannibalismo sublimato. Il principale divulgatore di questo molochismo è il tedesco Georg Friedrich Daumer, a partire dal suo saggio *Entwendung ägyptischen Eigenthums beim Auszug der Israeliten aus Ägypt* (Sul furto della proprietà egiziana durante l'esodo israelita dall'Egitto, 1833). La tesi di Daumer sarà ampliata e diffusa da Friedrich Wilhelm Ghillany in *Die Menschenopfer der alten Hebräer. Eine geschichtliche Untersuchung* (I sacrifici cumani degli antichi ebrei: un esame storico critico, 1842) e Gustave Tridon in *Du molochisme juif: études critiques et philosophiques* (Del molochismo ebraico. Studi critici e filosofici, 1884). A fine ottocento la tesi sarà ripresa dai poeti cosmici, come Ludwig Klages e Stefan George, nonché da pensatori antisemiti nella loro deduzione dell'omicidio rituale dal cannibalismo sublimato ebraico-cristiano (NdC).

puro, più innocente, più piacevole. Ma se la soddisfazione non si fonda oggettivamente sul valore, sulla bellezza o sulla purezza dell'animale sacrificale, semmai soggettivamente sul *pretium affettis*, sul valore che l'essere sacrificato ha per il sacrificante, ecco che si tende anche a scegliere quale oggetto di un sacrificio ciò che vi è di più prezioso e di più caro: il nostro stesso figlio, il nostro amico, in una parola, l'essere umano. Quindi i due punti di vista portano ineluttabilmente al sacrificio umano.

*

Nessun uomo ragionevole negherà i grandi vantaggi che l'accettazione delle grandi religioni mondane, anche di quelle monoteistiche, ha arrecato a quei popoli che le professarono quando erano a un livello culturale inferiore, se si considera e confronta la loro condizione culturale prima della conversione e in seguito; se si considera anche quanto sia necessaria una religione basata su una "rivelazione superiore", che intervenga praticamente nella vita quotidiana per sostenere i poveri nella sventura e nella sofferenza. La filosofia non porta alla felicità e non ha benedetto ancora nessuno; solo la religione può farlo, ragion per cui merita di essere preservata, perché l'esperienza insegna che la maggior parte delle persone che perdono la fede cade vittima dell'infelicità e della miseria del materialismo. Niente protegge meglio da questa disgrazia che una delle tre religioni monoteiste, perché pochi capiscono Kant, Schopenhauer e la filosofia *Vedānta*.

Tuttavia, i vantaggi comparati delle religioni contrastano con il disastro che si è abbattuto sull'umanità per via delle divergenze che non solo separano le religioni monoteistiche, ma che le pongono anche in contrapposizione ostile l'una all'altra e alle altre religioni. L'ostilità e l'incompatibilità dei tre credi monoteisti e delle loro sette fra loro e con le altre religioni è oggi e fu per venticinque secoli fonte di una terribile calamità che si riversò sulla povera umanità e tante volte la inondò di fiumi di sangue e lacrime. Si pensi agli esiti della reciproca ostilità: guerre degli ebrei, persecuzione dei cristiani nell'impero romano, terribili guerre dei musulmani contro cristiani e "pagani", Crociate, Guerra dei Trent'anni e Crociata contro gli albigesi, come pure guerre di religione in generale, basate unicamente su princìpi biblico-giudaici, di cui abbiamo più volte parlato[2], fino all'Inquisizione che ha esteso a Goa e a Lima i tribunali degli eretici, gli *Autodafè*, i processi alle streghe, che affondano le loro radici più profonde nelle leggi levitiche, cioè ebraiche: "Non lascerai viva una strega"[3]. Strage degli ebrei, nozze di sangue, sterminio di intere tribù di indiani pagani in America, cacciata e sterminio dei mori in Spagna, vergognose persecuzioni reciproche di cattolici e protestanti in Inghilterra e in Irlanda. Studiamo il ruolo svolto dall'opposizione religiosa nella rivolta dei Taiping, che si dice costò la vita a ventimilioni di persone, nell'ammutinamento indiano, nel mahdismo, negli orribili massacri in Armenia, nelle rivolte maomettane in Cina e nei recenti, così terribilmente tristi massacri cristiani lì, e capiremo il terribile disastro.

Che questa calamità sia avvenuta grazie ai princìpi contenuti negli scritti ebraici e che questi princìpi fossero sconosciuti nell'antichità tra i "pagani", così come in tutta l'Asia orientale e l'India, dove vive la metà di tutta l'umanità – fintanto che e nella misura in cui questi paesi non sono entrati in contatto con il cristianesimo o l'islam, quindi tali sofferenze non fanno parte della necessaria triste disumanità, – questa consapevolezza, la lotta e la neutralizzazione di quei princìpi sono l'unica forma d'antisemitismo giusto e salutare, i cui aderenti sono certamente la maggioranza degli ebrei riformati illuminati, cioè ebrei del tipo e della mentalità di Salomone, Filone, Giuseppe, Maimonide, Spinoza, Mendelssohn, Lazarus e innumerevoli altri.

---

[2] Si confrontino *Esodo* XXXII, 27, *Numeri* XXV e XXXI, *Deuteronomio* VII, *Isaia* VI, VIII, X e XX. Infine *Esodo* III, 22.

[3] *Levitico* XX,27 (NdC).

Chi ha compreso la grande verità che esista una sola religione, il cui unico substrato è la coscienza morale, e una sola morale, cioè la compassione e la carità, misteriosamente radicate in questa coscienza, ma che la coscienza morale, essendo un fenomeno metafisico, si faccia beffe di tutti i tentativi di spiegazione; che, dunque, ogni forma di religione si sforzi vanamente e costantemente di spiegare il fenomeno empiricamente, ebbene costui cesserà di essere intollerante. Inoltre, ogni uomo dovrebbe sempre tenere a mente il fatto che l'essere convinti della verità di qualcosa non è affatto una prova, né può esserla della verità della propria convinzione. Queste considerazioni cui ci spinge la scienza si prestano a bene renderci non solo tolleranti, ma anche umili e, quindi, graditi a Dio e agli uomini, come l'anello leggendario[4], e a insegnarci a pregare come fece il re Heinrich in *Lohengrin*: "Aiutaci, o Signore, in questo momento, perché la nostra sapienza è semplicità"[5].

Salus ex Judeis! La salvezza proviene dagli ebrei! Una verità profonda, quanto, purtroppo, spesso dimenticata. Per milioni di persone oggi, come secoli fa, la redenzione è la convinzione che siamo tutti figli di un unico padre e, quindi, siamo fratelli, siamo tutte creature di un Dio onnipotente e buono che ha creato il mondo e controlla e guida il nostro destino, che possediamo un'anima immortale destinata alla beatitudine eterna. Questa fede è il prodotto degli ebrei, fu pronunciata da profeti ebrei, fu pronunciata in lingua ebraica con parole che annunciano la salvezza, la consolazione, la beatitudine di milioni e milioni di persone, ebrei, cristiani e i musulmani. Questa fede ha confortato e rafforzato la povera umanità nelle sue sofferenze, asciuga le lacrime delle vedove e degli orfani,

---

[4] Riferimento all'*Inno a Enoch*, posto da Coudenhove-Kalergi a introduzione della prima edizione del suo volume. La composizione poetica è stata esclusa dalla nuova edizione del figlio (NdC).
[5] R. Wagner, *Lohengrin* (I,3) (NdC).

lenisce i tormenti degli infermi, li fortifica nell'ora del trapasso, li preserva dalla disperazione. Questo è ciò che il mondo deve a Israele!

*

L'amore per la giustizia e la speranza di contribuire alla riconciliazione tra ebrei e antisemiti sono stati gli unici motivi che mi hanno indotto a scrivere questo libro. Ho descritto le terribili sofferenze e le persecuzioni cui fu sottoposto questo popolo disgraziato, le difficoltà e la miseria in cui versa ancora oggi in tanti paesi. Il venerabile lettore ammetterà con me che gli ebrei, nonostante alcune centinaia di milionari e alcune centinaia di migliaia di benestanti, sono per due terzi una nazione di mendicanti. Ma questi mendicanti soffrono molto più gravemente dei poveri cristiani o maomettani per via delle leggi eccezionali cui sono soggetti, sia scritte e giustamente valide, sia semplicemente per consuetudine sociale. Hanno, quindi, bisogno di misericordia più degli altri. La maggior parte degli antisemiti non ha idea di ciò che Israele abbia sofferto e stia ancora patendo. Molti considerano il movimento antisemita un movimento morale; innumerevoli uomini nobili, buoni e importanti sono antisemiti. Perché quest'influenza morale altamente contagiosa attanaglia le sue vittime indipendentemente dal fatto che siano sagge o stupide, buone o cattive, colte o ignoranti. Confesso che tra i miei amici e conoscenti cristiani ricordo solo tre filo-semiti. Confesso che anch'io ero un antisemita teorico. Quando ero più giovane ero anche un antisemita pratico, e per ottime ragioni, poiché ho avuto le esperienze personali più spiacevoli che si possano immaginare con usurai ebrei, ecc. Se, quando qualche anno fa decisi di studiare e scrivere di ebrei, mi fossi chiesto se l'opera si sarebbe rivelata antisemita, probabilmente avrei risposto di sì. Uno studio serio e, credo, approfondito della questione mi ha insegnato il contrario, e ho pensato di rendere un servigio sia agli ebrei, sia agli antisemiti quando ho presentato e dimostrato l'esito del mio lavoro: "L'antisemitismo si basa sul fanatismo religioso". Già, un servizio a tutti quegli antisemiti che dovrei convincere che sbagliano ad accusare gli ebrei di tutta una serie di mali politici e sociali di cui sono del tutto innocenti, perché poi tornano sui loro passi, cercano un'altra pista e magari scoprono quella giusta.

*

Ho un debito di gratitudine verso ciascuno dei miei venerabili avversari che hanno cercato di dimostrarmi gli errori per poterli correggere o evitare in futuro. Chiedo solo di giustificare scientificamente qualsiasi critica perché, purtroppo, non potrei accogliere mere obiezioni, o anche critiche, quale controprova.

*

Lavoriamo tutti insieme affinché l'antisemitismo, in cui ravvisiamo un residuo mostruoso dei tempi passati, abbia presto la fine che merita. La nostra epoca di progresso e di lavoro ha problemi ancora più grandi e più interessanti da affrontare; primo, di gran lunga il più importante di tutti, l'abolizione delle guerre sottoponendo gli Stati a un tribunale di giustizia internazionale; poi il miglioramento della situazione degli operai e dei proletari, insomma dei poveri e l'alleviamento delle loro sofferenze. Molti dei più importanti problemi scientifici attendono ancora di essere risolti. Soprattutto, non dimentichiamoci che l'antisemitismo ha lo scopo di allontanare gli ebrei da Cristo nostro Signore, al quale, come ho già mostrato, hanno iniziato ad appoggiarsi con amore molti dei migliori e più dotti ebrei riformati, sentendo giustamente che Lui solo fu colui che innalzò il popolo ebraico a un'importanza, a una grandezza e a una fama che altrimenti non avrebbe mai raggiunto; poiché dovunque il cristianesimo e l'islam prevalgano oggi, i principali eventi della storia ebraica, i nomi dei loro grandi uomini, re, legislatori, profeti sono noti e familiari non solo a ogni persona istruita, ma anche a ogni bambino grazie alla storia biblica e al *Corano*. Se Cristo dovesse riapparire oggi sulla terra, l'odio per il resto del suo popolo non sarebbe certo conforme alla sua santissima volontà. L'antisemitismo è assolutamente anticristiano e direttamente contrario alla volontà di Cristo, che ha tanto amato il suo popolo; ma nulla resisterà allo spirito del Salvatore. Tutti s'inchinano dinnanzi a lui, come vediamo ogni giorno. I popoli giungono dall'Oriente e dall'Occidente e fanno dei princìpi basilari della loro moralità i pilastri del loro ordine civile e sociale. È un successo del nucleo più intimo dei princìpi cristiani che siano scomparsi i giochi dei gladiatori, la schiavitù, la poligamia, la tortura, in alcuni paesi anche la pena di morte, l'eccidio dei prigionieri di guerra, i duelli, il hara-kiri. Anche l'antisemitismo è condannato, ha i giorni contati e, come le mostruosità appena citate, può gridare al figlio maggiore di Giuda le seguenti parole: *"Ave Caesar, moriturus te salutat!"* L'insegnamento di Cristo, il cui succo è che siamo tutti figli di un unico Dio e, quindi, fratelli; che ha esteso a tutta l'umanità la legge ebraica: "Amerai il prossimo tuo come te stesso" (*Levitico* XIX,18) e che, secondo il grande e sublime *Matteo* (XXV,31-46), ha fatto dipendere il verdetto nel giorno del giudizio e della salvezza, della rovina, della beatitudine e della dannazione, del paradiso e dell'inferno, da nient'altro che dalla pratica o meno delle opere di amore, misericordia, compassione, ebbene l'antisemitismo va dritto contro tale legge e, quindi, prima o poi andrà in crisi, perché restano sempre vere le massime: *"Salus ex Judaeis"* e

"Ecce vicit leo de tribu Judah"[6].

---

[6] Ecco, il leone della tribù di Giuda ha vinto (*Apocalisse* V,5) (NdHCK).

Postfazione

Un nuovo ebraismo?

"Si liberi dal dolore tutto ciò che respira,
Gloria a Dio nell'alto dei cieli, pace agli uomini!
Poi udii i vecchi templi scoppiare,
Vidi gli angeli volare, i cannoni si spezzarono;
Spade e baionette volarono tra le macerie,
Il regno della dea dèlla pace era sorto.
Il dio della guerra era morto,
E anche la bestia cui diede il potere
E che bestemmiò il Dio altissimo
Nella lunga serie dei secoli –
Seicentosessantasei è il numero
Che denota l'orribile bestia –
Vidi e sentii
la sua gola aprirsi e, con una maledizione,
La più ripugnante di tutte, si gettò per sempre in mare,
Sibilando velenosamente.
E compresi il nome di questo animale,
Il significato del numero: "Fanatismo"!
Oggi tutta l'umanità ne è libera
In questa bellissima *Laylat Al-Qadr*
Mi svegliai e guardai ancora con attenzione
Nel luogo in cui accadono cose così grandi.
E vidi un agnello bere pacificamente insieme a un lupo
Dalla sorgente di Enoch".

H.J.M. von Coudenhove-Kalergi, *Inno a Enoch*

Questo lavoro intergenerazionale a quattro mani ha il merito di illustrare la posizione "kalergiana" sugli ebrei e sull'antisemitismo, permettendo al lettore italiano di avvicinarsi alla filosofia politica di Heinrich e Richard, spesso trascurata o sottovalutata a favore dei loro disegni politici elitari[1]. La lunga disamina sull'antisemitismo passato e presente (cioè relativo al periodo interbellico) permette di addentrarsi nei rivoli di un pensiero tutt'altro che scontato e banale, intriso – come vedremo – di uno schopenhauerismo "esoterico" e visionario che rende questi due personaggi, oltre che importanti (e trascurati) precursori dell'europeismo conservatore, anche degni rappresentanti di un pensiero aristocratico spesso confuso con la mera reazione; un pensiero più spesso sottovalutato e derubricato come residuale di fronte alle grandi narrazioni contemporanee. Come vedremo, la filosofia elitaria e umanitaria dei Coudenhove-Kalergi è tutt'altro che minoritaria e "perdente" nel secolo breve.

Partiamo dal padre o dal figlio? La domanda non è peregrina. Forse meglio partire dal presente, cioè dalla metà degli anni trenta del secolo passato, quando Richard Nikolaus, di fronte alla pericolosa ascesa della Germania nazista, tenta di conquistare all'idea paneuropea Benito Mussolini, allora considerato l'alfiere della mediazione[2]. L'illusione, naufragata – come sappiamo – sugli altipiani del corno d'Africa, non inficia la disamina di Richard e permette, anzi, di dare maggiore lustro al lungo saggio del padre Heinrich, discusso come tesi di dottorato all'università di Praga e incentrato sull'essenza dell'antisemitismo. Abbiamo detto che la filosofia politica dei due personaggi non è derubricabile come semplice liberalismo conservatore e/o federalista (anche se l'apparenza indurrebbe a definirlo così). Quello che possiamo scorgere, infatti, è un tentativo (paterno) di attualizzare il "nolontarismo" di Schopenhauer e (con il figlio) di dare spazio all'aristocrazia

---

[1] Ci riferiamo al c.d. "piano Kalergi" di sostituzione etnica della popolazione europea. Vedi la nostra "postilla".

[2] Cfr. M. Thöndl, *Richard Nikolaus Graf Coudenhove-Kalergi, die 'Paneuropa-Union" und der Faschismus, 1923-1938*, in "Quellen und Forschungen aus italienischen Archiven und Bibliotheken", XCVIII, 1, 2019 pp. 326-69.

dello spirito, la sola in grado di guidare la transizione continentale verso quell'unione fra mente e corpo (fra spirito urbano e carattere contadino) ritenuta esiziale per la futura armonizzazione dell'umanità e la nascita della nuova Europa tecnocratica.

Ma prima di arrivare (o di ritornare, in termini cronologici) ai lavori di Richard degli anni venti (al centro delle polemiche dei "caratteriali")[3], vediamo di delineare la figura del padre Heinrich e le ragioni (o la ragione) del suo lavoro sull'essenza dell'antisemitismo. Innanzitutto, perché il conte Coudenhove-Kalergi dedica la sua principale opera teorica ai nemici degli ebrei? È forse ebreo? No. È forse antisemita? Non necessariamente (lo era in gioventù per via dei pregiudizi artificiosamente inoculati dalla sua educazione gesuitica). È avverso al fanatismo? Ecco il punto! Heinrich, come ben ci racconta il figlio nel suo ritratto biografico, interrompe la sua carriera diplomatica con la morte del padre Franz (1893) e inizia a coltivare la sua passione per lo "spirito enochiano", rintanato nel suo castello boemo. Qui, circondato dai libri e "distratto" unicamente dalla gestione della sua tenuta, il conte vive circa un decennio in compagnia della sua consorte nipponica Mitsuko Ayoama e dei suoi due figli. Nella quiete campestre, lontano dai frastuoni delle grandi metropoli mitteleuropee (Vienna, Praga e Berlino), Heinrich ha il tempo

---

[3] Noi preferiamo usare il termine "caratteriale" e non complottista per definire uno dei due poli individuati da Richard, sia perché il secondo ci sembra intriso di giudizi morali, sia perché la posizione intellettuale dei "caratteriali" corrisponde a quella dei cosiddetti "complottisti" (lotta contro il capitalismo finanziario, rivalutazione dell'antropologia reazionaria, lotta contro lo gnosticismo, ecc), sia, infine, perché non è affatto vero (secondo la lettura bipolare tipicamente offerta alla raccolta *Idealismo pratico*) che Richard fosse un sostenitore della identità "debole" e "meticcia", ma appare piuttosto un sostenitore di una identità "forte" e "spirituale".

di concentrarsi sul tema dell'antisemitismo e di abbozzare il suo progetto essoterico di un "altro" giudaismo.

1. Dal *ressentiment* giudaico-cristiano alla "nolontà" ecumenica: la *charitas* enochica quale strumento della religione dell'umanità

Heinrich von Coudenhove-Kalergi non è stato un semplice antiquario che ha voluto allestire una ricca biblioteca nella sua residenza di campagna. Né tantomeno, come molti altri esponenti del suo ceto sociale, cercò di privilegiare le grandi figure del passato, quei grandi uomini ritratti a metà ottocento da Gobineau e da Burckhardt nei loro lavori sul Rinascimento italiano[4]. Niente di meno aristocratico ci potrebbe essere che nel dedicare un lungo saggio all'essenza dell'antisemitismo. È chiaro che Heinrich, vorace lettore e grande appassionato della cultura orientale, ha subito le influenze delle tre grandi religioni orientali: buddismo, confucianesimo e taoismo. Lo stretto contatto con queste religioni, avvenuto negli anni ottanta e novanta del secolo XIX (ma non vanno sottovalutati i forti influssi parsi, indù e islamici), gli hanno permesso di "stemperare" alcune asperità della sua morale aristocratica tradizionale e di intraprendere una nuova lettura del monoteismo occidentale. Questo cammino non aveva un orientamento politico ben preciso. Heinrich, infatti, per varie ragioni, non cercò di proporre una propria via politica alternativa all'imperialismo europeo o al compromesso austro-ungarico. Si era "isolato" dal mondo che correva verso la

---

[4] Cfr. J. Burckhardt, *The Civilization of the Renaissance in Italy*, Schweighauser, Stoccarda 1860 (trad. it. a cura di M. Ghelardi, Einaudi, Torino 2023); A. de Gobineau, *La Renaissance: scène historiques*, Flammarion, Parigi 1877 (trad. it. a cura di R. Ortolani, Perinetti Casoni, Milano 1945).

guerra per tentare di raffigurare una nuova realtà negatrice della potenza fine a se stessa, negatrice della volontà. Quattro decenni dopo la morte di Schopenhauer, in un mondo mitteleuropeo percorso dalla reazione vitalistica al positivismo (si pensi all'opera pubblicistica di Eduard von Hartmann, alle prime suggestioni di Friedrich Nietzsche e agli inizi della psicanalisi di Freud), Heinrich redige il primo capitolo della sua storia "negativa" della volontà di potenza, abbeverandosi dalla misteriosa fontana di Enoch.

Ma cosa c'entra tutto questo con l'antisemitismo? Heinrich prepara il suo lavoro "filosofico" in una congiuntura particolare. Nel 1897 nasce l'organizzazione sionistica mondiale per mano di un noto giornalista liberale austriaco: Theodor Herzl. Poco dopo scoppia sulla stampa l'affare Dreyfus. Nel 1899 esce il saggio antisemitico di Houston Stewart Chamberlain sui *Fondamenti del XIX secolo*. Quattro anni dopo sarà la volta di Otto Weininger con *Sesso e carattere*. Siamo di fronte a un attacco concentrico contro l'ebraismo mitteleuropeo e, più in generale, contro la morale giudaico-cristiana. Heinrich, pur vivendo nel suo "splendido isolamento" boemo, avverte la recrudescenza di quest'odio antiebraico e tenta di coglierne il nocciolo, l'essenza. Ma perché? Partiamo subito da un dato: *L'essenza dell'antisemitismo* non è un'apologia del "semitismo", né una critica illuministica dell'antisemitismo. È semmai un tentativo di dimostrare come l'antisemitismo non sia altro che l'esito dell'antigiudaismo religioso, del "fanatismo della volontà". Una tesi, per certi versi, dirompente, se solo pensiamo come, ancora oggi, prevalga fra gli studiosi la tendenza a separare i due fenomeni (pur riconoscendone la continuità) oppure a tentare di scagionare gli ebrei da tutte le accuse mosse dai loro detrattori. Ma, prima di politicizzare l'antisemitismo, bisogna coglierne l'essenza!

Come detto, Heinrich non si accontenta di criticare gli antisemiti o di difendere i "semiti". Va direttamente al nocciolo del problema. Che cos'è questo antisemitismo? Che cos'è l'essere, si sarebbe chiesto Aristotele duemila anni prima? Forse il saggio di Coudenhove-Kalergi avrebbe potuto intitolarsi più opportunamente *Metasemitismo*, proprio perché l'autore è interessato all'essenza (forma) dell'antisemitismo? Forse, ma per far questo l'autore avrebbe dovuto ampliare il proprio raggio d'azione all'intero pensiero occidentale e orientale e non avrebbe dovuto immergere l'essenza dell'antisemitismo nel suo "essere" materico con l'elenco della lunga sequela di persecuzioni. Heinrich parte analizzando il termine di "semitismo" (prodotto dalla linguistica scientifica ottocentesca), per poi ripercorrere tutta la storia dell'antigiudaismo-antisemitismo dall'antichità sino alla prima età moderna. Qui la sua ricerca s'interrompe, fondamentalmente con Lutero e con la riforma. Non è che l'antisemitismo finisca con la riforma luterana, ma è come se il conte abbia voluto concentrarsi sulla civiltà cristiana e abbia ritenuto meno rilevante l'epoca razionalistica successiva. Forse per via della nascita della massoneria, sostenitrice della religione dell'umanità? La conclusione è chiara: la questione ebraica troverà una soluzione politica nel sionismo e nella riduzione della quantità di ebrei presenti in Europa.

Ma la chiusa filo-sionista non deve trarci in inganno. Anche Richard darà ampio spazio al sionismo alcuni decenni dopo. Ma sono passati quasi quarant'anni e il tema della sopravvivenza fisica degli ebrei era decisamente più attuale: dai pogrom ucraini sino alla persecuzione nazista dei diritti, il cammino è stato ben lungo. Il punto non è il sionismo o l'assimilazione. Ma è l'essenza (la forma) dell'intolleranza. Tutto il saggio di Heinrich è un tentativo storico-filosofico di mostrare come l'essenza dell'antisemitismo non consista nell'odio di Sem e dei suoi "figli primigeni". Semmai, è il prodotto di una particolare visione delle cose che si insinuò nel mondo ebraico e nel mondo non ebraico in epoca antica. L'antisemitismo nasce e fiorisce dopo la distruzione del Primo

Tempio: il fanatismo religioso post-babilonese. Ed è qui che il conte austriaco si riallaccia alla tesi di altri autori (più o meno "filosemiti") vissuti in quegli anni. Uno in particolare, poco noto ai più, che ha saputo masticare il pensiero nicciano per adattarlo alla sua etica aristocratica vitalistica. Parliamo del medico ebreo tedesco Oscar Levy, curatore della prima edizione britannica delle opere di Nietzsche, che già in quegli anni e poi, più diffusamente, nel periodo interbellico, svilupperà la sua filosofia politica nicciana per spiegare la genesi dell'odio antisemita: la morale (giudaico-cristiana) del risentimento quale base del nazismo e del comunismo[5].

Cerchiamo di rinsaldare le fila. Heinrich studia l'antisemitismo da una posizione "illuminata" e giunge alla conclusione che questo fenomeno psico-sociale non è altro che il prodotto dell'antigiudaismo. Senza il giudaismo rabbinico non vi sarebbe antisemitismo. Tutti i sedicenti "catechismi" antisemiti non fanno altro che mostrare (e dimostrare) quanto l'odio per gli ebrei alligni nel cristianesimo. In particolare, esso sarebbe l'esito dell'ostinato esclusivismo ebraico. La tesi, di per sé, non è nuova: quante volte abbiamo sentito parlare d'invidia verso il popolo "eletto", della sua chiusura endogamica, del suo senso di "superiorità"? Tutto vero, ma qui Heinrich intende andare oltre. La principale critica dell'antisemitismo contemporaneo (ovvero il presunto "dominio ebraico" su finanza, stampa, politica, ecc.) non è suffragata dalle fonti antiche, perché non vi è traccia alcuna di queste accuse fra i primi cristiani (in tutta la Patristica). Esse sono tutte il prodotto del periodo successivo, cioè del Basso Medioevo, quando, aspetto cruciale, il fulcro dell'ebraismo (e dell'economia) mondiale si sposta dal mondo islamico al mondo cristiano. Tutto nasce con la ripresa economica dell'Europa (in particolare, dopo il Mille) e con la rinascita dell'economia

---

[5] Cfr. O. Levy, *Il fuggitivo. Antologia di un ebreo nicciano e "antisemita"*, a cura di V. Pinto, Free Ebrei, Torino 2021.

monetaria. Dal XII secolo appare la tesi dell'ebreo "calcolatore", usuraio e "restio" alle nobili professioni manuali[6].

Se la forma dell'antisemitismo non è il semplice odio verso la religione ebraica, allora – continua Heinrich in un confronto serrato con il trattamento delle minoranze ebraiche nelle altre grandi civiltà – tutto si riduce al rapporto "molochico" con il "figlio" cristiano. L'antisemitismo nasce con la fine della vita politica autonoma del popolo ebraico, con l'inizio dell'epoca mishnaica dopo il rientro dalla cattività babilonese, con la vittoria della "legge orale" sulla "spada davidica" e sul samaritanesimo. Dopo la fase intermedia del Secondo tempio (in cui sopravvivono gli antichi culti sacrificali) abbiamo la fine dei sacrifici animali (cioè dell'aristocrazia sadducea) e la conseguente reversione della legatura di Isacco. I sacrifici umani non sono affatto compiuti direttamente dagli ebrei "talmudici" assetati di sangue (checché ne pensino gli antisemiti), ma indirettamente, attraverso l'estatica negazione della morte, attraverso la totale rinuncia alla difesa armata della propria vita in nome della fedeltà all'unico Dio. Con l'avanzata del cristianesimo si chiude anche la stagione del proselitismo ebraico (con l'eccezione kazara). I sacrifici umani, in realtà, si erano già consumati e sublimati nella figura del Nazareno, morto in croce per la remissione dei peccati umani. La morte del figlio-messia di Dio, negata dall'ortodossia legalitaria farisaico-rabbinica, genera un meccanismo di ulteriore chiusura e, contemporaneamente, di persecuzione indefessa delle comunità ebraiche, che risalgono grossomodo al III-IV secolo e.v., quando il cristianesimo conquista Roma.

L'eroica resistenza degli ebrei (resistenza spirituale "passiva", ma non meno eroica di quella militare attiva) inaugura nel mondo cristiano occidentale un millennio di

---

[6] Cfr. M. Botticini, Z. Eckstein, *I pochi eletti. Il ruolo dell'istruzione nella storia degli ebrei*, Università Bocconi Editore, Milano 2016.

persecuzione antiebraica che ha esclusivamente cause manifeste religiose, ma che cela – come detto – la forma dell'antisemitismo, ovvero la nullificazione del corpo umano ridotto a mero strumento di "godimento" dell'essere del "Creatore". Quindi, continua Henrich, il cristianesimo porta alle estreme conseguenze lo slittamento legalitario ebraico dell'epoca ellenistica: se c'è un aldilà, l'aldiquà va lasciato nel "miglior" modo possibile. Ma se la nullificazione del corpo a favore dell'essere del "Creatore", come sostengono i "molochisti", è la vera essenza dell'antisemitismo, esiste un modo per poterlo eliminare o sublimare? C'è modo di ripulire l'essere dell'essenza (la materia)? È qui che la prognosi di Coudenhove-Kalergi padre si discosta dalla filosofia vitalistica. Non c'è bisogno di creare super-uomini ctoni. Bisogna semplicemente alleggerirsi del fardello corporeo. Questo non significa doverlo e poterlo sacrificare alla ben'e meglio, in vista di una futura beatitudine divina. Significa sfuggire per sempre a quel pensiero bipolare che non conosce alcuna mediazione, che conosce solo lo sfruttamento e lo sfinimento della carne. Significa, in altre parole (come, a suo modo, già sostenuto da un altro grande aristocratico, quale Gobineau), tornare al "male (politico) minore": il cattolicesimo.

La nolontà ecumenica è l'unico esito intellettualmente onesto nella disamina sull'essenza dell'antisemitismo. Sionismo e assimilazione possono fungere da palliativi temporanei. Ma il risentimento delle grandi religioni monoteistiche, in particolare del cristianesimo molochico, può solo essere limitato e attutito dall'azione politica di pochi illuminati. La politica amministra l'esistente. Ma è proprio l'esistente che è "male", perché pura manifestazione della volontà di potenza. È proprio l'esistente ciò che ha generato l'intolleranza esclusivistica farisaica e poi la smania proselitistica cristiana. Pur ritenendo il cattolicesimo papalino un argine necessario contro la malvagità della natura umana, contro i limiti del monoteismo religioso, la tesi di Heinrich sfocia necessariamente in una forma di gnosticismo aristocratico, dove solo gli autentici conoscitori dell'essenza delle cose sanno come sfuggire all'eterno ciclo delle nascite e all'eterna attività-passività che caratterizza l'essere dell'antisemitismo. Se la razza (pura) è un mito, lo è altrettanto che la separazione fisica rappresenta un giusto compromesso mondano fra il "gaio" sacrificio semita e il "cattivo" inquisitore cristiano.

Ma esattamente di quali ebrei stiamo parlando? Questo è il punto. Secondo Heinrich, infatti, gli antisemiti si scagliono contro i "non-ebrei" utilizzando argomentazioni religiose. Se le fonti canoniche della storia cristiana non attestano tutti i vizi intrinseci agli ebrei e denunciati dagli antisemiti (se non, come abbiamo detto, dopo il Mille), bisogna dedurne che gli avversari degli antisemiti non sono gli ebrei, ma tutto ciò che rappresenta – ai loro occhi – il male. Chiusi nella loro mentalità bipolare (e infantile), questa "razza di risentiti" non comprende la vera essenza dell'antisemitismo (e come potrebbero mai, visto che sono loro stessi il prodotto del "molochismo" cristiano?) e si dimena nel proiettare sull'ebraismo "che non c'è" tutte le sue frustrazioni. Invidiosi e risentiti, in preda a un inestricabile complesso di inferiorità, gli antisemitismi creano una razza ebraica "naturale" (mentre l'ebraismo è storicamente una nazione "artificiale", frutto di una selezione culturale) e la usano come "uomo di paglia" della loro ideologia. L'antisemitismo è dunque la punta dell'iceberg di un fenomeno etico-politico ben preciso: il fanatismo.

Siamo, non dimentichiamocelo, all'inizio del novecento. L'antisemitismo era un fenomeno "normale" (ma, complessivamente, marginale) della vita politica europea. Ma l'autore già intravvede nel sionismo e nell'emancipazione (cioè nella drastica rottura con il rabbinismo) due modi per disinnescare questo sempiterno processo di azione-reazione. Si tratta, beninteso, di un palliativo "fisico" e "plebeo": ridurre al minimo le frizioni e dirottare su altri problemi l'innata violenza dei risentiti. Per i pochi illuminati abbiamo la "nolontà": un termine al quale Heinrich avrebbe voluto dedicare un lavoro apposito in chiave comparativa. Si sarebbe trattato di una storia dell'antropologia religiosa dove dimostrare che l'unico autentico modo per liberarsi dal male terreno consiste nell'emanciparsi dal "corpo" e, nel caso specifico, da quegli appetiti che generano passioni negative e mortifere. Ma se, come detto, il cattolicesimo papalino appare l'unica forma di religione positiva "nolontaria", proprio perché il Pontefice appare stemperare quella *vis sanguinis* tipica del cristianesimo popolare, come mai è insorto l'antisemitismo "scientifico" di inizio novecento? Come è possibile affrontarlo e risolverlo? La risposta al molochismo è l'enochismo.

I riferimenti a Enoch (l'iniziato), personaggio biblico antidiluviano (bisnonno di Noè), asceso al cielo da vivo e soggetto di alcuni pseudoepigrafi di carattere apocalittico del periodo ellenistico, sono stati espunti da Richard nella nuova edizione del saggio paterno[7]. Molto probabilmente perché l'obiettivo del figlio era più politico e meno "mistico" di quello paterno. La stessa simbologia di Enoch, che lo rende una sorta di "gran maestro" dei misteri (e, quindi, una specie di proto- e cripto-massone)[8], era forse ritenuta troppo rischiosa agli occhi dell'opinione pubblica "caratteriale" e poco "spirituale": Richard rischiava di passare per il figlio di un gesuita, massone e filosemita! Troppo, veramente troppo ai suoi occhi. In ogni caso, il personaggio antidiluviano, ritenuto da alcuni studiosi l'espressione di un "altro" giudaismo[9], è letto come l'incarnazione schopenhaueriana dell'uomo caritatevole: la sua sorgente conoscitiva e il suo anello sono due modi per

---

[7] Cfr. la voce *Enoch*, in *Royal Masonic Cyclopedia*, a cura di K.R.H. MacKenzie, John Hogg, Paternoster Row, Londra 1877, pp. 200-2.

[8] Cfr. H.J.M. Coudenhove-Kalergi, *Das Wesen des Antisemitismus*, Calvary, Berlino 1901, pp. 511, 518, 522.

[9] Cfr. P. Sacchi, *L'apocalittica giudaica e la sua storia*, Morcelliana, Brescia 2015.

rinnovare il messaggio di fratellanza universale fra i tre monoteismo, distrutto dall'avvento del fanatismo post-babilonese.

Sull'abbozzo di questa religione "ermetica" dell'umanità si conclude il contributo del padre Heinrich e s'innesta l'opera del figlio Richard.

2. Dalla "nolontà" (religiosa) alla volontà di potenza (politica): l'ebreo moderno come alfiere dell'idealismo pratico

Passano circa tre decenni e il tema della questione ebraica torna prepotentemente all'attenzione dell'opinione pubblica europea. L'idea federalista della Paneuropa è ormai viva e vegeta da alcuni anni. E, tuttavia, il mondo europeo sembra avvicinarsi all'orlo del baratro. Richard, sposato con l'attrice austriaca Ida Roland (al secolo Ida Klausner, di chiara origine ebraica), torna a occuparsi dell'antisemitismo riproponendo una versione riveduta del lungo saggio paterno e integrandolo con una lunga introduzione che tira le fila delle vicende politiche post-belliche. Nella sua introduzione, Coudenhove-Kalergi è consapevole quanto la questione ebraica non sia solo legata al caso nazista, ma che metta in gioco anche le sorti dell'umanità più in generale, dalla vecchia Europa senescente, per non parlare del lontano mondo orientale. Per due ragioni: innanzitutto, gli "ebrei" sono considerati – potenzialmente – membri di quell'elite illuminata che avrebbe potuto guidare il nuovo continente verso la sua emancipazione dalle passioni "volontaristiche"; in secondo luogo, il fenomeno dell'antisemitismo rappresenta un rigurgito di quel pensiero molochico, sacrificale e "sanguinoso", prodotto del fanatismo, che avrebbe fatto il suo tempo solo con una sintesi ben riuscita fra la mente degli "spirituali" e il corpo dei "caratteriali".

Partiamo, però, da *Idealismo pratico* di alcuni anni prima. In questa raccolta di saggi, al centro della critica "caratteriale" (complottista) contro la "dissoluzione" della identità europea, Richard presenta non solo e non tanto il suo progetto federalista, ma anche e soprattutto la sua antropologia filosofica e politica. In ballo non vi è solo un diverso assetto istituzionale, ma anche la genesi di un uomo "nuovo". Al centro di questo lavoro vi è un confronto serrato con le due grandi visioni antropologiche che sembrano caratterizzare la storia umana. Da una parte, abbiamo la fisicità (e la forza di carattere), dall'altra l'acutezza mentale (e lo spirito). Contrariamente a quanto sostengono sostenere i "complottisti" (schierati dalla parte del "carattere" e dell'unico), il conte austriaco non è affatto un alfiere dell'identità debole e fluida a scapito di quella forte e rigida. Non ritiene che il carattere (maschile) sia il male e lo spirito (femminile) il bene. Anzi, proprio dalla fusione di questi due elementi (in una visione che potremmo definire orientale) può e deve nascere l'uomo nuovo dell'"avvenire". La fortezza e la spiritualità non sono incompatibili (non vale il principio aristotelico del terzo escluso) e la classe dirigente avvenire dovrà essere capace di temperarli in vista di una loro convivenza.

E sugli ebrei? Ascoltiamo cosa dice Richard:

Ciò che distingue principalmente gli ebrei dai cittadini medi è che essi sono uomini endogamici. La forza di carattere unita all'acutezza della mente fa degli ebrei nei loro esemplari più notevoli le guide predestinate dell'umanità urbana, i falsi e gli autentici rivoluzionari del pensiero, i protagonisti del capitalismo come della rivoluzione[10].

Quello che Heinrich indicava con "carattere" spirituale degli ebrei è proprio questa congiunzione fra monoteismo e

---

[10] R.N. Coudenhove-Kalergi, *Idealismo pratico*, Il Cerchio, Rimini 2018, p. 44.

politeismo, fra mente e carattere, fra socialità e solitudine, fra infinito e finito. In altre parole, gli ebrei sono la personificazione della singolarità. Se gli ebrei che non cedono alle lusinghe della volontà di potenza (trasformando l'afflato etico-politico nel cinismo della ragione) restano i principali alfieri della nuova umanità, quali sono le motivazione dell'odio attuale degli antisemiti? In tre corpose sezioni, Richard ripercorre la recrudescenza dell'antisemitismo postbellico, generata dallo spostamento delle masse impoverite degli *Ostjuden* (ebrei dell'Europa orientale) dall'impero zarista verso la Mitteleuropa e poi il Nord America (questo flusso di persone ha danneggiato l'immagine degli ebrei occidentali assimilati, ma ha favorito indirettamente il progetto sionista). Passa poi all'analisi delle conseguenze della sconfitta bellica degli imperi centrali (ritenuta "inspiegabile" dopo il crollo della Russia zarista). Discute, infine, della rivoluzione russa e della promessa britannica verso il sionismo (la dichiarazione Balfour). Grande spazio è dato all'analisi dei *Protocolli dei savi anziani di Sion*.

Va detto che Richard Coudenhove-Kalergi dimostra di conoscere molto bene la pubblicistica antisemita (in particolare, le visioni politiche del tanto bistrattato *Mein Kampf* di Adolf Hitler), dove gli ebrei sono considerati alfieri del capitalismo e del comunismo in pari misura. Come spiegare quest'apparente contraddizione in termini? Richard non intende eludere il problema, derubricandolo come "vaneggiamenti" di un gruppo di maestri impoveriti, invidiosi e risentiti. Come spiegare la congiunzione astrale fra capitalismo e comunismo? Da una parte, Richard evidenzia la "naturalità" della partecipazione degli ebrei orientali ai movimenti per la salvaguardia dei loro diritti (rivoluzionari lo si è per necessità). In mancanza di un'assimilazione possibile al mondo esterno, non resta che la rivoluzione "diasporica" oppure l'emigrazione in Terra d'Israele. Dall'altro, però, vi è il tema centrale della sua antropologia apparentemente dualistica (o quantomeno così è letta dai suoi detrattori e ammiratori): l'ebreo è urbano, ma non è (ancora) meticcio. Ci troviamo di fronte a un'ulteriore contraddizione in termini?

Sì e no, secondo Richard Coudenhove-Kalergi. La risposta è affermativa se pensiamo al fatto che l'ebreo, l'alfiere dello spirito occidentale (il giudaismo è, infatti, la forma occidentale teocratica più matura nella identificazione tra etica e politica) e, contemporaneamente, lo interpretiamo come il figlio delle prescrizioni di Esra circa il meticciato. Ma è negativa se pensiamo alla storia dell'antisemitismo cristiano e ricostruiamo la deriva antisemita novecentesca. Questa (contro)rivoluzione nordica del "carattere" sta cercando (vanamente) di smantellare le radici ebraiche del cristianesimo o di rielaborare un neo-paganesimo più coerente del "Gesù ariano", ma storicamente assai poco consistente alla luce della storia della ragione occidentale. Non c'è cristianesimo senza giudaismo, così come non c'è carattere senza spirito: l'unica posizione coerente è quella di un paganesimo pre-monoteistico. Ma chi è in grado realmente di avvalersene?

Il mito della razza e il manifesto "nazionalpopolare" del realismo politico (i *Protocolli dei savi anziani di Sion*) sono un monito e, allo stesso tempo, una possibilità per gli illuminati: da una parte, al di là della veridicità del testo, Richard sottolinea quanto sia importante comprendere i rischi del cinismo politico machiavellico, insiti in ogni ideologia palingenetica, dove i fini spesso finiscono per essere confusi e soverchiati dai mezzi, dove le debolezze umane prevalgono spesso sulla progettualità. Dall'altro lato, il cinismo del realismo politico (il potere per il potere) che i "caratteriali" attribuiscono agli "spirituali" può essere facilmente rispedito al mittente antisemita, nella misura in cui il nuovo uomo europeo saprà coniugare costruttivamente queste due anime all'interno del nuovo progetto. E gli ebrei? Trattandosi di una minoranza perseguitata, onde evitare di ricadere nella trappola del vittimismo o dell'esclusivismo, gli ebrei moderni hanno di fronte a loro due possibili strade: quella di abdicare alla loro separatezza, assimilandosi nel tessuto urbano e spirituale (ma tentando di conservare quell'eroismo caratteriale dello spirito che li ha contraddistinti nei secoli passati), oppure creare un proprio stato, rientrare nella storia dopo due millenni di lontananza, quindi dare voce alle esigenze sionistiche e nazionalistiche.

Se l'ebreo vuole continuare a essere l'alfiere del mondo avvenire, non deve arroccarsi nell'ipertrofia legalitaria (come vorrebbero gli antisemiti e i filosemiti, soggetti entrambi al deleterio principio di non contraddizione), ma deve battere le uniche vie capaci di sprigionare la "potenza" volitiva di quest'uomo di spirito e di carattere, qui (nel mondo europeo) e là (nel Vicino Oriente). Per questo motivo, Richard è convinto che la questione ebraica rappresenti il punto nevralgico della nuova Europa. È sì un problema (liberale) di salvaguardia della minoranza (ancorché la più importante della storia europea), ma mette in gioco anche quel processo di autentica emancipazione che l'uomo europeo può compiere federandosi in una macchina organica, in un organismo meccanico. In una federazione che, negli anni trenta del secolo scorso, appariva un sogno irrealizzabile e che oggi, un secolo dopo, in mezzo alle crisi demografiche, migratorie ed energetiche, la classe dirigente europea deve e può tentare di realizzare. Magari con l'apparizione sulla scena di qualche gigante dello spirito (e del carattere).

3. Postilla conclusiva sul "piano Kalergi": movimento e *horror vacui*

Uno dei prodotti "più riusciti" della filosofia politica dei Kalergi consisterebbe nel piano di sostituzione etnica della "razza bianca europea", attribuito all'europeista Richard e riapparso sulla stampa continentale in concomitanza con la crisi migratoria indotta dalle "primavere arabe"[11]. Questo tema, ampiamente trattato dai non pochi sostenitori "caratteriali" del "piano" (in Italia, segnaliamo Matteo Simonetti, Carlo A. Pedretti e Daniele Proietti)[12], è la cartina al tornasole di alcuni fenomeni tipici della cultura massificata degli ultimi anni. Innanzitutto, abbiamo la perdita di credibilità delle c.d. "autorità epistemiche", degli esperti che dovrebbero essere quantomeno intellettualmente onesti (l'oggettività scientifica è una chimera difficilmente contemplabile). In secondo luogo, abbiamo l'esplosione di mezzi di comunicazione "sociali", capaci di veicolare rapidamente le emozioni negative (come la paura, l'invidia e l'incertezza), mostrando tutte le difficoltà della mente umana di fronte ai tempi cangianti. In terzo luogo, abbiamo l'insorgenza congiunturale di figure profetiche e semi-profetiche che "rivelano" l'esistenza di una trama capace di spiegare le grandi trasformazioni. La convergenza di questi tre fenomeni ha infittito ulteriormente la tela del "ragno mentale umano" che pensa se stesso (per usare un'espressione di Francesco Bacone).

Non è nostro compito entrare nel dettaglio dei "fatti" quantificabili e misurabili e, in particolare, nelle deduzioni che si celerebbero dietro questi "fatti". Concentriamoci per un

---

[11] Il punto di partenza va considerato il saggio dello scrittore neonazista austriaco Gerd Honsik, intitolato *Adios Europa* (Addio, Europa), datato 2005, ma salito all'attenzione delle cronache nel 2012. Cfr. D. Pellegrino, *Teorie cospirazioniste demografiche. Narrazioni del complotto basate sul tema della sostituzione etnica*, in *Trame nascoste. Teorie della cospirazione e miti sul lato in ombra della società*, a cura di N. Pannofino e D. Pellegrino, Mimesis, Milano 2021, cap. 1.

[12] Cfr. M. Simonetti, *La verità sul Piano Kalergi*, Edizioni Radio Spada, Teramo 2015; Id., *Kalergi: la prossima scomparsa degli europei*, Nexus, Battaglia Terme 2017; C.A. Pedretti, *L'idealismo pratico di Richard N. Coudenhove-Kalergi. I fondamenti ideologici del suo piano*, Ritter, Milano 2018; Id., *Richard Coudenhove-Kalergi e Benito Mussolini nella prospettiva di Paneuropa*, Ritter, Milano 1923; D. Proietti, *Kalergi, il conte genocida*, Lulu.com, 2018.

momento sulle due scuole di pensiero che si fronteggiano. Perché sono esemplificative di una logica che permea ancora in profondità la ragione occidentale. Dai nomi il lettore potrà comprendere uno strano ricorso della storia. La prima, che potremmo definire "intenzionalista", ritiene che vi sia un piano consapevole dei "nazisti eterni" (le élite apolidi, gnostiche, "euroinomani") per distruggere il nuovo "popolo ebraico" (fichtianamente inteso come l'alfiere dell'umanità, eticamente libero, ma economicamente chiuso). L'altra, che potremmo definire "negazionista" (*sic!*), ritiene che non esista alcun piano "nazista" per distruggere un gruppo specifico di persone (i cosiddetti "bianchi europei"), ma che la paranoia degli "ebrei" (nuovi) deriverebbe dalla loro millenaria ostilità e rifiuto della rivelazione salvifica "gnostica" (cioè illuminata) e dal loro rigido complesso dell'elezione (il farisaico attaccamento caratteriale al passato "oscuro"). Bastano due gocce d'acqua "battesimale" tratta dalla sorgente di Enoch (e non del Battista) e tutto apparirà sotto una diversa luce. Siamo di fronte alla lotta sempiterna fra identità e differenza?

Stiamo forse invertendo la "realtà" dei fatti? Chi sarebbe il "negazionista"? Chi nega che esista il "piano Kalergi" o chi nega il genocidio degli "ebrei" (la catastrofe-olocausto)? Stiamo semplicemente mostrando (e dimostrando) quanto Heinrich prima e Richard poi abbiamo intravisto la via d'uscita da questo bipolarismo logico, politico e metodologico. Le due fazioni in campo, gli intenzionalisti e i negazionisti, la "sinistra" localista e la "destra" globalista, sono rinchiuse nella loro *comfort zone*, dove tanto Coudenhove-Kalergi e George Soros appaiono come i diabolici "angeli caduti" che fomentano la distruzione dell'umanità oppure come i visionari sostenitori di un mondo aperto, integrato e libero. La mitologia intenzionalista e quella negazionista perdono di vista il quadro generale delle cose, che non è certo la ricerca di una giustificazione (o di una condanna) dell'antisemitismo e, nei tempi più prossimi a noi, del migrazionismo inclusivo. Una, se non la lezione più importante che possiamo trarre dalla lettura di questo libro intergenerazionale (al di là del sogno irenico di Heinrich e del progetto federale di Richard) è proprio il bisogno di utilizzare la sensibilità filosofica orientale per sfuggire alle rigide categorizzazioni vero-funzionali della mente occidentale. Come spesso succede, questa sensibilità non è enunciata nei principi, ma è ricavabile dalle parole.

Alla luce di queste considerazioni, sfumiamo e attenuiamo la contrapposizione irriducibile fra intenzionalisti (o "complottisti") e negazionisti (o "elitisti") e assumiamo una valutazione storicamente più concreta sia dei personaggi, sia della "veridicità" fattuale dei loro progetti. Massoneria, cripto-giudaismo, antisemitismo e nazismo diventano così etichette che non designano nessun "fatto" reale o ideale, ma semplicemente lo spazio d'esperienza e l'orizzonte d'aspettativa in cui collochiamo la nostra difficoltà emotiva nel fuoriuscire dal secolo breve e nell'investire le nostre risorse intellettuali in una ricerca comparata dell'anima europea. Forse è proprio questo il desiderio inespresso di padre e figlio Coudenhove-Kalergi: mettere l'anima europea al vaglio della storia universale, individuandone i punti di vicinanza e le differenze. Impresa oziosa o politicamente inutile? Lo sapremo solo quando smetteremo di fare un processo alle intenzioni (come fanno gli uni) e di evitare di fare i conti con una crisi sistemica (come fanno gli altri).

Bibliografia

Opere di Heinrich J.M. von Coudenhove-Kalergi
- *Mémoire à l'adresse des membres du Congrès antimaçonnique de Trent*, Hoelzl, Vienna 1897;
- *Politische Studie über Österreich-Ungarn*, Gerold, Vienna 1900;
- *Das Wesen des Antisemitismus*, Calvary, Berlino 1901;
- *Der Minotaur der "Ehre". Studie zur Antiduellbewegung und Duellüge*, Calvary, Berlino 1902;
- *Zur Charakteristik der "Los-von-Rom" Bewegung*, Gerold, Vienna 1906.

Opere su Heinrich J.M. von Coudenhove-Kalergi
- Bjoern, W., *Das Wesen des Antisemitismus (Heinrich Graf von Coudenhove-Kalergi, 1901)*, in W. Benz (cur.), *Handbuch des Antisemitismus*, vol. 8, De Gruyter Saur, Berlino-Boston 2015, pp. 2093-95;
- Fini, D., *L'ultimo dono dell'imperatore. L'eredità federale austro-ungarica: l'officina del Belvedere ed Heinrich von Coudenhove-Kalergi*, Il Cerchio, Rimini 2019.

Opere di Richard N.E. von Coudenhove-Kalergi
- *Adel*, Verlag "Der Neue Geist/Dr. Peter Reinhold", Lipsia 1922;
- *Apologie der Technik*, Verlag "Der Neue Geist", Lipsia 1922;
- *Ethik und Hyperethik*, Verlag "Der Neue Geist", Lipsia 1922;
- *Die Aristokratiesierung der Menschheit*, Verlag "Der Neue Geist", Lipsia 1922;
- *Pan-Europa, der Jugend Europas gewidmet*, Paneuropa Verlag, Vienna e Lipsia 1923;
- *Europa erwacht!*, Paneuropa Verlag, Vienna e Lipsia 1923;
- *Pazifismus*, Paneuropa Verlag, Vienna e Lipsia 1924;
- *Praktischer Idealism. Adel – Technik – Pazifismus*, Paneuropa Verlag, Vienna-Lipsia 1925;
- *Rundfrage: Halten Sie die Schaffung der Vereinigten Staaten von Europa für notwendig? – Halten Sie das Zustandekommen der Vereinigten Staaten von Europa für möglich?*, Paneuropa Verlag, Wien 1925;
- *Kampf um Paneuropa*, 3 volumi, Paneuropa Verlag, Vienna 1925–1928;
- *Held oder Heiliger*, Paneuropa Verlag, Vienna 1927;
- *Los vom Materialismus*, Paneuropa Verlag, Vienna 1931;
- *Stalin & Co.*, Paneuropa Verlag, Vienna 1931;

- *Brüning – Hitler: Revision der Bündnispolitik*, Paneuropa Verlag, Vienna 1931;
- *Das Wesen des Antisemitismus*, Paneuropa Verlag, Vienna 1932;
- *Revolution durch Technik*, Paneuropa Verlag, Vienna 1931
- *Judenhass von heute*, Paneuropa Verlag, Vienna e Zurigo 1935;
- *Totaler Mensch – Totaler Staat*, Paneuropa Verlag, Vienna 1937:
- *Judenhass!*, Paneuropa Verlag, Vienna 1937;
- *Kommen die Vereinigten Staaten von Europa?*, Paneuropa Verlag, Vienna 1938;
- *Der Kampf um Europa. Aus meinem Leben*, Humboldt-Verlag, Vienna 1949;
- *Ida Roland: im memoriam*, Valdonega, Verona 1951;
- *Die europäische Nation*, Deutsche Verlagsanstalt, Stoccarda 1953;
- *Vom ewigen Krieg zum grossen Frieden, Musterschmidt*, Gottinga 1956;
- *Eine Idee erobert Europa: meine Lebenserinnerungen*, Kurt Desch, Vienna, 1958;
- *Leben für Europa*, Kiepenheuer & Witsch, Berlino e Colonia 1966;
- *Weltmacht Europa*, Seewald, Stoccarda 1971.

Opere di Richard N.E. von Coudenhove-Kalergi (tradotte in italiano)

- *L'Europa si desta*, introduzione di G. Fano, traduzione di R. Curiel, Fauno, Roma 1945;
- *Storia di Paneuropa*, Milano Nuova, Milano 1964;
- *Una vita per l'Europa*, Ferro, Milano 1965;
- *Pan-Europa: un grande progetto per l'Europa unita*, terza edizione, nota di A. Morganti, Il Cerchio, Rimini 2017;
- *Idealismo pratico: il libro da cui è nata la leggenda del "piano Kalergi"*, Il Cerchio, Rimini 2018.

Opere su Richard N.E. von Coudenhove-Kalergi

- Kajima, M. *et al.*, *Coudenhove-Kalergi: le pionnier de l'Europe Unie*, Centre de recherches européennes, Losanna 1971;
- Ziegerhofer, A., *Botschafter Europas: Richard Nikolaus Coudenhove-Kalergi und die Paneuropa-Bewegung in den zwanziger und dreissiger Jahren*, Böhlau, Vienna 2004;
- Iannò, M., *Paneuropa, una proposta: Coudenhove-Kalergi e l'unione dell'Europa*, Laruffa, Reggio Calabria 2008;
- Pernhorst, C., *Die paneuropäische Verfassungsmodell des Grafen Richard N. Coudenhove-Kalergi*, Nomos, Baden-Baden 2008;

- Conze, V., *Richard Coudenhove-Kalergi. Umstritten Visionär Europas*, Muster Schmidt, Zurigo 2004;
- Tramontana, A., *Richard Coudenhove-Kalergi, un profeta della nuova Europa*, Editoriale scientifica, Napoli 2009;
- Simonetti, M., *La verità sul Piano Kalergi*, Edizioni Radio Spada, Teramo 2015;
- Sorrels, K., *Cosmopolitan Outsiders. Imperial Inclusion, National Exclusion, and the Pan-European Idea, 1900-1930*, Palgrave Macmillan, Londra 2016;
- Simonetti, M., *Kalergi: la prossima scomparsa degli europei*, Nexus, Battaglia Terme 2017;
- Pedretti, C.A., *L'idealismo pratico di Richard N. Coudenhove-Kalergi. I fondamenti ideologici del suo piano*, Ritter, Milano 2018;
- Proietti, D., *Kalergi, il conte genocida*, Lulu.com, 2018;
- *Trame nascoste. Teorie della cospirazione e miti sul lato in ombra della società*, a cura di N. Pannofino e D. Pellegrino, Mimesis, Milano 2021;
- Bond, M., *Hitler's cosmopolitan bastard. Count Richard Coudenhove-Kalergi and His Vision of Europe*, McGill-Queen's University Press, Montreal 2021;
- Pedretti, C.A., *Richard Coudenhove-Kalergi e Benito Mussolini nella prospettiva di Paneuropa*, Ritter, Milano 1923.

Studi e testi utilizzati da Heinrich J.M. von Coudenhove-Kalergi

- *Antisemiten-Spiegel: die Antisemiten im Lichte des Schriftentums, des Rechtes und der Wissenschaft*, a cura del Verein zur Abwehr des Antisemitismus, Kafemann, Danzica 1900;
- Bahar, J., *Restons! Réponse au projet d'exode des juifs*, Société libre d'édition des gens de lettres, Parigi 1897;
- Bauer, B., *Le Judaïsme comme preuve du Christianisme*, Sartori, Vienna 1866;
- Baum, J., *Moses. Sein Leben, Streben und Wirken und dessen culturhistorische Betudung. Eine geschicht-philosophische Umschau auf dem Gesammtgebiete der Religionen der Menschheit*, Scholtze, Lipsia 1883, 2 volumi;
- Baur, F.C., *Die Christuspartei in der Korinthischen Gemeinde, der Gegensatz des petrinischen und paulinichen Christenthums in des ältesten Kirche, der Apostel Paulus in Rom*, in "Tübinger Zeitschrift für Theologie", 4, 1831, pp. 61-206;
- Blumembach, J.F., *De generis humani varietate nativa liber*, dissertazione, Università di Gottinga 1775;
- Bory de Saint-Vincent, J.-B.-G.-M., *L'homme: essai zoologique sur le genre humain*, Rey et Gravier, 1827, Parigi, 2 volumi;

- Bossuet, J.-B., *Discours sur l'histoire universelle*, decima edizione, Pedone Lauriel, Napoli 1857 [ed. it. Rondinella, Napoli 1864];
- Breuning von Buchenbach, H.J., *Orientalische Reyss*, Johann Carolo, Strasburgo 1612;
- Broca, P., *On the Phenomenon of Hybridity in the Genus Homo*, Logman, Londra 1864;
- Chamberlain, H.S., *Die Grundlagen des XIX. Jahrhunderts*, Bruckmann, Monaco 1899, 2 volumi [ed. it. Thule, Roma 2017];
- Chwolson, D.A., *Die semitischen Völker. Versuch einer Charakteristik*, Franz Duncker, Berlino 1872;
- Constant, R.P., *Les Juifs devant l'Église et l'histoire*, Parigi, Gaume, 1897;
- Daumer, G.F., *Über die Entwendung ägyptischen Eigenthums beim Auszug der Israeliten aus Ägypt*, Campe, Norimberga 1833;
- Draper, J.W., *History of the Conflict between Religion and Science*, Appleton, New York 1874;
- Drumont, É., *La France juive. Essai d'histoire contemporaine*, Flammarion, Parigi 1886;
- Eichhorn, J.G., *Einleitung in das Alte Testament*, 1 volume, Weidmanns Erben und Reich, Lipsia 1787;
- *Encyclopaedia Britannica*, vol. 2: *Ana-Ath*, Allen, New York 1888;
- Ford, Henry, *The International Jew*, M.C.P., Londra 1927 [ed. it. Sonzogno, Milano 1939];
- Ford, Henry, Marshall Louis, *Statement by Henry Ford Regardind Charges Against Jews, Made in His Publication*, American Jewish Committee, New York 1927;
- Freiherr von Hammer-Purgstall, J., *Literaturgeschichte der Araber*, Kaiserlich-Königliche Hof- und Staatsdruckerei, Vienna 1850-56;
- Fritsch Theodor, *Antisemiten Katechismus. Eine Zusammenstellung des wichtigsten Materials zum Verständnis der Judenfrage*, Beyer, Lipsia 1893;
- Ghillany, F.W., *Die Menschenopfer der alten Hebräer. Eine geschichtliche Untersuchung*, Schrag, Norimberga 1842;
- Grätz, H., *Geschichte der Juden von den ältesten Zeiten bis auf die Gegenwart*, Leiner, Lipsia 1866-1878, 12 volumi;
- Gutzkow, K., *Uriel Acosta (Trauerspiel in fünf Aufzügen)*, terza edizione, Hermann Costenoble, Jena 1866;
- Halévy, J., *Excursion chez les Falacha, en Abyssinie*, Martinet, Parigi 1869;
- Hanssen, J., *Geschichte des deutschen Volkes seit dem Ausgang des Mittelalters*, volume 1: *Die allgemeine Zustände des deutschen Volkes beim Ausgang des Mittealters*, Herder, Friburgo in Bresgovia 1878;
- Herder, J.G., *Sämtliche Werke*, parte 10: *Zur Philosophie und Geschichte*, Bureau der deutschen Classiker, Karlsruhe 1820;

- Hitler, Adolf, *Mein Kampf*, volume 2: *Die nationalsozialistiche Bewegung*, Eher, Monaco di Baviera 1926 [ed. it. a cura di V. Pinto, volume 2: *Il movimento nazionalsocialista*, capitolo 2: *Lo Stato*, Mimesis, Milano 2017];
- Hommel, F., *Die semitischen Völker und Sprachen als erster Versuch einer Encycklopädie der semitischen Sprach- und Altherthums-Wissenschaft*, volume 1, Schulze, Lipsia 1883;
- Id., *Geschichte Babyloniens und Assyriens*, volume 1, Grote, Berlino 1885 [ed. it. Vallardi, Milano 1893];
- Huxley, T., *The Aryan Question and Pre-Historica Man*, in "Nineteenth Century", 28, 750-777, Kegan, Londra 1890;
- Joly, M., *Dialogue aux Enfers entre Machiavel et Montesquieu ou la politique au XIXème siècle*, Mertens, Bruxelle 1865 [ed. it. ECG, Genova 1995];
- Karaka, D.F., *History of the Parsis, Including their Manners, Customs, Religion and Present Position*, Macmillan, Londra 1884, 2 volumi;
- Kohut, A., *Berühmte israelitische Männer und Frauen in der Kulturgeschichte der Menschen*, Payne, Lipsia 1900-1901, 2 volumi;
- Kollmann, J., *Les races de l'Europe et la composition des peuples*, Associazione francese per l'avanzamento delle scienze, Parigi 1882;
- Kremer, A. von, *Culturgeschichte des Orients unter den Chalifen*, volume 2, Braumüller, Vienna 1877;
- Lecky, W.E.H., *History of the Rise and Influence of the Spirit of Rationalism in Europe*, volume 2, terza edizione, Longmans & Green, Londra 1866;
- Lenz, H.K., *Der Kirchenväter Ansichten und Lehren über die Juden: den Christen in Erinnerung gebracht*, Russell, Münster 1894;
- Leroy-Beaulieu, A., *Les Juifs et l'antisémitisme. Israël chez les nations*, C. Lévy, Parigi 1894;
- Lessing, T., *Der jüdische Selbsthass*, Berlino, Zionistischer Bücherbund, 1930 [ed. it. Mimesis, Milano 1995];
- Linnaeus, C., *Systema naturae*, decima edizione, Laurentii Salvii, Holmiae 1758;
- Lobstein, J.M., *Codex Samaritanus Parisinus Sanctae Genovesae*, Eichenberg, Francoforte sul Meno 1781;
- Lombroso, C., *L'antisemitismo e le scienze moderne*, Roux, Torino-Roma 1894;
- Luschan, F. von, *Die anthropologische Stellung der Juden*, "Correspondenz-Blatt der deutschen Gesellschaft für Anthropologie, Ethnologie und Urgeschichte", XXIII, 10, 1892, pp. 94-102;
- Lutero, M., *Von den Jüden und ihren Lügen*, Lufft, Wittenberg 1543 [ed. it. Einaudi, Torino 2008];
- Mandelkern S., *Veteris Testamenti Concordantiae Hebraicae atque Chaldaicae*, De Gruyter, Berlino 1896;

- *Marie von Mouchanoff-Kalergis geboren Gräfin Nesselrode in Briefen an ihre Tochter. Ein Lebens- und Charakterbild*, a cura di La Mara, Breitkopf & Härtel, Lipsia 1907;
- *Max Nordau's Zionistische Schriften*, a cura del Comitato d'azione sionistico, Jüdischer Verlag, Colonia-Lipsia 1909;
- Maspero, G., *Histoire ancienne des peuples de l'Orient*, terza edizione, Hachette, Parigi 1878;
- Menant, J., *Les Parsis. Histore des communautés zoroastriennes de l'Inde*, Leroux, Parigi 1898;
- Meyer, E., *Geschichte des Alterthums*, , volume 4, Cotta, Stoccarda 1884;
- Morton, S.G., *On the Size of the Brain in the Various Races of Man*, "Proceedings", Philadelphia Academy of Natural Sciences, 5, 1850;
- Müller, F., *Grundiss der Sprachwissenschaft*, Hölder, Vienna 1876-1888, 4 volumi;
- Müller, J.G., *Die Semiten in ihrem Verhältniss zu Chamiten und Japhetiten*, Besser, Gotha 1872;
- Münz Sigmund, *Österreichische Profiles und Reminiszenzen*, Deutschösterreichischer Verlag, Vienna-Lipsia 1913;
- Niebuhr, C., *Beschreibung von Arabien*, Moeller, Copenaghen 1772;
- Nilus, S., *Velikoe v malom i antichrist, kak blizkaja političeskaja vozmožnost'. Zapiski pravoslavnogo*, Znamya, San Pietroburgo 1903 [ed. it. Edizioni clandestine, Marina di Massa 2008];
- Olearius, J.-A., *The Voyages and Travels of J.A. de Mandeslo*, Starkey and Basset, Londra 1669;
- Pautz, O., *Muhammeds Lehre von der Offenbarung*, Hinrichs, Lipsia 1898;
- Prichard, J.M., *The Natural History of Man. Comprising Inquiries Into the Modifying Influence of Physical and Moral Agencies on the Different Tribes of the Human Family*, Baillière, Londra 1843, 2 volumi;
- Reich E., *Studien über die Volksseele aus dem Gesichtspunkte der Physiologie und Hygiene*, volume 1, Costenable, Erlangen-Jena 1879;
- Reinach, T., *Textes d'auteurs grecs et romains relatifs au judaïsme*, Leroux, Parigi 1895;
- Reinhardt, C., *Ein arabischer Dialekt gesprochen in Oman und Zanzibar*, Spemann, Stoccarda 1894;
- Renan E., *Histoire générale et systèmes comparés des langues sémitiques*, Imprimerie Impériale, Parigi 1855;
- Id., *Vie de Jésus*, undicesima edizione, Parigi, Michel Lévy, 1864 [ed. it. BUR, Milano 2002];
- Id., *Histoire des origines du Christianisme*, volume 4: *L'Antechrist*, Michel Lévy, Parigi 1873 [ed. it. Sonzogno, Milano 1866];
- Id., *Histoire du peuple d'Israël*, Calmann Lévy, Parigi 1893-94, volumi 4-5;

- Retzius, A., *Ethnologische Schriften*, Norstedt, Stoccolma 1864;
- Reuss, E. (cur.), *Das Alte Testament*, vol. 3: *Die heilige Geschichte und das Gesetzt (Der Pentateuch und Josua)*, Schwetschke, Braunschweig 1893;
- Ripley, W.Z., *The Races of Europe: A Sociological Study*, Appleton, New York 1899;
- Roscher, W.H., *Nationalökonomik des Handels- und Gewerbsfleisses. Ein Hand- und Lesebuch für Geschäftsmänner und Studierende*, Cotta, Stoccarda 1881;
- Rosenberg, A., *Der Mythus des 20. Jahrhunderts*, Hoheneichen, Monaco di Baviera 1930 [ed. it. Thule, Rom 2017];
- Saulcy, F. de, *Recherches sur la chronologie des empires de Ninive, de Babylone et d'Ecbatane*, Bureau des "Annales de philosophie chrétienne", Parigi 1849;
- Scherr, J., *Geschichte deutscher Cultur und Sitte*, Wiegand, Lipsia 1852;
- Schlegel, F., *Über die Sprache und Weisheit der Indier*, Heidelberg, Siebeck, 1808 [ed. it. Il calamo, Roma 2008];
- Schleiden, M.J., *Die Romantik des Martyriums bei den Juden im Mittelalter*, Engelmann, Lipsia 1878;
- Schopenhauer, A., *Parerga und Paralipomena*, volume 2, Hayn, Berlino 1851 [ed. it. Adelphi, Milano 2007];
- Schrattenholz, J., *Der Antisemiten-Hammer*, Lintz, Düsseldorf 1891;
- Schröder, J.F., *Satzungen und Gebräuche des talmudisch-rabbinischen Judenthums. Ein Handbuch für Juristen, Staatsmänner, Theologen und Geschichtsforscher*, Geisler, Brema 1851;
- Schürer, E., *Geschichte des jüdischen Volkes im Zeitalter Jesu Christi*, 2 volumi, Hinrichsc'sche Buchhandlung, Berlino-Lipsia, 1886-1890 [ed. it. Paideia, Brescia 1887];
- Schweiger, A. Freiherr von, *Der Orient*, Hartleben, Vienna-Pest-Lipsia 1882;
- Segel, B., *Die Protokolle der Weisen von Zion beleuchtet*, Philo-Verlag, Berlino 1924;
- Stade, B., *Geschichte des jüdischen Volkes*, Grote'sche, Berlino 1888, 2 volumi;
- *The Statesman's Year Book. Statistical and Historical Annual of the State of the World for the Year 1900*, a cura di J.S. Keltie e S.H. Steinberg, Macmillan, Londra 1900;
- Stobbe, O., *Die Juden in Deutschland während des Mittealters in politischer, socialer und rechtlicher Beziehung*, Schwerschke, Braunschweig 1866;
- Tabarī, *Ta'rīkh al-rusul wa-l-mulūk* [ed. it. Guanda, Parma 1993];
- Topinard, P., *Eléments d'anthropologie générale*, Delahaye et Lecrosnier, Parigi 1885;

- Tridon, G., *Du molochisme juif: études critiques et philosophiques*, Maheu, Bruxelles 1884;
- Varigny, C. de, *Le grandes fortunes aux États-Unis et en Angleterre*, Hachette, Parigi 1889;
- Wahrmund, A., *Rabbinismus und Zionismus*, in "Bayreuther Blätter", XXI, 1898;
- Welcker, H., *Untersuchungen über Wachstum und Bau des menschlichen Schädels*, W. Engelmann, Lipsia 1862;
- Zinkeisen, J.W., *Geschichte des Osmanischen Reichs in Europa*, terza parte: *Das innere Leben und angehender Verfall des Reiches bis zum Jahre 1623*, Friedrich Andreas Perthes, Gotha 1855.